特级教师教学艺术系列 | 总主编 李如密

Classroom Teaching Art of Superfine Teachers

特级教师课堂教学艺术 高中卷

何善亮 等著

南京师范大学出版社
NANJING NORMAL UNIVERSITY PRESS

图书在版编目（CIP）数据

特级教师课堂教学艺术. 高中卷 / 李如密总主编，何善亮等著. —— 南京：南京师范大学出版社，2018.12
（特级教师教学艺术系列）
ISBN 978-7-5651-3995-6

Ⅰ. ①特… Ⅱ. ①李… ②何… Ⅲ. ①高中 – 教学研究 Ⅳ. ① G632.0

中国版本图书馆 CIP 数据核字（2018）第 299621 号

丛 书 名	特级教师教学艺术系列
书 　 名	特级教师课堂教学艺术·高中卷
丛书总主编	李如密
本 册 作 者	何善亮 等
丛 书 策 划	张　春
责 任 编 辑	柯　琳
出 版 发 行	南京师范大学出版社
地 　 址	江苏省南京市玄武区后宰门西村 9 号（邮编：210016）
电 　 话	（025）83598919（总编办）　83598412（营销部）　83373872（邮购部）
网 　 址	http://press.njnu.edu.cn
电 子 信 箱	nspzbb@njnu.edu.cn
照 　 排	南京凯建文化发展有限公司
印 　 刷	南京斯马特数码印务有限公司
开 　 本	787 毫米 ×1092 毫米　1/16
印 　 张	13
字 　 数	298 千
版 　 次	2018 年 12 月第 1 版　2018 年 12 月第 1 次印刷
书 　 号	ISBN 978-7-5651-3995-6
定 　 价	52.00 元

出 版 人　彭志斌

南京师大版图书若有印装问题请与销售商调换
版权所有　　侵犯必究

总 序

"教学是一门艺术"的观念,随着在教学实践中不断得到证明而日渐深入人心。学校教师对于教学艺术无不充满美好的憧憬,但又常因找不到实在的门径而困惑不已。为了帮助教师切实提升自己的教学艺术水平,我们特组织编撰了"特级教师教学艺术系列"丛书,期望通过特级教师卓越精彩的教学艺术案例,以及专家们深刻精到的点评分析,为我们探寻教学艺术的奥妙提供宝贵的启示。

特级教师所创造的课堂教学艺术案例,其中蕴含着深邃的教学艺术思想与精湛的教学艺术技巧,特别值得深入学习和研究。首先,特级教师的教学艺术案例具有真实性。这些案例都是特级教师的具体实践,不是纸上谈兵的理论,体现着特级教师教学艺术所达到的水平和高度。这些教学艺术案例,有助于教师树立更加坚定的教学艺术信念,进一步明确自己的目标,将教学艺术作为课堂教学的自觉追求。其次,特级教师的教学艺术案例具有独创性。这些案例无不显现着特级教师对于课堂教学的深刻理解、精心构想和精彩生成。课堂教学艺术是一种创造性的活动,不存在一成不变的"公式",一切皆在变化中,适合的才是最好的。再次,特级教师的教学艺术案例具有审美性。这些案例蕴藏着丰富的审美因素,散发着吸引人的魅力。阅读和学习这些经典案例,给人以美的享受,令人产生对于教师职业的幸福体验。

特级教师的课堂教学艺术案例,反复验证着这样的教学艺术原理:所谓教学艺术就是在学生、课程和教师三者之间达成和谐的教学状态。首先,教学艺术受到学生的制约,所以要注意教学艺术的学段差异。综观小学、初中和高中的课堂教学艺术,其间存在着明显的学段差异,这与学生发展的阶段特点及思维水平密切相关。在一定意义上,教师就是在课堂上陪伴学生一天天成长,共享阶段发展的快乐。其次,教学艺术受到课程的制约,所以要注意教学艺术的学科差异。不同的学科因具体内容不同,"味道"也是各异的。语文课的教学艺术要体现"语文味",数学课的教学艺术要体现"数学味",历史课的教学艺术要体现"历史味",物理课的教学艺术要体现"物理味"……特级教师的学科教学艺术"味道",尤其值得仔细辨析品赏。再次,教学艺术受到教师自身的制约,所以要注意教学艺术的风格差异。教师的个性、爱好、特长等各有不同,教学自然也会表现出独特鲜明的个人特色。所以,每位特级教师都教出了属于自己的风采,成就了个人的教学艺术风格,进而实现了不可替代的教学价值。

教师认真研读本丛书,可以有效促进对课堂教学艺术的理解,进而结合自己的教学实际,追求并实践教学艺术。从特级教师的课堂教学艺术案例及专家们的分析点评可以看出,课堂教学艺术是可学、可做、可研的,教师应该致力于做教学艺术的学习者、实践者和研究者。其具体实现途径有三。一是学。不断学习是教师修炼课堂教学艺术的源泉,博览群书、勤察敏思是教师学习的有效方式之一。二是练。教学实践是教师修炼课堂教学艺术的主要途径,历练"教学基本功"—锤炼"教学策略"—提炼"教学风格",这是一个循序渐进的过程。三是研。教学研究是教师修炼课堂教学艺术的助力,教师进行研究是必要的,也是可能的。行动研究、教学反思、叙事研究是教学研究的主要方式。作为一名教师,通过学习和研讨特级教师的课堂教学艺术案例,可以明确教学艺术追求的方向,从中找到切实可行的路径。下足"学""练""研"的功夫,坚持每天进步一点点,精益求精,最终都可成就属于自己的课堂教学艺术,促进学生的全面和谐发展。让我们共同努力吧!

是为序。

李如密

2018年12月于南京师范大学

目录

总　序	001
绪　论	
一、教学艺术与教学科学的统一性	001
二、在细节中探寻课堂教学艺术的精彩	003
三、基于现象学视野的研究方法选择	005

第一章　课堂导入的教学艺术

一、基于教材的课堂导入	009
二、源于经验的课堂导入	012
三、联系生活的课堂导入	015
四、借助于学科发展史的课堂导入	020
知识链接	023

第二章　情境创设的教学艺术

一、基于已有知识的情境创设	027
二、基于现实生活的情境创设	032
三、基于学科特色的情境创设	041
四、指向情意体验的情境创设	045
知识链接	049

第三章　课堂表达的教学艺术

一、基于教学语言的课堂表达	054
二、应用教学板书的课堂表达	066
三、依托实验教学的课堂表达	072

四、借助媒体技术的课堂表达 …………………………………… 077
　　知识链接 …………………………………………………………… 082

第四章　课堂提问的教学艺术

　　一、激发兴趣的课堂提问 …………………………………………… 085
　　二、追求理解的课堂提问 …………………………………………… 093
　　三、促进应用的课堂提问 …………………………………………… 101
　　四、助益发展的课堂提问 …………………………………………… 106
　　知识链接 …………………………………………………………… 112

第五章　学科思维的教学艺术

　　一、比较与判断的教学艺术 ………………………………………… 116
　　二、推理与论证的教学艺术 ………………………………………… 124
　　三、模型建构的教学艺术 …………………………………………… 135
　　四、宏观与微观联系的教学艺术 …………………………………… 143
　　知识链接 …………………………………………………………… 148

第六章　学习指导的教学艺术

　　一、文本阅读的学习指导 …………………………………………… 152
　　二、质疑批判的学习指导 …………………………………………… 162
　　三、意义建构的学习指导 …………………………………………… 169
　　四、问题解决的学习指导 …………………………………………… 178
　　知识链接 …………………………………………………………… 183

结　语

　　一、在坚定信念中追求教学艺术的专业成长 ……………………… 187
　　二、在行动学习中体悟教学实践的美好 …………………………… 190
　　三、通过刻意练习成长为教学艺术行家 …………………………… 193

主要参考文献 …………………………………………………………… 196

后　记 …………………………………………………………………… 199

绪 论

在开始准备"高中特级教师教学艺术"这一研究课题时,一些问题经常浮现在眼前,挥之不去。教学艺术是什么?教学艺术与教学科学有着怎样的关系?教学艺术何处寻?教学艺术如何寻?为什么要研究教学艺术?不同学段、不同学科的教学艺术有着怎样的特点?不同发展阶段的教师在关注教学艺术上有着怎样的不同?教学艺术与教学审美是什么关系?教学艺术与教学机智是否为一回事?现代技术的发展对教学艺术有着哪些影响,又提供了哪些发展的机遇?教学艺术在教学论学科中有着怎样的地位?凡此种种。在本绪论里,笔者尝试给予部分的回答,而更多的问题则留待有兴趣的读者自己在阅读本书的过程中去探索和思考。

一、教学艺术与教学科学的统一性

教学是教师的"教"和学生的"学"所组成的一种人类特有的(人为的,也是为人的)社会实践活动——人才培养活动。通过这种活动,教师有目的、有计划、有组织地引导学生积极自觉地学习和掌握文化科学基础知识及基本技能,促进学生多方面素质的全面提高,使他们成为社会所需要的人。

我们常说教学是一门艺术,这是由教学和艺术的密切关系所决定的。教学具有艺术的内涵。一般而言,艺术有三种含义:一是指"技艺""技能",这可以从"艺术"一词的概念多指诸如木工、铁工、外科手术之类的技艺或专门形式的技能得以说明;二是指富有创造性的工作方式和方法,亦即这种方式或方法使创作者的感情升华到完善的境界,其创作的成品不仅给创作者同时也给观众带来快乐;三是指用语言、动作、线条、色彩、音响等不同手段反映社会生活,并表达作家、艺术家等人的思想感情的一种社会意识形态,艺术常常是通过形象化的手段来表达创作者思想感情的。对照上述艺术的三种含义可以看出,教学是具有艺术内涵的,教学不仅要求教师具备高超精湛的教书育人的技艺、技能,以及极富创造性的工作方式,还要注意运用语言、动作、音响、图像等形象化的手段表达特定的教学内容和教师的思想情感。基于这一层意义,我们开始了探究"高中特级教师课堂教学艺术"问题的旅途。

教学不仅具有艺术的内涵,而且还和艺术有近似的对象,它们都是以人为中心的,都是直接、间接地表现人的命运、感情、内心世界和人与人之间的关系。教学内容,无论是社会科学学科,还是自然科学学科,都是真、善、美的统一,包含有丰富的审美因素,具有明显的或潜在的艺术性;教学离不开语言、动作、线条、音响、色彩、图像等艺术元素,尤其是现代教学更表现出明显的形象化、审美化、艺术化的趋向,甚至于直接以艺术为手段进行教学;教学也和艺术一样,在社会中表现出认识功能、教育功能和审美功能,并具有形象性、情感性和创造性等突出特点;教学活动过程也有着与艺术感受、艺术构思和艺术表现相类似的教学准备、教学设计和教学表达等三个基本环节。所有这些都表明,"教学是一门艺术"的命题是完全可以成立,并能得到理论论证的。

我们坚持"教学是一门艺术"的观点还有一些其他的理由。其一,教学涉及的是人,是人情感和价值的体现,这些完全不属于科学范围之内,一个被"科学地"培养出的儿童将是一个可怜的怪物;其二,教师所面对的是具体的教学实践,而教学实践有着很大的不确定性;其三,好教师的教学绝不是千篇一律地遵循着什么既定的规则,他们都有各自的个性,并在教学中体现出来;其四,专家和熟练者的能力无法"直接"地传授给其他人,也就是说,教学领域中的方法不是"公共的",更重要的是,对这个教师是"好的""有效的"方法,对那个教师而言未必就是好的。[1] 所有这些都在质疑教学的科学性根基,而且是切中要害的。

事实上,上述对教学的艺术性的强调并没有贬低教学的科学性的地位。换言之,我们坚持"教学是一门艺术"的同时,也坚持"教学是一门科学"——教学需要科学为其奠定基础,并且可以通过科学的方法加以研究。这是因为,教学的规律性和系统性的特征早已深入人心,"教学是一门科学"的道理毋庸置疑。毕竟,人们发现了越来越多的教与学之间的变量关系,可供分享的教学技能也越来越多,而且这些教学技能也在总体水平上提高了教学质量。

教学的科学与艺术之争由来已久,我们在此并不打算去进行回溯。对于教学的科学与艺术之间的关系探究,我们更愿意从人类科学与艺术活动的关联中去思考。关于这一问题,美籍华裔科学家、诺贝尔奖获得者李政道先生认为:科学和艺术是不可分割的,它们共同的基础是人类的创造力,它们追求的目标都是真理的普遍性,它们的关系是智慧和情感的密切关联性。[2] 伟大艺术作品的美学鉴赏和伟大科学观念的科学理解都需要智慧,随后的感受升华又是和情感分不开的。没有情感的因素,我们的智慧能够开创新的道路吗?没有智慧,情感能够达到完美的成果吗?它们是密不可分的,都追求深刻、普遍、永恒和富有意义。李政道先生的科学与艺术不可分割的思想启发我们去思考教育教学问题,思考对教学的本质认识,思考教学的科学性与

---

[1] 施良方,崔允漷. 教学理论:课堂教学的原理、策略与研究[M]. 上海:华东师范大学出版社,1999:427—430.
[2] 孙志胜. 教学是科学还是艺术?[N]. 中国教育报,2012-07-20.

艺术性的关系问题。单方面地强调教学是科学或教学是艺术，都是一种片面的、绝对的、不完全的认识。教学，其所传、所授、所解的是各具体学科的知识，是人类智慧的结晶，要求准确无误、严谨细致，从这个角度讲，教学的确是一种科学。同时，教学的传授和解疑之术，要有情感和美感，要有感染力，要求生动形象、灵活而富有变化，从这个角度讲，教学又的确是一种艺术。在某种意义上说，教学是科学还是艺术的问题，实际是代表了两种不同的研究旨趣或思维取向："教学科学"所关心的往往是相对静态的结果，针对教师在作出决策前的形成过程，或者说是为教师的决策提供实证依据；"教学艺术"所关心的却是作为整体的教学的实际运作，针对教师在面对教学情境中不确定性作出决策时的自主性和创造性。① 因此，我们坚持教学科学与教学艺术的统一性，坚持教学科学性基础上的艺术性，也坚持教学艺术性追求下的科学性，二者有机统一于教学实践的过程之中。

二、在细节中探寻课堂教学艺术的精彩

教学艺术不仅是指教师所具备的，并能在教学实践中得以充分表现的，高超精湛的教书育人的技艺、技能，也是教师极富创造性的工作方式，以及对教学语言、动作、音响、图像等形象化手段表达特定的教学内容和教师的思想感情的熟练运用。那么，教学艺术又在哪里可以找到呢？我们当然可以在历史的故纸堆里、文献里去找到教学艺术的片言只语，但我们更愿意到鲜活的教育教学实践中，到具体的、特定的学科教学场景中，到宏大教育理论不太关注的教育教学细节中去发现、去寻觅，那儿才是教学艺术的源头。

教学艺术更多地体现在教学细节中（需要说明的是，强调教学艺术更多地体现在教学细节中，并不否定教学艺术的宏大方面，只是因为中小学教师经历更多的是上课、听课和评课等细小事件，教学艺术更多地发生于课堂之中，因而也需要教师持有"怀大爱心，做小事情"的心态），也更多地体现于"教得巧妙、教得有效、教出美感、教出特点"②的典型教学片段之中，因而它决定了教学艺术研究的思维方向，也决定了我们需要对教学细节问题进行本体性思考。

教学细节是由"教学"和"细节"合成的词语，理解"教学"特别是理解"细节"便成为理解教学细节的基本前提。"教学"一词有广义和狭义之分，这里的"教学"是狭义上的教学，它专指学校教学，主要是指课堂教学这一组织形式，也包括具有一定教育意义的校外实践活动和学生实习活动，但不包括家庭教育、社会教育等其他领域中的教学活动。关于"细节"一词，《汉语大词典》则将其解释为"细小的环节和情节"，"无关紧要的小事"。当然，作为"教学"中的"细节"，虽然是"教学"中发生的"小事"，但由于它所蕴含的特定教育意义，对于学生发展并不是"无关紧要"的"小事"，因而也就来不得半点马虎。

从表现上看，教学细节形式多样。新课的导入、学生学习兴趣的激发、课堂提问的设计、板

---

① 施良方,崔允漷.教学理论：课堂教学的原理、策略与研究[M].上海：华东师范大学出版社,1999：432.
② 李如密.教学艺术的内涵及四个"一点"追求[J].上海教育科研,2011(7)：1.

书的设计、就学生的回答因势利导地作出的相应评价或回答、教师在讲解某一知识时所做出的肢体语言和眼神等,都属于教学细节。教学细节还可能是教师对学生困难时的帮助、迷茫时的指点、失败时的鼓励、成功时的共享、出错时的包容,也可能是教师的不闻不问、视而不见、漠然处之……课堂教学中教师的一个眼神、一个动作、一个表情,学生的一个行为、一句话、一个错误,师生之间互动的行为组合等,也都可以成为教学细节。仔细分析这些教学细节不难发现,尽管它们在形式上各不相同,但是作为教学的一个个细小片段(教学过程的具体环节),又都呈现出共同的本质特征:它们都是产生于一定的教育教学情境中(时空背景),并且包含着教师、学生、教学内容等诸多教学要素的微小教学事件,也是构成教学行为的外显的最小单位。当我们从课程与教学论的未来发展视角来审视这一问题,作为微小教学事件的教学细节其实还可以被看成一种微小课程①,正是通过这些微小教学事件,教师和学生共同建构了"微小课程"的内容和意义,并使教学细节及其所建构的微小课程成为教师和学生追求主体性,获得解放和自由的过程。

教学细节是教学过程中的一个"节",本质上是对教学具有起承转合、激活甚至点燃作用的微小教学事件。对教学细节的这一认识,当然受益于加涅的教学事件理论。加涅致力于研究人类的学习以及学与教的系统设计,在"为学习设计教学"的核心思想指导下,他从学习的类型以及相应的基本先决条件和辅助先决条件来分析学习任务,根据学习的内部事件(过程)提出了与各内部过程相匹配并对内部过程起促进作用的外部条件,亦即"九大教学事件":引起注意,它是学生学习主动性、积极性的重要标志,也是有效教学的首要条件;告知目标,其功能是激起学习者对新知识、新技能的期望,产生学习的内部动机;刺激回忆先前习得性能,促进新的学习与已有观念的联合;呈现刺激材料,最有效的是具有突出特征的刺激;提供学习指导,使所学的东西进入长时记忆;引发行为表现,以此来验证期望的学习过程是否发生和学习的结果是否达成;提供反馈,及时让学习者知道学习的结果;评价作业(测量行为表现),要求学生做出另外的行为表现,并给予反馈;促进记忆与迁移,为学生提供各种各样的新任务,要求他们把所学知识运用到新的情境之中,从而促进更高层次的学习。②其中,每一事件都与特定的内部学习过程相对应。

为加深对教学细节在本质上就是微小教学事件亦即微小课程的理解,我们还需要进一步拓展对于加涅教学事件理论的认识。我们知道,教师的教学本身并不必然导致学生学习的发生,真正的学习发生于学习者进行内部的信息加工(甚至比信息加工范围更广泛),这受制于学习的目标、内容、情境以及学习者本身特征等诸多因素的影响。而学习者是复杂的个体,其内在心理过程也是复杂多变的,加涅的九大教学事件强调通过外部事件的支持来促进有效学习的发生,而较少地考虑到学习者的情绪、意志等因素对教学过程的具体作用。对此,史密斯和拉甘综合了学习理论研究和教学研究的一些成果,从教师和学生两个角度拓展了教学事件概念,并

---

① 张华.课程与教学论[M].上海:上海教育出版社,2001:88.
② [美]R.M.加涅,W.W.韦杰,等.教学设计原理[M].皮连生,等译.上海:华东师范大学出版社,2007:170-171.

将教学事件分成课的导入（包括引起注意、明确学习目标、唤起兴趣和动机以及新课概览）、课的展开（包括回忆原有知识、处理信息、聚焦注意力、运用学习策略、练习和评价反馈）、课的结束（包括小结与复习、知识迁移、再次激励和结束）和课的评估（包括评估与反馈）四个阶段共十五个教学事件，在此教学事件框架的基础上，对各种不同的学习结果提出了相应的教学策略，为实际教学提供了详细参考。[①] 也正是在这一层意义上，教学细节的微小教学事件的本质才更为清晰，在具体表现形式上也才更为多样和丰富多彩。

作为微小教学事件的教学细节，实践中还表现出一定的情境性、外显性、生成性和微型化等特征。教学细节总是在一定的教学情境中发生的，脱离特定情境的教学细节是不可想象的，而且这里的教学情境往往带有难以抹去的社会学特征和文化色彩。教学细节总表现出一定的外显性特征，因而可以被人们观察和捕捉，进而能够被人们所理解和学习。例如，讲课中的教师突然沉默这一教学细节，旨在引起开小差学生及其他学生的"无意注意"，委婉又明确地向全体学生传达"请注意听讲"这一信息。教学细节的生成还具有一定的偶发性和即时性，这体现出教师的教学机智。例如，一位教师在黑板上板书"把酒话桑麻"的诗句时偶然落了"话"字，教师灵机一动，"哦，都说喝酒容易误事，果然是'酒后失语'！"在学生会意的笑声中，教师补上了那个字。这个教学细节处理使得教学失误变为教学资源，显示出教师较高的教学机智。教学细节的微型化是指在教学时间、空间和进程等维度上，教学细节表现出短、小、微的特点，这也是教学细节之所以称为教学细节的根本所在，也正是因为教学细节的微型化特点，才需要教师有意识地去捕捉、挖掘乃至放大，以实现教学真正促进学生发展的任务。教学细节的这一特点也为课堂教学艺术研究提供了丰厚的素材和资源。

当然，教学细节自然会涉及是"谁的"或者"哪些人的"教学细节问题。理论上说，每一位教师的课堂教学细节都需要人们给予关注，因为每一个课堂都有一群鲜活的生命在生长。但是，从学习和借鉴的视角看，我们更需要把研究目光聚焦于特级教师的教学课堂，亦即聚焦于特级教师的课堂教学时空，从特级教师的教学细节处理中汲取教师专业发展的营养。毕竟，特级教师群体是一批在教学实践和理论思考上有丰富经验与鲜明特色的人群，其教学智慧与艺术也更多地表现在他们的教学实践中，特别是其课堂的教学细节之中，这样的课堂教学细节处理也逐渐变成可以借鉴和参照的典型案例，展现了他们特定的教学艺术。当然，如何从批判性视角观察这一问题，还需要每一位读者就特级教师课堂教学细节能否构成"典型"和"艺术"作出自己的独立判断。

三、基于现象学视野的研究方法选择

如果说"在细节中见证教学艺术的精彩"回答了教学艺术的来源问题，那么"何以见证"教学艺术的精彩就是方法问题。为此，基于现象学视野的欣赏型探究，构成了这一研究任务的方

---

① 盛群力. 教学事件的扩展与八种学习类型的教学策略[J]. 浙江教育学院学报，2006（2）：31-38.

法论指导思想。

为了在细节中见证教学艺术的精彩,我们需要深入课堂现场开展观(听)评课活动。作为中小学教师的日常教研活动方式,观(听)评课旨在通过对同行教师或自己的课堂教学的观摩、评价和研究,实现自身教学的改进和专业发展。但是,教师们在观(听)评课时往往起不到促进自身和同行反思以及改进教学的作用,为了解决这一问题,一些高校研究者尝试让中小学教师进行专业的观(听)评课活动。这虽然有助于教师提高课堂观察的客观性,但是教师往往忘了自己对这节课的真实感受,这使得观(听)评课变成了机械的报数据活动,失却了课堂教学背后的价值与意义。那么,有没有一种观(听)评课的视野和方法,既能考虑到教师自身对课堂教学的真实体验,又能避免教师对课堂评价的主观议论?北京师范大学胡定荣教授的"基于现象学视野的观评课范式转型"研究为我们开展观(听)评课活动和解释课堂现象提供了新的视角与思路。

教育现象学的代表人物范梅南认为,现象学不是实证科学,不是一门关于经验事实和精确归纳的科学,[1]而是一种观察、记录个体在生活世界中体验(现象)并揭示其本质或意义的认识方法,是对个体生活世界中的现象或体验的研究,也是通过直觉和想象来把握体验到的意识结构特征和本质,最终发现体验的普遍意义。因此,教育现象学视野中的观(听)评课范式转型,有利于克服主观经验主义和实证主义观(听)评课范式的不足,同时也给中小学教师的观(听)评课活动带来了新的理解和新的内容。因此,直面课堂教学实践,整体把握课堂教学,注重对精彩教学片段的直接感受与体验,揭示教学的本质或意义,构成了课堂教学艺术研究的基本思路。

教育现象学视野中的观(听)评课[2]

(1)课堂观察者的身份:从旁观者、外观者和客观者转变为参与者、体验者和欣赏者

课堂观察者不是价值中立的旁观者、外观者和客观者,而是从当事人视角来主观、内观或反观,课堂观察者是观察对象的合作参与者、体验者和欣赏者。

(2)课堂观察的目的:从事实、规律转变为意义

课堂观察的目的不是为了获得课堂行为发生的事实和相关的影响因素,而是为了发现课堂中发生的事情对观察者的意义。

(3)课堂观察的内容:从局部转变为整体

课堂观察的内容不是把复杂的课堂简化成提问、板书等几个变量,而是在整体把握课堂内容进程的基础上,发现令观察者记忆深刻的事情或片段。

(4)课堂观察的记录:从定量转变为定性

教育现象学的课堂观察不是客观,而是一种反观。这意味着课堂观察者在观察记录的过程中不仅要记录自己看到了什么,更重要的是要记录自己心里体验到了什么。记录

---

[1] [加]马克斯·范梅南.生活体验研究[M].宋广文,等译.北京:教育科学出版社,2003:26.

[2] 题目为本书作者所加。文章参见胡定荣,吴颖惠.基于现象学视野的观评课范式转型[J].教育科学研究,2016(7):8.

的内容不是课堂中发生的一切,而是打动自己的事情或片段。记录的工具不是表格和数字,而是语言文字。要用语言文字生动地描写自己在课堂观察过程中的情绪及情感体验。

(5) **课堂观察的结果分析:从主观推断、统计推断转变为本质直观分析**

不同于以往的凭经验主观分析或定量的描述与推断统计,教育现象学的课堂观察需要对主观体验的意义结构进行分析和批判。这种分析依靠分析者基于记录文本内容进行直观分析,概括出其蕴含的整体和部分的意义。

(6) **课堂评价:从诊断改进转变为鉴赏与理解**

实证主义的课堂评价会依据有效教学质量标准对课堂效果作出价值判断,发现存在的问题,提出诊断及改进意见。教育现象学视野下的课堂教学评价将会发生以下改变:评价的目的不是为了改进而是为了获得意义,丰富教师对课堂的理解,增强教师的教育机智;评价的标准不是一堂好课的统一标准,而是能打动自己的事情或片段;评价的内容不是教学行为与效果之间的关系,而是评价者本人对课堂的主观体验。具体设想的情境可以描述如下:中小学教师在观察一堂课后,抛弃有关好课的价值判断标准,回到自己的真实体验,描述自己印象深刻的事情或片段,分析课堂体验的价值意义,意识到不同人对好课有不同的理解,由此加深彼此对好课的理解,达成对好课的共识。

本书在描述课堂教学片段时,不仅描述了教学片段中的师生行为以及学生的学习效果、学习状态,而且着重分析了这个教学片段的成功之处,即教师通过什么措施达成了怎样的教学效果,探究这个环节取得成功的原因,并吸收了实证研究范式的合理内核,强调基于证据(例如学生的参与状况、回答问题的情况等)的分析,而不是凭自身的、随意的主观印象。

值得强调的是,研究教学片段"欣赏型探究"的思想,亦即以欣赏的眼光选择教学片段的方法。这不是因为我们的研究对象是一批特级教师群体,而是因为欣赏型探究本身的教育价值。欣赏型探究(Appreciative Inquiry)是由美国凯斯西储大学的大卫·库伯里德及其同事在20世纪80年代提出的一种有关组织变革发展的系统思想和方法体系。它起初主要应用于公司变革、公益性组织的改组过程中,后来拓展到世界范围内的诸多领域,并产生了积极而广泛的影响。欣赏型探究抛弃了传统上那种纠缠问题、聚焦缺失的组织管理观,强调组织的管理变革最重要的是发现组织已有的长处和优势,进而引导组织成员共同大胆地追求梦想和实现梦想,从而推动组织管理的积极变革和发展。我们把欣赏型探究的思想借鉴到中小学教师的观(听)评课活动中,关注的就是其积极的组织管理变革方式和积极的人生态度(社会建构论和积极心理学成为影响欣赏型探究的两股重要力量),以及其提出者大卫·库伯里德的4D(Discovery-Dream-Design-Destiny,亦即"发现—梦想—设计—实现")循环模式和基于欣赏型探究的SOAR(Strength-Opportunity-Aspiration-Result,亦即"优势—机遇—期望—结果")模式。[①] 它超越了或者说是弥补了传统的SWOT(Strength-Weakness-Opportunity-Threat,亦即"优势—劣势—机

---

① 张新平.义务教育优质学校办学标准研究[M].北京:科学出版社,2015:263-279.

遇—挑战")循环模式纠缠于"问题、缺陷、劣势、威胁"的缺点,促使我们变革组织管理的思想,促使我们关注那些真正有价值的事情,也就是关注我们个人的未来和组织的未来。这一思想对于教师专业成长无疑有着积极的意义。

最后,笔者就整本书的结构略作说明。《特级教师课堂教学艺术·高中卷》除了绪论和结语外共计6章,分别讨论了课堂导入的教学艺术、情境创设的教学艺术、课堂表达的教学艺术、课堂提问的教学艺术、学科思维的教学艺术和学习指导的教学艺术等高中学科教学的研究主题,并在这些研究主题中分析了特级教师的课堂教学艺术。这些研究主题彼此联系,各自有一定的独立性,也有彼此的交集,读者既可以按着本书顺序阅读,也可以根据自己的兴趣选择性地参考。

第一章　课堂导入的教学艺术

成功的课堂导入是一堂课成功的重要条件。高尔基在谈创作体会时曾经说过：开头第一句是最难的，好像音乐定调一样，往往要费好长时间才能找到它。教学也是如此，如果没有好的开端，学生就很难进入学习状态，课堂教学的其他环节也就难以取得理想的效果。为此，课堂的第一锤子需要敲在学生的心灵上，或激起他们思维的火花，或像磁石一样把学生牢牢地吸引住，这样的教学就等于成功了一半。

一、基于教材的课堂导入

教材是供教学用的资料，如教科书、讲义等。广义的教材是指在课上与课外教师和学生使用的所有教学材料，不一定是装订成册或正式出版的书本，教师自己编写或设计的材料也可称之为教学材料，计算机网络上使用的学习材料也是教学材料。教科书除学生用书外，几乎无一例外地配有教师用书，很多还配有练习册、活动册、配套读物以及音像制品等。作为一种重要的课程资源及教学资料，教材也就自然成为课堂导入的重要来源。下面让我们来看一位特级教师的课堂导入。

【典型案例 1.1】[①]

师：非常荣幸能有这样一次机会跟大家分享一段话。十年前，有一位叫韦志城的语文老师说："如果用审美的眼光来看语文，语文就是一个琳琅满目的美的世界。用审美的心灵来感受，语文课就是一个满足人的精神需要的无尽的宝藏。"李乐薇的《我的空

[①] 该教学片段选自王针桂老师执教的"我的空中楼阁"。

中楼阁》是大陆教材选用的第一篇台湾作家的作品,可谓是诗意双美的佳作。一座普普通通的山,一段平平常常的旋律,在作家妙笔生花下竟产生如此美妙的境界。这也确实印证了一句老话:生活不缺少美,而是缺少发现美的眼睛。拥有空中楼阁是幸福,在平凡的生活中感悟到美的心灵是幸福。今天就让我们一同走进《我的空中楼阁》,去感受古往今来中国文人所营造的这种远离喧嚣、归于山水、精心养性、返璞归真,找寻到自己幸福家园的心灵!

(PPT展示课题、作者,并以图片显示美丽的梯田风光)

《我的空中楼阁》选自人教版高中语文教材,本节课的教学目标是学习托物言志的写作方法,领悟如诗如画的意境,从而激发学生热爱自然、热爱生活、独立自由的情感和品质。在本课伊始,教师分享了韦志城老师的一段话,引导学生用审美的眼光看待周围的世界,发现语文的美,进而引出李乐薇的《我的空中楼阁》。整个课堂导入以"美"为线索,基于教材内容,配以情真意切的文字语言,给人带来美的享受与体验。教师如同画家,用笔勾勒出一个令人心之向往的美好家园。这样的课堂导入激发了学生的学习动机,使学生产生了探究的欲望,同时思维活动与情绪体验也与教师相互交融,发生共鸣。

借助教材来引入新课并非只是语文课教学所特有的策略,在理科教学中也可以充分挖掘教材的教育教学价值,通过启发式讲授法,引导学生思考,开拓学生思路。例如下面的高中物理课堂的教学引入。

【典型案例1.2】[①]

师:前面一节课我们讨论了牛顿第一定律,在你看来什么是牛顿第一定律?请你表述一下牛顿第一定律的内容。

生:牛顿第一定律是物体不受外力的情况下,将保持静止或匀速直线运动。

师:基本正确……这是牛顿第一定律的内容,请你再重复一遍。

生:一切物体总保持匀速直线运动状态或静止状态,除非作用在它上面的力迫使它改变这种状态。

…………

师:很好,请坐。这就是牛顿第一定律,那么我们体会一下牛顿第一定律到底告诉了我们什么。

师:从字面上来看,"除非作用在它上面的力迫使它改变这种状态",我们是否可以这样理解:一个物体如果受到力的作用以后,它的运动状态将会改变。运动状态看什么,就是看它的速度,换句话说,一个物体受到力的作用以后,它的速度将会发生变化,也就是运动状态将发生改变。可见,这里我们可以这样理解:F是迫使物体运动状

[①] 该教学片段选自倪亚清老师执教的"探究加速度与力、质量的关系"(2010年江苏省首届高中物理教师名师论坛)。

态变化的原因。这是牛顿第一定律告诉我们的，因为一切物体总保持匀速直线运动状态或静止状态，除非有力作用在它上面迫使它改变这种状态（说"迫使"时语气加强）。

师：除此以外，咱们进一步体会牛顿第一定律。这里谈到了一切物体总保持匀速直线运动状态或静止状态，那么我们体会一下，物体总保持匀速直线运动状态或者静止状态的这种性质我们把它称为什么？

生：惯性。

师：那也就是说一切物体都应该有惯性。那么惯性是有大小的，在你们看来，惯性大小的量度应该是什么？

生：质量。

师：质量。质量是物体惯性大小唯一的量度。那么这个惯性，实际上它就是想保持或者说企图想保持原来运动状态的这样一种性质，我们把它叫作惯性……这样，我们对质量的理解，应该可以等同为抵抗物体运动状态变化的本领。m 就是抵抗物体运动状态变化的本领。实际上就是，物体质量越大，那么物体运动状态越难以改变，也表现在它抵抗物体运动状态变化的本领相对来说大一些，这就是牛顿第一定律告诉我们的。

师：力是迫使物体运动状态变化的原因，质量是抵抗物体运动状态变化的本领。同学们刚进入高一的时候学习的第一章讲述了加速度的概念，请你们回想一下，加速度这个物理量它的物理意义是什么？我们请这位同学回答一下。

生：加速度是描述物体速度变化快慢的物理量。

师：基本正确。请坐。加速度是描述物体速度变化快慢的一个物理量，而速度变化的快慢实际上就是物体运动状态变化的快慢，这样，我们对加速度这样一个物理量是否可以这样理解：a——描述物体运动状态变化的快慢。

师：我们黑板上有三个物理量——a，描述物体运动状态变化的快慢；F，迫使物体运动状态变化的原因；m，抵抗物体运动状态变化的本领。如果我们要探究物体运动状态变化的快慢，似乎就应该去探究物体受力的大小以及物体质量的大小，这个就是我们今天这节课的课题，就是"探究加速度与力、质量的关系"。

或许我们很难理解，为什么倪老师一定要让学生再朗读一遍这个定律的内容，但是仔细思考后不难看出，原来倪老师让同学朗读牛顿第一定律是有目的的，是为接下来剖析牛顿第一定律的文字表述而做准备。这与一般的讲课思路截然不同，一般的讲课思路就是老师带着同学们一起回顾前面学过的知识点，然后一起进入本节课的知识点学习。在本节课堂中，倪老师带着同学们一步一步地深度剖析之前学习过的物理定律的内涵，循循善诱，将牛顿第一定律简单的一句话总结为三句话（并加以板书）：F，迫使物体运动状态变化的原因；m，抵抗物体运动状态变化的本领；a，描述物体运动状态变化的快慢。倪老师的课堂导入有效地起到了承上启下的效果，内容上不仅巩固、加深了已学过的物理定律，而且自然而然地将同学们带入到本节课堂所要探究的主题上来，一点也不显得突兀，巧妙地阐述了为什么要去探究这个问题，为接下来要研究的课题铺好一条康庄大道,学生仿佛自己就可以走到成功的彼岸。倪老师不仅仅在内容的承接处过渡自然,而且在形式上也可见其艺术性。众所周知,板书的设计一方面是教师与学生交流的最简单的语言形式,另一方面就像是一节课的"眼睛"或"导游图",对课堂起着提纲挈领的作用。倪老师总结出的三句话在形式上对称,读上去朗朗上口,彰显了一种和谐对称美,体现了他对物理的热爱之情,对教学的蓬勃之情,也让学生受到物理艺术之美的熏陶。

采用讲授法课堂导入方式取得优质的课堂教学效果,是多重因素相互作用的结果,其中最重要的因素还是因为优秀的教师善于运用启发式讲授来取代传统的注入式讲授。他们的"讲"能够诱发学生的"想",他们讲的"点"能够带动学生学习的"面",在他们的启发讲授过程中,旧中见新、易中有难、平中出奇、难而可及,千方百计地引导学生走上思考大道,发挥了引路、搭桥、开窍、点拨的作用。

二、源于经验的课堂导入

教学没有固定的形式,一堂课究竟如何开头,也没有固定的方式。由于教学对象不同,教学内容不同,授课教师不同,课的开头也不会相同。即使是对于同一教学内容,不同老师有不同的处理方法,同一位老师在不同的班级上课也可能有不同的导入。但是,无论怎样的课堂导入,都是为了完成一定的教学任务,实现一定的教学目标,因而要激发学生的学习兴趣,须基于学生的已有经验(有时也包括基于教师的教学经验),并与教学内容产生紧密联系。我们来看下面的教学片段。

【典型案例 1.3】[①]

(探究原子不结合的秘密)

师:自然界有没有不爱与其他原子结合的原子呢?

生1:稀有气体,也就是 He、Ne、Ar、Kr、Xe。

师:那为什么这些原子不爱和其他原子结合呢?

生2:因为这些原子最外层电子全满,不易与其他原子结合,也不倾向于形成双原子分子。

师:除了 He 之外,稀有气体这一族价电子层都是 8 个电子,也就是价电子层全满,我们称之为八隅律。

奥苏伯尔认为,影响有意义学习的关键因素是学习者认知结构中是否具有可以利用的起固定作用的观念。为此,他提出了"先行组织者"的教学策略,即先于学习任务本身呈现的一种引导性材料。通过呈现"先行组织者",给学习者在已知(知识与经验)与未知(待学新知)之间

---

① 该教学片段选自保志明老师执教的"化学键"。

架设一道知识之桥,使他们更有效地学习新材料。在实际的课堂教学中,适时引入"先行组织者",对学生自主思考和学习后续的新知识尤为重要。而要有效地引入"先行组织者"来架桥铺路,则必须深入了解学生已经具有的、可以利用的起固定作用的观念。正是在这一层意义上,基于经验的课堂导入才特别重要。

在上述教学片段中,学生在九年级就已经学过关于原子结构的相关知识,而且对原子最外层电子数会影响原子结构稳定性也有了基本的认识,也就是说,若一个原子最外层电子不是8个,那么其就有和其他原子形成多原子分子的可能。通过和学生的对话内容我们可以看到,保老师的目的是让学生回忆九年级学习过的有关原子结构及其稳定性的知识,为后续的 NaCl 中的 Na 和 Cl 是如何结合的教学做铺垫。

基于学生已有经验的课堂导入,有时表现在其相反的方面,亦即课堂导入对于学生真正未知的重视。学生只有明确自己的未知,才能找到思考的方向。例如,南京师范大学附属中学刘明老师在"三次函数的性质的研究"教学中,开门见山地向学生指出三次函数是高中数学的重要模型,然后向学生提出:"已知三次函数 $f(x)=ax^3+bx^2+cx+d$,你觉得三次函数有哪些性质?你是如何想到这些性质的?"接下来,全班都在静悄悄地思考,刘老师在学生之间巡视指导。这一过程用时 5 分钟。当学生提出问题后,刘老师把问题稍加整理,又向学生提问:"那么有了问题,该如何解决问题呢?"全班再次陷入沉思,这一过程用时 10 分钟。[①]越来越多的教师愿意把更多的时间还给学生,由学生自己提出问题,然后和学生一起去研究解决这些问题,使学生感觉这堂课是自己想学想听的,从而主导课堂的行进方向。

基于经验的课堂导入也往往依附于一定的教学情境。我们知道,教学情境是指教师在教学过程中以教材为依据,为了达到既定的教学目的,从教学需要出发,引入、制造或创设与教学内容相适应的,以形象为主题,富有感情色彩的具体场景或氛围。[②]当然,情境不仅仅是人际的(师生友好关系)情境,它还与具体知识紧密关联。基于经验的课堂导入需要教师考虑学生学情(包括学科认知结构、学习方式等)、教学内容、教学环节的呈现过程,以及与后续教学的关联等多个方面,并根据教材和学生特点有选择地利用语言、设备、环境、活动、音乐、绘画等各种手段(包括演讲、小品、歌曲、幻灯、音像等),渲染气氛,制造一种符合教学需要的情境,以激发学生兴趣,诱发思维,引起心理共鸣,从而引导学生投入新课的学习。在具体的教学实践中,基于经验的课堂导入从形式上看,强调借助于图片、图表、音像片等直观教具,让学生观察实物、模型、图表、幻灯、投影、电视,或者运用形象化的语言,引起学生对即将讲授内容的关注,旨在为学生提供生动形象的感性材料,使他们积累丰富的感性经验。

在复习课教学中,基于学生经验的课堂导入也可以引起学生对复习内容的兴趣,同时可以让学生基于已有经验感知到复习教学的价值及内涵。当然,对于复习课而言,我们需要注重复习教学的具体目的,并根据不同教学目的设计不同的教学任务。例如,知识的结构化教学与技

---

① 该教学片段选自刘明老师执教的"三次函数的性质的研究"。
② 王晓玉.关于教学情境创设的再思考[J].教学与管理,2011(24):63-64.

能的熟练化教学可能会在具体教学设计上有不同的要求,而问题解决教学则又需要结合具体学科内容、一般思维策略、特殊学科策略和问题解决中的元认知监控等综合设计。例如,在高中数学教学中,"空间中的距离和角"是高考的必考知识点,在高考试卷中一般是中等难度试题。而"点与面间的距离"和"线面角、面面角"都是考查的重难点,又因为空间图形与位置关系的特殊性,很多学生往往很难直观理解其中的关系。因此,如何实现对这些重难点的有效突破?是否可以为这类问题找到通性和通法?这些都是课堂教学中应当完成的目标。下面,我们来看数学复习课教学中基于学生已有经验,同时也是基于情境并以问题方式呈现的课堂导入片段。

【典型案例1.4】[①]

师:在空间的位置关系当中,平行和垂直是两种特殊的关系。比如说我们要证明两条直线垂直(用教杆比画),有哪些方法?有哪些思路?

生:先求出两条直线的夹角是九十度。

师:嗯,这是一种思路,还有吗?如果现在这两条线不在同一个平面当中呢?

生:证明直线与这条直线所在平面垂直。

师:嗯,先证明一条直线和一个平面垂直。那如果这条直线和这个平面不垂直呢?那么这两条直线有没有可能垂直?什么情况下也能判断?

生:和直线在平面内的射影垂直。

师:嗯,可以用三垂线定理。那还可以怎么办?

生:用向量的办法。

师:嗯,用向量。那怎么样证明这两个向量垂直?要证明这两个向量,它们的……

生:数量积等于零。

师:好的,那么这样也可以证明这两条直线是互相垂直的。

师:那么平行呢,大家是不是也可以一样类比?下面我们就用这些思路和方法来研究下面的问题。(展示例题1)

作为复习课的课堂导入部分,对于基本概念的回顾自然是必不可少的。教师以"问题串"的方式组织教学内容,利用"问题串"的方式对学生进行提问,唤起学生的已有经验,是一种效果很好的教学方法。因为"问题是数学的心脏",也是教学中引起学生思维的"引擎",特别是能够唤起学生已有经验的问题,更能促成学生的思考,因而也决定了教师在教学中最主要的任务之一就是提出问题,以及引导学生提出问题。在这堂课中,教师提问的是空间中平行与垂直的证明方法与思路,这样就将学生的注意力放到了对以前学习内容的回忆中。而学生的真实回答就表现出了他们当前的知识水平,以及对于概念的把握程度。在了解已有的知识经验和认知准备以后,教师就能对症下药。

---

① 该教学片段选自李金蛟老师执教的"平行与垂直"复习课。

我们再来看一位物理教师在"借班上课"时的教学开场白。

【典型案例 1.5】[①]

这是我的姓名,这是我目前供职的单位,从南京到镇江,和我们镇江中学高二(4)班的同学合作一节课,我稍微有点激动。因为初次见面,我还带了一点东西,不成敬意,这个东西是——小灯泡。我如果真的以此为初次见面的礼物,是不是显得有点小气?其实,我的礼物不是这个小灯泡,而是利用这个小灯泡做的一个小实验。其实,我的礼物还不只是利用这个小灯泡做的小实验,而是针对这次实验的观察所做的深入的、细致的研究。

面对新的同学,朱建廉老师没有急着开始今天的授课,而是先和学生进行基本信息的沟通。因为师生只有在相互了解的基础上,才能更好地成就一节课。"合作"一词体现了朱建廉老师对学生的尊重,在这里如果改成"请同学们配合一节课"或"给大家上一节课",语境中学生就成了参与者。"合作"既能让学生感受到自己的重要性,又能缓解课堂的紧张气氛。学生具有主观能动性,会对教师尤其是一位新教师的言行举止异常敏感,如果教师的谈吐从一开始就获得了学生的认可,那么学生就会很容易地进入学习的状态。"初次见面的礼物""小气"等都是一些日常用语,然而用在课堂上,不但不会让课堂显得过于随意,反而会拉近师生之间的距离,而且还会吸引学生的眼球。听到"礼物",我们想即使还未进入状态的学生也会立刻把头转向老师,这正是抓住了学生好奇的心理。以此作为新课的引入,不但设置巧妙,而且还激发了学生的兴趣。这一段开场白语言平实,但是却已经和学生建立了一个友好的关系,在学生心目中树立了一个好的印象,营造了良好的课堂氛围,也为顺利引出新课奠定了基础。而这样的课堂导入,不仅基于教师对于先进教育教学理念的个人理解,也与教师丰富的教育教学实践经验和个人阅历有着紧密的联系。

三、联系生活的课堂导入

加强教学与生活的联系,将社会现实中学生感兴趣的一些材料与课本内容有机地结合起来,也有助于激发学生的学习兴趣,培养学生关注现实的习惯,让学生以良好的学习状态开始新课的学习。例如,河南省特级教师蔡传明老师在 2015 年设计的人教版选修课"梭伦改革"一课中,就运用了学生感兴趣的生活话题导入新课,其导入环节如下。

---

① 该教学片段选自朱建廉老师执教的"电动势"(全国第六届中学物理特级教师学术研讨会暨江苏省第二届物理名师论坛,2012 年 9 月 12—14 日,江苏省镇江中学)。

【典型案例 1.6】[①]

（教师展示下列四幅图片：图 1，美国大选期间美国公民积极投票；图 2，全国人大会议上代表举手表决；图 3，美国国会议员聆听政府报告；图 4，英国议会议员进行辩论。）

师：同学们请看 PPT，思考一下这四幅图片分别体现了公民在民主政体下行使自己的哪些权利？

生：图 1 是选举权；图 2 是表决权；图 3 是知情权；图 4 是发言权。

师：追溯这些公民权利的起源，我们需要将目光投向古希腊。让我们走进欧洲文明的摇篮，寻访作为雅典民主政治基石的一次改革——梭伦改革。

将现实材料呈现在新课讲授前，即在历史教学中将一些社会现实中学生感兴趣的材料与课本内容有机地结合起来，能加强历史与现实的联系，激发学生的学习兴趣，发挥学生的主体性和主动性，培养学生关注现实的习惯，提高学生运用发展观点分析历史与现实的能力，培养学生更好地解决现在以及将来遇到或可能遇到的实际问题的能力。在这一导入环节，教师并没有采用传统的复习导入方法，而是利用现实问题创设新的教学情境，它不仅吸引了学生的注意力，激发了学生的学习兴趣，而且自然导入新课，使学生对新的教学内容产生了好奇心。在历史课教学中，将历史与现实有机贯通，能够给历史赋予一定的现实意义和生命价值，有助于培养学生用历史的眼光观察世界，使学生从历史角度分析现实，认识和理解现实生活。

实践中，联系现实生活开展教学是每一门学科都必须给予关注的问题。我们知道，数学是从现实世界中高度抽象而产生的，因此数学本身就是数学化与生活化的共同体。正如弗赖登塔尔所言，不要忘记数学在社会中扮演的角色，在过去、现在一直到将来，教数学的教室不可能浮在半空中，而学数学的学生也必然是属于社会的。这启发我们，生活化可以让学生体验到实实在在的数学，激发学生的学习兴趣；数学化可以让学生用数学的观点看待生活中的问题，培养数学的应用意识。二者密切联系，相互促进。下面是一个"曲线的参数方程"概念课的教学片段。

【典型案例 1.7】[②]

师：同学们，这几天风和日丽，天气晴好，大家有没有去蠡湖公园？

生（齐）：去了。

师：你们发现了什么？

生（齐）：摩天轮。

师：很漂亮的摩天轮是吧。美丽多姿的蠡湖公园又添了新成员，亚洲最高的摩天

---

① 该教学片段选自蔡传明老师执教的"梭伦改革"。
② 该教学片段选自钱军先老师执教的"曲线的参数方程"。

轮、世界第一的水上摩天轮,就要开放了。请看大屏幕,也请大家思考:利用我们已经学过的知识,你能解决这个问题吗?同桌的同学可以讨论。

(生生讨论)

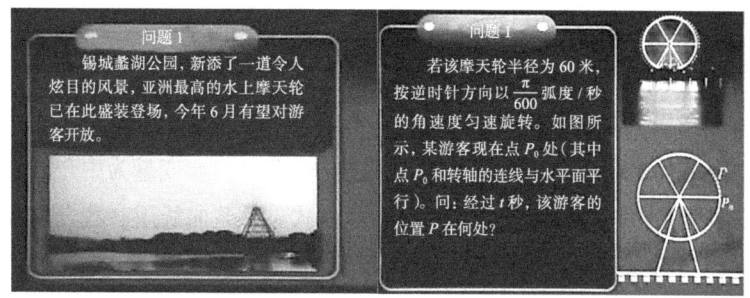

师:我们现在要确定 t 秒后游客的位置,那我们首先应该干什么?

生:建立坐标系。

师:建立坐标系,怎么建系呢?摩天轮是一个圆,大家看以圆心为坐标原点,什么为 x 轴?

生:OP_0 所在直线。

师:假如圆心是 O,那以 OP_0 所在直线为 x 轴,建立平面直角坐标系。很好!我们来看一下,直角坐标系建好以后,P 点的位置就可以由 P 点的坐标来确定。那么,设 P 的坐标是 (x,y),大家看 P 点的坐标 (x,y) 和时间 t 有关系吗?

生(齐):有。

师:有什么样的关系?经过时间 t 以后,游客从 P_0 运动到 P 点这个位置是吧?所转过的角度知道吗?

生(齐):知道。

师:多少?

生(齐):$\frac{\pi}{600}t$。

师:角速度是 $\frac{\pi}{600}$,是匀速转动的,因此转过的角度就是 $\frac{\pi}{600}t$,P 点的坐标 (x,y) 可以表示成什么?好,同学你说。

生:P 点的坐标可以用正弦函数表示。

师:我们先看 x 等于多少。

生:x 等于 $\sin\frac{\pi}{600}t$。

师:x 是 P 点的横坐标。

生:余弦函数。

师:余弦函数,半径是多少?

生：半径是60。

师（生一起说）：60，乘以 $\cos\dfrac{\pi}{600}t$。

师：这是横坐标，纵坐标 y 呢？

生：等于60乘以 $\sin\dfrac{\pi}{600}t$。

曲线与方程是解析几何的基本概念，也是研究解析几何"建立曲线方程和利用曲线方程研究曲线的性质"两个基本问题的前提。其中，"参数方程"是以参变量为中介来表示曲线上点的坐标的方程，是曲线在同一坐标系下的又一种表示形式。某些曲线用参数方程表示比用普通方程表示更方便。学习参数方程有助于学生进一步体会解析几何的思想，感受数学方法的灵活多变。作为苏教版高中数学（选修4-4）第四章"参数方程"的入门课，"曲线的参数方程"对于学习后续内容有着特别重要的意义。

参数方程的引入通常都采用传统的斜抛运动，亦即弹道曲线，它有利于凸显参数方程的作用，有利于感悟参数和参数方程的数学和物理意义。但是在教学中，学生建立参数方程和消去参数时困难较大，因此，考虑弹道曲线的理想状态（不计空气阻力），采用斜抛运动引入的情况较多。钱老师的教学则另辟蹊径，从学生熟悉的摩天轮入手，选择这一生活化的教学情境，一下子就拉近了教师和学生之间的距离，同时也有效激发了学生探索学习的兴趣。相比弹道曲线或是斜抛运动，该设计的门槛较低，学生比较容易入手。更为重要的是，摩天轮的运动是参数方程知识的一个极好的载体。生活化情境必须体现数学知识本质，要能指向数学教学目标。摩天轮的转动揭示了时间作为参数的意义，也有利于教学目标的达成。毫不夸张地说，摩天轮这一对象成为了参数方程这一新概念生长的地方。所以，教师在选择生活情境时，首先必须看透数学知识的实质，然后寻找可以作为载体的生活背景，这样才能做到真正的数学化与生活化。

课堂导入要有利于激发学生的探究动机，有利于文本的有效解读，有利于课堂主体的顺利切入，既要保证与教学内容的相关性，也要兼顾学生的内在需求。面对一个陌生的阅读文本，教师需要寻找到循序渐进的切入点，以促进学生内在认知的顺利过渡。一般来说，学生会对与自身相关的、贴近日常生活的东西更感兴趣。下面，我们来看一节语文课《守财奴》的教学引入。

【典型案例1.8】[①]

师：因为我们是初次在一起学习，所以我们先不急着上课，我们来聊一聊与课文有关的话题。我们这篇课文是《守财奴》，守财奴守的是什么？

生：（全体）财。

师：财，钱。我们今天首先就来聊一聊与金钱有关的话题。我之前在网上搜索了一

---

① 该教学片段选自邓彤老师执教的"守财奴"。

下"金钱"这个主题词,一下子蹦出来848 000多条关于金钱的条目,可见金钱一直是一个热门的话题。同学们看一下屏幕上给大家呈现的一幅图。(很大的一枚铜钱图)

生:铜钱。

师:我们中国称其形状为……外面是圆的、中间是方的。

生:(齐答)方圆。

师:孔方兄。

生:(学生笑)

师:跟金钱称兄道弟,何其亲切啊!有人讲金钱有一股"铜臭"味。不过,不管你是喜欢它、跟它称兄道弟也好,认为它铜臭逼人也好,钱实际上不过是……

生:(部分学生齐答)身外之物。

师:哈哈,同学们体会得很深刻啊!钱是基本的流通工具。我现在有个基本的问题与大家交流一下,如果哪一天,在座的某一位同学突然发了一笔财,你准备干什么?

生1:(嘀咕道)买房。

师:哪个同学与我们聊一聊,说一说?

生2:要是有一大笔钱,我首先要在市区买一栋豪华的别墅。

师:豪华的别墅,安居工程,是吧?安居才能乐业。还有哪位同学谈谈想法?我们随便聊一聊。

生3:如果有了一笔钱,我想我可能会出国旅游吧!

师:出国旅游,开拓见闻。读万卷书,还要行万里路。这需要财力支持,不错,请坐!

生4:如果我有一大笔钱,我会把一部分钱捐给希望工程!

师:这位同学境界也很高,把钱捐给需要的人,不错,请坐!你说。

生5:我如果有钱,我会开公司赚更多的钱。

师:赚了更多的钱干什么呢?

生5:首先要给我爸妈买一幢很大的房子。

师:听到没有?有了钱首先要扩大再生产,然后进一步赚更多的钱之后,想的是父母亲,有境界啊!接着再干什么呢?

生5:再开个希望小学吧!

师:跟那位同学想法相似。我发现这些同学好像境界都挺高的啊!有没有同学想这些钱我都留着、存着,一直陪着我到死?

生:……

师:刚才同学讲了,钱都是身外之物。可是有些人不这么想,他觉得他这一生就是为金钱而生、为金钱而死,金钱就是他整个的生命。这就是我们今天要学的巴尔扎克笔下的一个人物,叫什么?

生:(齐答)守财奴。

师：（笑道）守财奴不是他的名字，他的名字叫什么？
生：葛朗台。

在这样一段简短且富有哲理的课堂导入活动中，我们看到的是师生在不经意间显现的大智慧。课文节选《欧也妮·葛朗台》这一讽刺资本主义罪恶的金钱利益关系的小说片段，需要学生认识到"吝啬鬼"这一形象的内在意蕴。因此，教师从学生日常生活中的"钱"说起，让学生产生熟悉感后，再让学生想象一下自己有钱了会怎么办。教师没有生硬地去评价学生对于金钱处理办法的好坏，而是理解学生从自身角度出发作出的选择。"安居工程""读万卷书，行万里路""扩大再生产""孝顺父母"等，这些从学生讨论中提炼出的要素，不仅是文字表达上的区别，更是对学生积极正向价值观的引导。

由生活中熟悉的"钱"，引起学生交流讨论的兴趣，再从预想自己处理大笔金钱的办法，顺利地引出课文对于"吝啬鬼"视钱如命性格特征的描写。这种联系学生实际生活的导入，兼顾了学生的兴趣和与课文内容的联系。教师在短短的几分钟内营造了轻松的课堂交流与讨论的氛围，引出了教学的主体、课文的主题，可谓是一举多得。

四、借助于学科发展史的课堂导入

随着学生学习的不断深入，高中学生也逐渐形成了一定的学科意识，而每一学科不仅涉及具体的学科知识、学科思想与学科思维方法，还包括该学科的发展历史。因此，在学科教学中，结合学科发展史的课堂教学引入，有时也能起到非常好的教学效果。例如，有的教师在开展"数列的概念与简单表示"的教学时，就是借助数学学科发展历史来引入教学的。

【典型案例 1.9】[①]

师：这则阅读材料讲的是天文学上关于"提丢斯—波得定则"的故事，下面我请个同学简单地复述一下这个故事的内容。

生：他发现有一列数，3，6，12，24，48，96，……这样递推下去，可以推导出从太阳到行星距离之间的经验、定律，并依此发现了一些新的小行星。他发现在这个数列前面增加数字 0，再分别加上 4 后除以 10 就得到了一列数字，然后通过下面一个表格，他就发现火星和木星之间有一个空格，这代表火星和木星之间应该有一个小行星。

师：这个提丢斯从一列简单的数字入手，对 3，6，12，24，……进行了数集的变换，得到了一列数：0.4，0.7，1.0，1.6，2.8，……结合这里的数字，他发现第一个数字表示了太阳到其最近的行星水星的距离，第二个数字表示太阳到金星的距离……由此得到一张

[①] 该教学片段选自曾荣老师执教的"数列的概念与简单表示"。

表格，在这张表格的基础上，他发现了一些重要的结论，然后再次进行了探索。假如你们是天文学家，将怎么办？

生：他发现了这个规律，我们想要知道他计算出来的数那边是不是还有其他没有发现的行星？

师：在哪个地方？

生：2.8，19.6那边是不是还有小行星的存在？

师：事实上，在19.2的地方发现了天王星，和预言的19.6非常接近，后来天文学家又继续寻找，在2.7的地方发现了一些其他的行星，这和预测的距离2.8非常接近，那么从这我们可以看到天文学家由于对数字的敏感，而有了一些重要的发现。

3，6，12，24，48，96，192，…

0.4，0.7，1.0，1.6，2.8，5.2，10.0，19.6，…

如果说，现在我把这些数省去一些，不是说省去这么多数，而是说就简单的6，还有可能发现什么结论吗？如果说就给他简单的3，6，9，16，你觉得怎么样呢？

生：发现不了。

师：可能说天文学的历史也改变了，如果说我们把6和12交换下位置，如12，3，6，24，情况会怎么样呢？这种灵感还能够自然地存在吗？

师：不存在！那么看看这个问题和数字的什么有关？

3，6，12，24，48，96，192，…

0.4，0.7，1.0，1.6，2.8，5.2，10.0，19.6，…

12，6，3，24，48，96，192，…

生：我觉得是和数字的排列规律有关。

师：和数字的排列规律有关，能不能再具体一点？交换的是什么？（老师打左右交换位置的手势）

生：顺序。

师：交换的是顺序，是和排列的顺序有关。在数学史当中，有很多和数字排列有关的问题，古希腊毕达哥拉斯学派在一起玩数学……（具体述说例子，跟数字排列有关，其中提问学生，让学生对数字的排列顺序敏感）

课堂导入可以有不同的处理方式，其中引入数学史可以迅速吸引学生的眼球。这里面发现小行星的例子，既可以增加学生对这个科学家的认识，也可以让学生认识到所有人的学习都是一个不断探索、不断尝试的过程。事实上也确实如此,数学史不仅包括数学发生发展的内容、思想和方法,更是记述了这些内容、思想和方法演变的历程和影响它们的各种因素。数学史知识也是数学知识的一部分,数学史知识在课堂上的巧妙运用对数学课堂效率的提升有着巨大的促进作用。曾老师在这节课的教学中,首先让学生阅读故事以抓住他们的注意力,通过提丢斯发现小行星的例子引入教学课题,并让学生亲身去经历这个发现过程。接着,曾老师抛出一个问题:"假设我把这些数省去一些,不是说省去这么多数,而是说就简单的6,还有可能发现什么结论吗?如果说就给他简单的3,6,9,16,你觉得怎么样呢?"这个设计的目的就是想要学生认识到数列是由很多数组成的,少部分的数有时候不能发现规律,那么无穷数列存在就是合理的。虽然这里没有介绍无穷数列,但是让学生们有这样一个印象,受到潜移默化的影响,等到今后再来接触这一概念时,就不会觉得很突兀。

在任意一本物理教材中,当介绍物理概念、描述物理规律时,或多或少都会呈现一些相关的物理学史材料。事实上,物理学史也是物理课程学习中的重要内容。物理学史通常描述的是不同时期物理学家为探究某一物理规律、定义某一物理概念所做的工作,其中渗透着物理学家们身上的优秀品质以及在进行物理研究时的坚定态度、坚持真理的科学精神等。教学时,教师如果通过物理学史来创设问题情境,学生就可以借鉴物理学家在科学发现过程中的研究方法,学习他们严谨、坚定的工作态度,也可以因此受到物理学家们的影响和激励。让学生了解知识发展的整个过程,可以很好地帮助学生接纳新的物理知识。通过对物理学家们生平事迹的介绍,还可以使课堂更加生动有趣,调动学生的积极性。下面让我们来看一则借助物理学史创设教学情境的例子。

【典型案例1.10】[①]

师:牛顿致力于了解天体运动,实际上是从研究月球开始的。牛顿认为,如果没有力作用在月球上,月球将做匀速直线运动,而现在月球实际上是绕地球做近似圆的运动,那么,月球必定有一个向着地球的加速度,因而必定有着向地球的力的作用。这是一种什么力呢?

据说牛顿曾坐在花园里的苹果树下思考过这个问题。他看到苹果落地,受到启发,他想:地球既有作用于苹果的力,会不会也有作用于月球的力呢?虽然这只是一个传说,但是后来牛顿的理论确实说明了地球对苹果的引力与地球对月球的引力是属于同一种性质的力,都遵守平方反比律。至于牛顿是如何进行证明的,请同学们阅读课本第182页练习二第(4)题,并完成计算。

(全班同学认真阅读并计算)

师:下面请一个同学回答第一小题。

---

① 该教学片段选自岳燕宁老师的上课实录。

生：地面上物体受到的重力就是万有引力，也就是 $mg = \dfrac{GMm}{R^2}$，所以 $g = \dfrac{GM}{R^2}$。

师：回答得很好。同样月球的加速度 $a = \dfrac{GM}{r_{月地}^2}$。

……

师：回答得很好！牛顿把地面上的力学规律推广到天体。牛顿得出这个重要结论时，才不过是一个24岁的年轻大学生。(板书万有引力定律)

师：牛顿的研究结果表明，太阳对行星的引力、行星对卫星的引力以及地球对地面上物体的引力都遵循同样的规律，因此是同一种性质的力。牛顿考虑到宇宙间任何两个物体之间都存在这样的力，因此，他把自己的研究成果做了合理的推广，于1687年正式发表了万有引力定律："任何两个物体都是相互吸引的，引力的大小跟两个物体质量的乘积成正比，跟它们的距离平方成反比。"写成数学表达式(板书公式)

$$F = G\dfrac{m_1 m_2}{r^2}$$

这是高中物理"行星的运动"的第二课时，教师带着学生一起证明太阳对行星的引力、行星对卫星的引力以及地球对地面上物体的引力是同一性质的力，共同经历万有引力定律的发现过程。在进行万有引力定律教学时，教师结合牛顿对该定律作出的贡献，带着牛顿是"如何证明地球对苹果的引力与地球对月球的引力是属于同一种性质的力"的疑问，沿着牛顿的探究足迹，亲身经历整个证明过程。教师最后"牛顿得出这个重要结论时，才不过是一个24岁的年轻大学生"的言论，对中学生无疑是一种激励和期盼。

在化学教学中，化学史也是创设情境的重要途径。例如，有化学老师在教学"化学反应进行的方向"时，为了让学生深刻领会熵增原理在自然界的普遍存在性，不仅借助于精选的图片、优美的文字及相关的公式介绍，还提及在人类文明的发展进程中非常重要的学术著作——薛定谔著的《生命是什么》——的意义。这样的科学史情境创设，不仅能让学生了解一个化学的观点、一个看世界的眼光以及懂得科学是在继承前人研究的基础上不断发展和创新的过程，也能在学生的心底投下一颗颗热爱科学、追求真理、科学审美的种子，同时带给学生更多的人生感悟。

知识链接

导入是一堂课的起始环节，也是课堂教学的重要环节之一。课堂导入是新旧知识的衔接，也是成功课堂的基础，它是将学生由课间状态转入本堂课学习的准备阶段，也是促使学生积极、主动、自觉、高效完成学习任务的助推过程。一堂成功的课堂教学与恰当的课堂导入是分不开的。

（一）课堂导入的科学依据

课堂导入是一门艺术，其设计必须具有科学性。有了科学的依据作为前提，课堂导入就不会为了使学生产生兴趣而离题万里和胡编瞎造，也不会为了使学生产生兴趣而耗时过多，喧宾夺主，冲淡教学。科学的课堂导入要注意以下几点。

其一，课堂导入的目的在于引发学生的求知欲，激发学生的兴趣。兴趣是影响学习活动的一个重要的心理因素。早在两千多年前，孔子就提出过"知之者不如好之者，好之者不如乐之者"的观念。事实证明，兴趣是学生在知识经验不断丰富过程中，对认知和活动某一领域所表现出的情绪倾向和行为倾向。学生一旦对某一学科或某一活动产生强烈而稳定的兴趣，就会将其作为自己的主攻目标，并且会取得良好的学习效果。因此，新课开始，教师用贴切而准确的语言，正确巧妙地导入，可以激发学生强烈的求知欲望、引发学生浓厚的学习兴趣。如果教师在导入新课时就能针对学生年龄及心理特点，精心设计导入方式、方法，使新课伊始便妙趣横生，学生便能精神振奋，主动求知。

其二，课堂导入的内容要和教学目标、教学任务紧密相联。导入的目的是为了集中学生的注意力，让学生投入到本节课的学习任务中。如果课堂导入语游离于教材之外，不仅达不到教学目的，而且会分散学生的注意力。一旦学生对老师讲述的那些与教材内容无关的诗句、故事、图画等产生了浓厚兴趣，便无法迅速进入本节课的学习内容了。这样的导入不仅是无效的，甚至成了教学的累赘。

其三，课堂导入的时机要符合学生的心理情境。教师在教学活动开始前，必须了解学生近期、上节课或课间休息时的活动，了解当前学生的情绪，以选择导入新课的最佳时机。心理学研究表明，人的爱好、快乐、嫌恶、愤怒、恐惧和悲哀的情绪对学习、工作有一定的影响，尤其是上一节课或课间的事对学生的影响极大，如果学生的兴趣点、兴奋点还停留在上一节课或课间活动中，是不利于眼前的学习的。因此，教师的课堂导入必须在明晰学生情绪状态的基础上进行，把握时机，将学生的兴奋点转移到眼前的学习内容上来。

其四，课堂导入的范围是学生能感知体验到的自然现象、社会现象。导入的方式丰富多样，无论采用哪种方式，都不能脱离学生可以感知的范围。文学作品的导入，如果离开了感知范围，学生便无法进入其内，也就谈不上把握文学作品了。其他学科的导入语，也要让学生有身临其境的感觉。如果教师的导入是几句学生无法感受和理解的抽象的概念、理论，导入内容与学生的经验不能形成有机联系，学生哪有兴趣可言？

（二）课堂导入的具体方式

"导"者，引导、开导、疏通；"入"者，由外至内，进入也。课堂中所谓的"导入"，即是让课堂"活"一些，"趣"一些。课堂导入，顾名思义就是通过一定的引导与疏通，让学生进入学习状态的一种教学行为方式。一堂课如何导入，并没有什么固定的公式，可以根据不同的教育对象、教学内容、学生情况等选择不同的课堂导入方式。

1. 联系旧知、提示新课的导入方式

一般来说，新知识是在旧知识基础上的发展与延伸，学生是从旧知识中起步迈向新知识的

掌握。教师要从已有的知识出发，抓住新旧知识的联系，精心设计，导入新课，通过建立新旧知识的联系，明确学习的思路，增强学生学习的信心。这一导入方式以复习提问旧知识为手段，在旧知识里面带出新课内容的线索，引导学生从已有知识出发，顺理成章地进入新知识领域，并产生强烈的求知欲，既给学生复习巩固了旧知，又引发学生对新知识的积极思考。这也是最常见的课堂教学导入方式。其特点是"温故"以"知新"，亦即以复习已经学过或学生日常生活中已经了解的知识为基础，将其发展、深化，引导出新的教学内容，同时引发学生对新知识的积极思考。

2. 设疑问难、制造悬念的导入方式

思考永远是从问题开始的，所以有经验的教师常在章节教学之始，编拟符合学生认知水平、形式多样、富有启发性的问题，引导学生回忆、联想，或渗透本课学习目标、研究的主题。这一导入方式是，教师上课伊始有意围绕教学主题设疑问难、制造悬念，提出一些带有启发性的疑问，又不直接说出答案，从而调动学生的好奇心和求知欲，引导学生的思维。但设疑布阵要从教材特点和学生实际出发，做到有疑可设，自然合理，切不可为设而设，故弄玄虚。例如，化学"元素周期律的发现"的教学，教师一开始就用幻灯机打出一张精致的彩色邮票，票面正中是门捷列夫的头像，在写出课题后立刻提出以下三个问题：元素周期律是科学史上的偶然发现，还是科学发展的必然结果？元素周期律是门捷列夫的个人发现，还是科学家们前赴后继的探索结晶？为什么称门捷列夫元素周期律，而不是以其他人的名字命名？引出本课所要解决的主要问题，达到向学生渗透本节课教学目的的作用。

3. 直观演示、提供形象的导入方式

直观演示、提供形象，是指老师上课之始，通过展示图片、图表、音像片等直观教具，先让学生观察实物、模型、图表、幻灯、投影、电视，或者运用形象化的语言等，引起学生对即将讲授内容的关注，然后引导学生在观察中提出问题、思考问题、分析问题，从而使学生直接寻求新知的一种课堂导入方式。因为实物、标本、教具（挂图、模型、投影片、幻灯片、电影、电视等）比语言更有说服力和真切感，展示挂图、实物、标本、模型等可以化抽象为具体，不但为学生提供生动形象的感性材料，而且也为他们积累丰富的感性经验。直观演示对于引发学生学习动机和增强感知方面更有直接作用。这种导入方式一方面能使学生获得丰富的感性材料，加深对事物的印象，有助于学生对概念的理解；另一方面也可以激发学生的学习兴趣，利于发展学生的观察力，加强对将要学习新课内容的理解和记忆。因此，这类导入方式运用很广，各学科、各年级均可运用，尤其在中低年级学段和自然学科教学中，这种导入方式效果更好。直观演示导入的具体方式很多，既可以是形象化的语言式导入，也可以是看图（课本图像、教学挂图）提问式的导入，还可以是多媒体的渲染情景式导入，以及实物演示式导入。直观演示、提供形象的课堂导入重在激发学生对新课内容的兴趣，因此，运用这种导入方式要注意实物、模型、幻灯、电视等内容必须与新课内容有密切联系，并能为学生学习新教材服务，同时要善于抓住时机提出问题并引导学生积极思考，让学生明确观察的目的，掌握观察的方法。

课堂导入是教学的一个重要环节，任何一堂成功的课都有一个巧妙的课堂导入，正所谓好的开头是成功的一半，精彩的课堂导入会为课堂教学的顺利进行奠定良好的基础。有经验的教师都非常重视课堂导入的设计和使用。但是，教学没有固定的形式，一堂课究竟如何开头也没有固定的方法。由于教学对象不同，教学内容不同，开头也不会相同。即便是同样的教学内容，不同老师也会有不同的处理方法，同一老师在不同班级也会有不同的处理方法，这正是教学具有艺术性的根本所在。

（三）课堂导入需要注意的问题

课堂导入的艺术性不仅表现在其有科学的依据，还表现在课堂导入具有与其他环节不同的独特要求。

其一，课堂导入要具有针对性。因为只有针对性的导入才能达到预期的教学目标。课堂导入的针对性表现在两个方面。一是要针对教学目标和教学内容设计导入活动。每一节课都有一个要达到的教学目标和明确的教学内容，不同的目标及内容需要与之相称的教学方法。因此，教师在课堂导入时要选择适合达到教学目标和完成教学任务的方法。二是要针对学生年龄特点、心理特征和知识基础特征。学生年龄不同，心理特征也不同，其导入方法自然也不同。例如，中学生的思维可以离开具体事物而进行纯粹的逻辑推理，因此导入应多从联想类比、启发谈话、设置疑难入手。

其二，课堂导入要具有启发性。兴趣是入门的向导，启发式的课堂导入可以促使学生从一接触教材起就兴奋，产生探求愿望，激发积极思维。外因要通过内因才能起作用，所以教师在传授知识与技能时必须调动学生的主观能动性。因此，优秀的教师在上课伊始一般不急于传授知识，而是通过启发性的导入来调动学生的主观能动性，激发学生思维，从而有效地引导学生对新知识、新内容的探求。只有教师善于教，学生善于学，教学才能收到良好效果。

其三，课堂导入要具有新颖性和趣味性。心理学研究表明，令学生耳目一新的"新异刺激"，可有效地强化学生的感知态度，吸引学生的注意指向。新颖性和趣味性联系紧密。因此，充满情趣的导入能有效激发学生的学习兴趣，调剂课堂气氛，师生间往往在会心的笑声中达到默契交流。

第二章 情境创设的教学艺术

教学情境是影响教学效果的重要因素。由于教学情境服务于教师的教学过程和学生的学习过程，主要是为学生的有效学习而创设的，所以我们可以称教学情境为学习情境。也有研究者将学习情境界定为"是与知识内容相适切的、内在的包含问题的社会生活事件"[①]。这对我们思考教学情境和情境创设问题有一定的启发性。当然，我们更为关心创设教学情境的问题。为此，以下主要从如何基于已有知识、现实生活和学科特色以及指向学生情意体验的视角，分析教学实践中的情境创设问题。

一、基于已有知识的情境创设

寻找新旧知识之间的联系，结合旧知识进行新课教学，这是教师常用的授课方式，也是情境创设的一种基本途径。结合已有知识创设教学情境可能并不新奇，但是对于帮助学生建立完整的知识体系，培养学生联想、逆向思维的能力与习惯，以及善于发现和提出问题的能力都具有重要的作用。下面是高中物理学科以复习旧知而导入新课时创设问题情境的例子。

【典型案例 2.1】[②]

师：上节课我们学习了曲线运动的定义，曲线运动的性质，以及物体做曲线运动的条件，先来回顾一下这几个问题：什么是曲线运动？

生：运动轨迹是曲线的运动是曲线运动。

[①] 赵蒙成.学习情境的本质与创设策略[J].课程·教材·教法，2005(11)：23-27.
[②] 该教学片段选自蔡才福老师执教的"质点在平面内的运动"。

师：怎样确定做曲线运动的物体在某一时刻的速度方向？

生：质点在某一点的速度方向沿曲线在这一点的切线方向。

师：物体在什么情况下做曲线运动？

生：当物体所受合力的方向跟它的速度方向不在同一直线上，物体做曲线运动。

师：通过上节课的学习，我们对曲线运动有了一个大致的认识。曲线运动是物体在平面内的较复杂的运动，我们要对曲线运动进行深入的研究。要研究曲线运动需要什么样的方法？这节课我们就来研究这个问题。

物理知识主要包括物理概念和物理规律两种类型。物理概念反映了物理现象和过程的本质属性，而物理规律描述了物理现象和过程在一定条件下必然发生的本质联系。各个物理概念和物理规律之间往往有着紧密的联系，这些联系是创设教学情境的好素材。与此同时，教学研究表明，在"新旧知识的结合点"上产生的问题情境，最能激发学生的学习兴趣。这要求教师在进行新课引入前，需要厘清各个知识点之间的逻辑关系，找出新旧知识的结合点。教师在此基础上进行新课教学时，通过提问的方式让学生回顾旧知识，予以引导，让学生在问题情境中发现新旧知识的结合点，进而引入新知识的学习。在上述片段中，教师通过一系列的提问，让学生回顾什么是曲线运动、曲线运动中速度方向的确定、曲线运动的条件，对所学知识进一步巩固、强化的同时，教师适时提出"要研究曲线运动需要什么样的方法"，为学生创设问题情境，让学生在已有曲线运动知识的基础上，开始新课内容的学习。

基于已有知识的情境创设自然包括知识的应用与迁移内容，因而也就决定了教师可以借助习题分析来创设教学情境。在新课教学时，习题为学生提供了活用当堂学习的物理概念和规律的机会，帮助学生对所学概念和规律加以应用；而在复习课或是习题课中，习题则能帮助学生巩固、深化已学习的物理概念和规律。习题情境的创设能将对抽象物理知识的学习转化成分析具体问题，学生在学习过程中更加有针对性。而且通过对习题的反复分析、思考，学生在探索正确答案的过程中，思维、探究、自主建构知识的能力可以得到提高。在这类教学情境中，学生可以较大程度地自主建构问题、设计解决方案、解决问题，最后得出问题解决的结果并参与评价。我们来看高中物理"光电子发射率"一课中通过对相关习题的争论引出课题的例子。

【**典型案例2.2**】[①]

师：在刚结束的全市质量监测的测试卷中，有一道题如下。

将光电管接入电路，用红光照射光电管阴极时，得到饱和光电流 I_{m1}。若改用强度相同的紫光照射，得到饱和光电流为 I_{m2}，则（　　　）

    A. $I_{m1} > I_{m2}$　　　　B. $I_{m1} = I_{m2}$　　　　C. $I_{m1} < I_{m2}$　　　　D. 无法确定

---

① 该教学片段选自朱建廉老师执教的"光电子发射率"。

对于这道试题的解答，全班同学分别持两种观点：大部分同学选择了A，但也有一部分同学选择了B。这节课我们就从这道试题的研究入手，希望通过大家的思考、分析、争论，能够获得一些有价值的认识与判断。谁先发表意见？

（发言略）

生：老师，这道题的正确答案是什么？

师：我现在只能告诉你，命题提供的参考答案是A。

生：老师，您的观点呢？

师：我现在还不想把自己的观点告诉大家，因为我不想用自己的观点影响大家的思考。大家也不必猜测老师的观点，先努力把自己的观点表达清楚，把支持自己观点的理由讲清楚。

生：我选择了A。理由如下：强度相同的红光与紫光相比，单位时间内照射到阴极上的光子数更多，单位时间从阴极发射出的光电子数更多，形成的饱和光电流更强。所以应该选A。

师：有谁说说另一种观点？

生：我选择了B。当时我只想到，教材中给出的相关规律是"单位时间发射出的光电子数与入射光强成正比"，既然红光与紫光的强度相同，那么单位时间从阴极激发出的光电子数就应该相同，形成的饱和光电流也应该相同。所以应该选B。现在看来我忽略了红光与紫光的频率不同、光子能量不同，因而强度相同的红光与紫光相比，红光在单位时间内照射到阴极上的光子数更多。

在这一教学片段中，教师通过设置习题来进行课题引入。由学生解题方式及对习题答案选择的不同，教师让学生进行自主的讨论，通过思考、分析、争论来获得新的认识。由对习题本身的争论转化为对"强度相同、频率不同的入射光产生的饱和光电流是否相同"的争论，最终转变成对本节课主题内容的学习。这种问题情境的创设最大程度地发挥了学生学习的主体性作用。当然，可以提供问题情境的习题有很多种，除了传统的习题模式，还可以涉及实验、科学设计、科学制作、社会调查等内容。对于不同类型的物理知识以及它们的课程标准的要求，教师应该选择不同的习题形式。

基于已有知识的情境创设，其中"已有知识"是一个相对的概念，它既可以是学生已经牢固掌握的知识，也可以是教师在教学过程中的不断提示和及时告知信息。下面，我们来看一个高中历史"美国联邦政府的建立"中联邦制产生过程的教学片段。

【典型案例2.3】[①]

（幻灯片——独立之初的严峻形势：危机）

---

① 该教学片段选自李惠军老师执教的"美国联邦政府的建立"。

师：大家都知道，现在的美国是一个联邦制国家，但独立之初的美利坚合众国是一个由13个州组成的国家。当时的联邦政府没有征税权，国库空虚，国家无力偿还大笔债务；各州之间相互争斗，社会动荡加剧。华盛顿在1785年曾忧心忡忡地说："我们要么是为了联邦的目的，在一个政府统一领导下的联合民族；要么是13个独立的主权国家，永远互相对抗。"1787年，各州代表来到费城开始协商国家的未来，准备修改《联邦条例》，美国历史上著名的制宪会议开始了。与会的55名代表经过近3个月的讨论，制定出了世界上第一部资产阶级成文宪法——1787年美国宪法，设计出了一个全新的美国。大家认真阅读教材，根据表格要求填写相关内容，并思考：在1787年美国宪法的规定下，美国的政制发生了怎样的变化？（PPT播放1787年美国宪法与美国政治文明）

师：在联邦制下，联邦政府集中了财政、外交、军事等大权。同时，各州还保留一定的自治权。美国是怎样建立起这样一种全新的联邦制的？在1787年的制宪会议上，曾经出现过一场大规模的争论，与会代表在中央政府权力归属问题上出现了分歧。一方是联邦主义者，他们认为要加强国家的力量，维护国家的统一就必须建立一个适度的中央集权政府；而另一方则是州权主义者，他们既坚持联邦制又反对赋予中央政府更多的实质权力。该如何解决矛盾和分歧呢？美国人是追求自由和民主的，他们把这种精神也带到了制宪会议上。当年，55位代表经过长时间有秩序的辩论，解决了分歧，调和了矛盾。我们今天也进行一场课堂辩论，模拟当年的制宪会议，看看怎样解决矛盾和分歧。（课堂活动：模拟制宪会议的辩论）

师：请大家以组为单位交流想法，总结本组观点。交流时间3分钟，每位代表发言时间不超过1分钟。

（活动设计：将全班分成两大组，分别代表州权主义者和联邦主义者，由本组成员推举主要发言人，其他同学补充和观摩）

生1：我是联邦主义者。我认为，作为一个国家，只有团结统一，我们的独立才能得到承认，我们的主权才能得到尊重。

生2：我是州权主义者。如果说为了建立一个国家政府，各州不得不放弃他们的主权，这难道不是违背了我们一直追求的天赋人权、自由平等的原则吗？

生3：从过去的历史与这几年的现实中，我们已经充分认识到，联邦不能抵御外敌的入侵，不能制止各州之间的争执，也不能制止任何一个州的叛乱。如果不加强中央政府的权力，国家势必面临崩溃或被征服的危险。这样，何谈自由、平等呢？

生4：不知各位代表想到没有，中央政府如果有了足够的权力，就会迅速攫取更多的权力，政府会变成贵族政治或专制暴政，这是我们谁都不愿意看到的局面。

生5：我是联邦主义者。我觉得我们必须确保国家的统一，国家统一了，才能确保民主和自由，确保共和制不被破坏。

生6：我是州权主义者。我要反问刚才发言的代表，如此庞大的国家如何确保共和政体的运行？所以，只有把国家权力下放到州，才可能保证共和制的有效实施。

师：双方的陈述都非常有道理。联邦主义者强调统一，州权主义者强调保证民主、自由、平等的实施。就当时的情况而言，美国需要的是如何确保统一而又不妨碍民主。因此，需要你们双方共同作出一个什么决定呢？

生（集体回答）：让步。

师：什么是民主？民主在某种意义上就是妥协与让步。在1787年制宪会议上，通过双方代表的进一步协商，由州让出部分权力给联邦，中央集中了财政、外交、军事等大权，同时各州还保留一定的自治权。美国就出现了一种全新国家结构形式——联邦制，既避免了中央集权的弊端，又可以确保国家的统一。

师：为了避免独裁和专制的出现，代表们吸取法国启蒙思想家孟德斯鸠的"三权分立"学说中的思想，把政府的主要职权分为三大部分，分别由国会、总统、最高法院执掌。大家想想，下面这幅示意图说明了什么？（出示PPT：美国的新体制）

生：三项大权中的任何一项权力都要受到另外两项权力的制约，即权力的制约和平衡。

师：制宪会议的代表们就是通过中央与地方的分权、政府三大部门之间的分权来实现他们所追求的自由，来保证资产阶级民主的稳定。权力的制约与平衡原则不仅运用于国家政治生活，它在同学们的日常生活中同样也发挥着重要的作用。请大家课后模仿制宪会议的程序制定一个班级公约，首先，这个公约要能为集体所信服和遵守，并且大家在建言献策的同时，请思考怎样才能使班级公约更具有执行力和约束力。

在上述教学片段中，教师为了让辩论活动顺利开展，事先对美国1787年制宪会议召开的背景进行了气氛的渲染和内容的介绍，使学生在掌握历史史实的基础上展开丰富的历史想象，从而进入历史情境中体验历史、理解历史。教师通过情境创设的形式，让大家以制宪会议与会者的角色，表明自己的政治立场并阐明理由，相互辩论，辩论相当精彩。从知识角度看，辩论是为了让学生在创设的历史情境中认识联邦制产生的过程，并尽可能地还原历史，让学生从思想和情感上感受美国人民为自由而斗争、为民主而妥协的精神；从情感态度与价值观角度看，辩论是为了培养学生积极合作、认识民主、实践民主的情感和公民意识。在辩论结束后，教师让班级模仿制宪会议的程序制定一个班级公约，旨在通过实践培养学生的民主意识和参与意识，使课堂的学习延伸到课后，既为学生提供了实践机会，又培养了学生的学科思维。这也是本节课教学的最大亮点。事实上，历史课堂教学要抓住显著的历史现象、重要的历史人物、跌宕起伏的历史事件、成就丰富的历史文化来调动学生的非智力因素，抓住学生的注意力、亢奋点和兴趣走向，并及时扩充历史知识，使学生拥有思维的空间。历史课堂教学还要求教师注意渗透、补充外围知识，为主讲内容做好铺垫，并帮助学生掌握在具体的历史环境中如何分析和评价历史事件、历史人物、思想文化的观点，或者是模拟当时的历史情境，使学生进入其中寻求解决问题的办法。

我们之所以强调基于已有知识的情境创设,在根本上源于学生学习的建构本性。奥苏贝尔曾说过,如果不得不把教育心理学的所有内容简约成一条原理的话,那就是影响学习的最重要的因素是学生已知的内容。建构主义也指出,知识是学生基于已有的知识在情境中自主建构的。由此可见,在传授新知识前利用已有知识创设情境,不仅有利于学生掌握旧知识,还有利于激发其对新知识学习的兴趣。我们来看一个语文教学片段。

【典型案例2.4】[①]

师:上课!(师生问好)同学们,对于离乡背井的人们来说,剪不断、理还乱的,无疑是那悠悠的乡思和绵绵的乡愁。唐代诗人李白的《静夜思》,不着一个"愁"字,却道出了写不尽的乡愁;台湾诗人余光中以《乡愁》为题,反复咏唱,直抒胸臆,也还是那化不开的两个字:乡愁。这两首诗,一首我们以前学过,一首课前已印在学案中发给大家。我们一起来把它们背一背、诵一诵,如何?

(师生齐背《静夜思》、齐诵《乡愁》)

师:面对乡愁者的倾诉,我们这些安居家乡的人该以怎样的心态来理解,来接受,来思考,来慰藉呢?现在,让我们打开课本,从大陆诗人流沙河的《就是那一只蟋蟀》中,去寻找答案!

《就是那一只蟋蟀》选自人教版语文高一上册。本案例中教师一开篇就以学生的已有知识《静夜思》和《乡愁》导入,给学生创设了一种浓浓的、绵绵的思乡愁绪。接着,又让学生们齐诵这两首诗,使学生们在抑扬顿挫、缓缓低沉的语调中感受到思乡的悲愁。这就自然而然地将旧知识与新知识联系起来(在情感方面也实现了铺垫与共情),引出新知识的学习,并将新知识与旧知识组合起来形成知识网络,促进记忆,达到知识结构化的目的。这也正体现了布鲁纳的观点,即除非把一件件事情放在构造得很好的模型里,否则可能很快就会忘记,也即知识应结构化。在本案例教学中,学生能较好地归纳出关于乡愁的诗歌,并形成完整的体系。

二、基于现实生活的情境创设

从根本的意义上说,情境乃是"情景"或"境地",亦即一种人为优化了的、促使学生能动地活动于其中的环境。如果用这一标准来衡量,上述"基于已有知识的情境创设"或许更多反映的是人们对于情境创设的基本要求。也正是人们对于情境的根本意义的探寻,让我们的目光转向基于现实生活的情境创设的视域。

[①] 该教学片段选自袁卫星老师执教的"就是那一只蟋蟀"。

在具体探究基于现实生活的情境创设之前，我们需要简单地回顾和讨论教育与生活的关系问题。在教育与生活的关系问题上，我们首先需要坚持"生活是教育之根和本"的判断。这句话不仅揭示了教育与生活二者之间的深刻关系，而且也阐明了教育为何要回归生活的充足理由。教育与生活的关系犹如树（身）与根的关系。如果说教育是人们视野中的一棵大树，那么，生活则是其深埋于地下的根。从表面看，树干、树枝和树叶已经自成一体，它们仿佛同根没有什么关系，其实，根不仅是树的支撑，更是树的营养源。树能否枝繁叶茂，在很大程度上取决于根是否强健壮硕。一旦切断其根，树（身）就会马上变成一堆枯木残枝。生活不仅是教育之根，而且更是教育之本。如果说"生活是教育之根"主要是从认识论和方法论的角度揭示教育与生活二者之间的关系，强调教育不能脱离生活之根，需要有深厚的生活积淀，那么"生活是教育之本"则主要是从本体论和价值论的角度揭示教育与生活二者之间的关系，强调在二者之间，生活是根本，教育是为生活服务的，可以说所有教育的目的都是为了更好的生活。正是这种"根"和"本"的关系，构成了教育与生活二者之间最深刻的联系，①进而也构成了我们基于现实生活的情境创设的最好理由。下面我们来看高中政治课教学的一个片段。

【典型案例 2.5】②

师：这节课的课题是"社会主义市场经济"，那么市场经济我们就必须要关注市场。大家关注到今年市场哪些方面的变化比较明显？可以是自己感受到的，也可以是关注到的，大家随意讨论看看。

生 1：房价问题，前段时间房价飙升，最近房价有所下跌。

生 2：油价问题，今年油价持续下降。

生 3：楼市问题，楼市有所增长。

师：还有同学发现其他变化吗？

生 4：高档饭店菜都降价了。

师：你能感受到是什么原因使菜降价的呢？

生 4：吃的人少了，现在国家明令禁止公款吃喝现象。

师：那这个现象展现了我们之前学过的什么知识？

生 4：供求影响价格。

（PPT 展示两幅漫画，一幅油价下跌，一幅房价飙升）

教师：供求影响价格，这个原理也适用于油价和楼市问题。油价问题我们到学习世界经济时再去了解，今天我们就来谈一谈房价楼市问题。衣食住行关系到中国人的生活，中国人传统就有一种有房心安的观念，因此，"居者有其屋"就变成了中国老百姓的一个梦想。我们今天提倡实现中国梦，中国梦也是老百姓的梦。

---

① 孟建伟. 教育与生活——关于"教育回归生活"的哲学思考[J]. 教育研究，2012(3)：12-17.
② 该教学片段选自杨维风老师执教的"社会主义市场经济"。

"社会主义市场经济"是高一政治中经济生活的内容。社会主义市场经济作为中国特色社会主义制度下的经济制度，既有市场经济的共性，又具有自己的鲜明特征。杨老师在讲授这个课题的内容时并没有平铺直叙，而是通过提问式的教学，引导学生回想自己平时关注到的有关市场变动的现象，设置了一个社会广泛关注的热点议题作为导入，能够吸引学生的讨论兴趣。此外，有关住房的问题距离学生生活很近，符合政治课教学以思想观点为统领、以社会广泛关注的生活主题或议题为焦点、以学科知识和生活经验为支撑组织课程内容的课程组织原则。对于议题的选择，杨老师能够结合课本知识的体系要求联系客观实际生活中的热点问题来处理这节课的内容，这需要教师对学科知识深度学习和对时政热点的高度关注。

杨老师选择议题中心教学法开展教学，该方法首先是美国社会科教育学会为配合1996年年会的主要议题统一命名的，是教师通过设置议题来整合学科知识并联系现实，帮助学生掌握知识、形成态度，进而构成观察现实的特别方式。经过在英国、德国、法国等国家的发展与完善，已经取得一定理论实践成果。国内最早对这个问题展开研究的是台湾学者刘美慧，她对议题中心教学法在初中和高中的教学中的应用进行了教育研究。在大陆，对议题中心教学法关注的人还不多，需要进一步的研究与推广。议题中心教学法将焦点集中在社会争议性议题上，在课堂教学中通过教师提出可以引发学生学习兴趣的议题以引发学生思考；然后教师通过不同的提问方式——推论型问题及引导型问题，引发学生对这个问题的更深入的思考。议题中心教学法与提问式教学、探究式教学一样，都主张以学生为中心，创造一种促使学生自由表达意见、参与讨论的气氛与情境，培养学生的理性精神，用理性去教育学生。在应用议题中心教学法开展高中政治课教学过程中，议题一般有决策制定模式、法理探究模式（结构性争论法）和议题探究模式等三种具体展开形式，实际使用时会根据具体教学目标而有所调整，但是，无论以哪一种形式展开教学，都必须以基于现实生活的情境创设为基本前提。

如果说高中政治课的教学更多聚焦于现实问题的"议论"，那么历史课的教学更多关注的则是溯古论今、察古知今，通过历史事实的探讨引发学生对现实问题的议论。下面是教学"梭伦改革"的片段。

【典型案例 2.6】[①]

师：梭伦除了是位非常优秀的改革家，他还是诗人，是古希腊七贤之一。我们来看看他到底是怎么想的，他为什么要改革呢？（PPT展示梭伦的诗歌）我们来看看他写的一首诗，请同学们来读一读，感受一下。

生：让民众追随他们的领袖的最佳方法，
　　是他们既不享受过多的自由也不太受压制。
　　因为贪婪滋生暴戾，

---

① 该教学片段选自蔡传明老师执教的"梭伦改革"。

若是巨大的财富来到心智失序的人身旁。
我完成了这些工作，用我的权力，
将蛮力与正义相互调谐。
我像我承诺的那样坚持到底，
我写下了法律，同样为高贵者与卑微者，
为每个人调谐公平的正义。

师：读完了这首诗，大家有什么感受？梭伦是怎么想的？他想做什么？他的目的是什么？

生：是调谐公平和正义。

师：嗯，为了追求公平和正义。前两句是在说什么？他认识到一个很好的问题，什么问题？在改革的时候有一个问题也很重要，是什么？

生：是他如何去协调他的民众，实行他的改革，使他的改革能够进行下去。

师：有一点点道理，但是还差一点。大家再看下这首诗，是让民众追随谁？

学生（集体回答）：领袖。

师：我们的班长要好好看下，如何成为一个好班长？他说了既不享受过多的自由也不太受压制，这说明了梭伦具备了哪一种能力？

生（集体回答）：领袖能力。

师：所以，为什么我们可以说他的改革是成功的，从这个地方也可以看出来。他有理念，这个理念是追求公平和正义。他有保障，有法律来保障。他还有一个自己的能力，一个比较好的领导能力。所以说，我们学习梭伦改革学习什么？梭伦改革给我们后世的改革留下了启发和启示。比如说，华盛顿，（PPT展示华盛顿照片）他在1799年临终前对他太太说，等你去世以后，就把我们家的277个奴隶全部解放。等他去世以后，他的太太就把277个奴隶全部解放了。他为什么要解放奴隶？

生（集体）：为什么？

师：因为他的理念。这也是一种改革。再比如说无产阶级的改革或者革命，革命也可以叫做改革。马克思本人是不是无产阶级？

生（集体）：他不是。

师：是的，他不是，他的岳父是非常富裕的大资本家，他的小舅子是国家的部长。马克思当时住在英国，他一年的收入是400多英镑，而当时英国最高收入的人大约有72英镑。恩格斯也是一位大资本家。那他们为什么要为工人阶级鸣不平，还要创作《共产党宣言》？这是因为他们有好的理念，他们想去这样做。再看看中国无产阶级的领袖，也没有几个真正出身自无产者，好多是地主家族、旧知识分子大家族。但他们为什么可以领导中国人去革命？因为他们接受了一种新的理念，就是马克思主义理念，所以中国革命有了翻天覆地的变化。所以，我们学梭伦的改革，学习什么？改革要有好的理念。除了好的理念他还留给我们什么？改革者要怎样？（PPT展示张维迎先生的一段话）这是张维迎先生2013年为《南方周末》写的一段话。他说改革有两个因素非常重要：一个是理念，一个是领导力。最好的组合就是正确的理念加强大的领导力，最坏的组合就是错误的理念加强大的领导力。那中国现在的改革有没有彰显这两个方面？大家想一想，有正确的理念加强大的领导力，目前中国的改革处于深入发展时期，你身边最近有没有符合这样的事情或者新闻？

生：反腐倡廉。

师：再想一想，小的事情也可以。比如说梭伦的改革比较关注平民，中国的改革正在深入，比较关注的是什么问题？

（学生积极讨论）

生：教育公平问题，教育资源向西北地区倾斜。

……………

师：所以，我们学习梭伦改革就是学习改革要有正确的理念和强大的领导力。

该教学片段选自人教版高中历史选修一"历史上重大改革回眸"的"梭伦改革"。在教学过程中，教师通过让学生阅读梭伦的诗作，引导学生思考为什么作为贵族的梭伦在自身衣食无忧的情况下还要进行改革，进而探讨梭伦改革能取得成功的原因。教师通过华盛顿生前立下遗嘱解放家中奴隶、马克思和恩格斯家境富裕却义无反顾投身无产阶级革命，以及中国无产阶级革命家投身革命救亡图存等例子，说明这些人正是在正确的理念指导下才谱写了可歌可泣的历史赞歌。然后，教师用PPT展示经济学家张维迎的一段话，总结归纳改革成功的两大因素：改革者要有正确的理念以及强的领导力。另外，在学生不理解的地方，教师提供补充材料、案例和故事，创设情境帮助学生学习，有利于学生认识的提升。此处紧密结合时事进行教学设计，有利于拉近学生与历史的距离，激发学生学史的兴趣，同时可以培养学生的社会责任感和公民意识。

基于现实生活的情境创设，在理科教学中也非常普遍。例如，在苏教版高中数学2教材中：某孔型样板如下图所示，试着设计一个塞子，使得它能够堵住孔型样板上的每一个洞。张松年老师将此题作为课后作业中的一项研究性学习内容，课上再进行交流。下面是张老师在教授立体几何初步"直观图画法"的课堂片段。

【典型案例 2.7】[①]

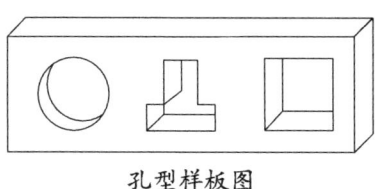

孔型样板图

生 1：根据孔型样板图，塞子的三视图应如图 1(1)所示，塞子的直观图如图 1(2)所示。

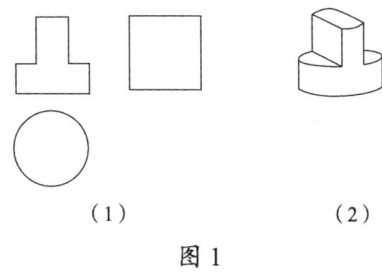

图 1

生 2：孔型样板毕竟不是三视图，图 1 中的三视图应该是塞子的三视图的一部分，例如，塞子的三视图应该如图 2(1)所示，直观图如图 2(2)所示。

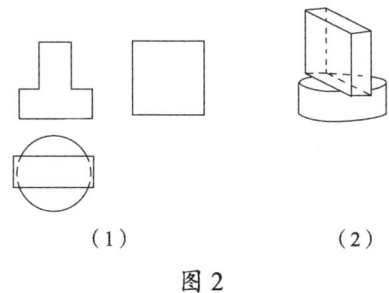

图 2

生 3：同学 2 设计的塞子不如同学 1 设计的塞子美观，但是正如同学 2 所说，孔型样板毕竟不是三视图，应该是塞子的三视图的一部分，我觉得塞子的三视图应该如图 3(1)所示，直观图如图 3(2)所示。

---

① 该教学片段选自张松年老师的教学实录。

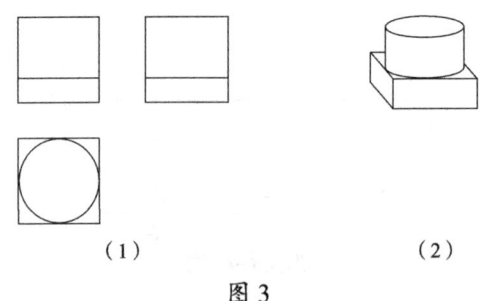

(1)　　　　　　　　　(2)

图 3

（学生 3 的话刚说完，大家议论纷纷，有反对的，有赞成的，也有不置可否的）

师：下面请一位同学分别陈述一下反对或赞成的理由。

生 4：同学 3 设计的塞子是不能塞进样板的第二个孔的，不符合条件。

生 5：所谓塞子，就是假设孔型是一个盛有液体的容器，只要能将孔堵上，使液体不流出就行。如果同学 1 的设计符合要求，那它堵住第二个孔时，塞壁与孔壁也只有左右两条线接触，这一点，同学 3 设计的塞子也能办到，只不过，塞壁与孔壁的左右两条接触线在孔口而已。

（接下来，又有几位同学要求发言，气氛一下子热烈起来）

生 6：就塞子的堵塞效果来说，同学 2 设计的塞子比同学 1 设计的效果要好。

生 7：就同学 1 和同学 3 设计的塞子而言，同学 3 设计的塞子要比同学 1 设计的塞子好操作。塞子不但要考虑把孔洞堵住，还要考虑堵住后能够方便地拔出来，同学 1 设计的塞子塞进第二个孔洞后可能拔不出来，而同学 3 设计的塞子不管是堵住哪个孔洞，都是比较容易拔出来的。

生 8：我设计的塞子的三视图如图 4（1）所示，直观图如图 4（2）所示，右端可塞第一、第三个孔洞，左端可塞第二、第三个孔洞。

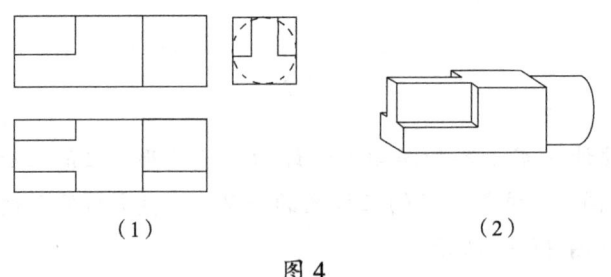

(1)　　　　　　　　　(2)

图 4

生 9：我设计的塞子上端可以塞第一个孔洞，左端可以塞第二个孔洞，前端可以塞第三个孔洞。

（同学们又议论开来，绝大多数同学说，这样的塞子不符合要求。因为作为塞子，当它堵住孔洞时，应该要能够固定，而这个塞子在堵第一个孔时，是不能固定的，这与同学 3 设计的塞子的最大差别就在于此。同学 3 设计的塞子在堵第二个孔洞时，由于

下面的长方体部分地塞进了孔壁,而且吻合,所以是能够固定的)

师:这是一道探究拓展题,通过这道题的研究,我们不但巩固了对投影尤其是平行投影的认识,进一步加深了对义务教育阶段有关三视图内容的理解,而且也要在熟练画出简单几何体三视图的基础上,能够利用三视图的知识识别三视图所表示的立体模型,甚至设计一些有一定实用价值的简单立体模型。

从以上实录可以看出,教学利用了"设计一个塞子"这一源于生活真实情境的问题,不但巩固了学生对投影尤其是平行投影的认识,还进一步加深了学生对义务教育阶段有关三视图内容的理解,并能够利用三视图的知识识别三视图所表示的立体模型,甚至设计一些有一定实用价值的简单立体模型。在教学过程中,教师能够结合教材引导学生对一些具体问题开展自主性研究,契合了课程标准中实施建议部分所指示的要注重数学知识与实际的联系以及发展学生的应用意识和能力的指导思想。学生经过自主性研究,亲身经历了解决问题的过程,感受到了数学的应用价值,并认识到数学知识与"我"有关,与实际生活有关,数学是有探索价值的,"我"要用数学,"我"能用数学。同时,课堂中同学之间的交流,教师在适当的时间点对学生的观点想法做出的指引、评价或总结,调动了学生的积极性,从而也点燃了学生参与课堂的热情,潜移默化中会使学生形成积极探索的习惯,并转化为积极的学习态度,并且敢于质疑,敢于表达自己,收获了比知识更有价值的成长。

"知之者不如好知者,好知者不如乐知者。"兴趣对学生的学习起着重要作用,也是学习成绩好坏的关键所在。因此,教师的任务不应只是传授知识,更重要的是要激发学生的学习兴趣,关注学生的学习体验,教会学生学习的能力。为此,教师教学需要做到情境理念交融,妙趣横生,这样才能激发学生强烈的求知欲和好奇心,启发学生进行创造性思维。下面是陈咏梅老师在"Home alone"教学中基于现实生活并借助于思维导图所创造的教学情境。

【典型案例 2.8】[①]

教师展示图片:

图 clean and tidy room 与 the room in a mess 对比

---
① 该教学片段选自陈咏梅老师执教的"Home alone"。

师：We know, this is a play. So the best way to express the play is to act it out. So it's time for you to act play on.

When Mom left home, the sitting room or living room was very clean and tidy.（教师展示 left home 图片）And when she got back home, she found the room in a mess.（教师展示 back home 图片）So she felt angry, disappointed and upset. But this time, it's your time for acting out. Work with your groups.

（学生们进行小组讨论，讨论结束，学生以组为单位进行表演）

在这节课的教学中，教师通过呈现分别标明 left home 和 back home 的两张图片，来表现 Mom 离开家以及回到家时的不同景象，简单明了，给学生带来一定的视觉冲击，同时抓住了 clean 和 in a mess 两个关键词，让学生鲜明地感受到整洁和脏乱的对比，使学生的感触更深，更能体会到 Mom 的生气和失望。之后，教师让学生结合前面所学内容，并根据图文显示，进行小组讨论，然后进行表演。这样的教学不仅激发了学生的学习兴趣，也加深了学生对英语文化的学习体验。

基于现实生活的情境创设，本质上就是将书本上的间接经验与学生鲜活的直接经验联系起来，它将为教学目标的实现打下坚实的基础。我们来看一则语文教学中的情境创设。

【典型案例2.9】[①]

师：你们在14岁的时候，包括现在或者在这之前，有没有想过爱情这个词？哪些同学想过？

（绝大多数同学笑了并举手）

师：把手放下吧！嗯，多数人想过。但想过这个词以后，问过父母的同学请举手？

（只有4位学生举手）

师：好，我们请举手的4位同学谈一谈，当你们在父母面前问这个问题的时候，父母是怎么说的？

生1：呃……我问过父母，他们说，现在问这些做什么，长大了就知道了。

生2：我妈妈说爱情是世间很美好的一种情感。她和我爸那样就叫爱情。

生3：我爸爸说每个人的爱情都不一样，要靠自己去体会。

生4：我妈说，有的时候爱情是很美的，有的时候却不是很美。

师：我觉得这4位同学的家长都不错，都能真诚面对孩子的提问。我现在有一个问题，咱们这么多的同学，为什么只有4个同学问了父母呢？其他同学也想过爱情，为什么没有问过呢？

[①] 该教学片段选自李镇西老师执教的"致女儿的信"。

生5：我的妈妈一定会教育我说，你这个小孩，这么小的年纪，想这些干啥？还不好好学习！

……………

师：刚才几位同学的父母回答得非常好，但是有一点，我感觉到和苏霍姆林斯基的回答还是有一点区别的。比如，第一，在表述形式上，你们家长都给你们讲道理，而苏霍姆林斯基是给女儿怎么说的？

生：讲故事。

师：用讲童话的形式。第二，你们的父母，都分别讲每人的爱情不一样，事情的经历是不一样的，但是既然都是爱情，就有共同的东西，所以苏霍姆林斯基给他的女儿讲的是古今中外人类共同的情感。这些共同点，就是我们今天要学的。下面同学们把课文再快速看一下，一边看一边拿着笔把你喜欢、欣赏的语句勾出来。

透过上述教学片段，我们可以看到一个随和亲切的老师，一个和谐融洽的课堂，一群活泼向上的学生。本节课的学习重在引导学生对"爱情"这一既深奥又简单的问题形成自己的正确理解。课堂伊始，教师询问学生对爱情的认识，并一起探讨父母对爱情的回答，基于现实生活创设出具体的情境，让学生思考"爱情是什么？"在学生获取直接感受与体验后，引入本节课的学习内容，走进苏霍姆林斯基，看看他是如何看待爱情的。在教学中，教师根据教学内容与目标、学生的认知水平及心理特征，灵活地创设出具体生动的教学情境，有效地激发了学生的学习兴趣，缩短了教学内容与学生的实际经验之间的距离，帮助学生准确、快捷地感知理解教学内容。

三、基于学科特色的情境创设

情境创设既有基于已有知识和基于现实生活等方面的共性特征，也表现出不同学科所具有的独特个性，并与每一学科及其具体教学目标和教学内容产生紧密的联系。因此，基于学科特色的情境创设问题，便成为我们不得不单独加以考察的主题。

我们先看基于历史学科特色的情境创设。长期以来，中学历史教学完全被笼罩在"应试教育"的阴影之下，课堂俨然成为了机器生产的工厂车间，学生成了被动接受知识的容器，学生的主体性和差异性完全被忽视，这种课堂不利于师生生命成长，也不利于生命教育的贯彻。要在课堂中充分地贯彻生命教育，就必须改变"一言堂"的教育观念，使用多种教学模式和方法来使课堂充满生命力。作为一门基础性的人文学科，历史学记录着人类生命发展的历程，蕴含着丰富的生命教育素材。历史教师应充分挖掘，灵活运用历史教材，将它们有机地融入课堂教学之中，把历史发展过程中人性光辉的鲜活素材展现给学生，并通过课堂教学深化学生对教材内容的理解，在理解中感悟到生命的意义。而且教材中所蕴含的真、善、美和与之相反的丑陋现象，都能激起学生的生命情感体验。

【典型案例 2.10】[①]

（教师用 PPT 展示唐太宗和隋炀帝各自的历史功绩，以及他们两人为登上帝位所进行的阴谋活动的史料）

师：这两位皇帝都是我们所熟知的，后人是怎么评价这两位皇帝的？

生：唐太宗被称为千古一帝，知人善任，励精图治，是大唐盛世的奠基人；而隋炀帝是隋朝末代暴君，贪图享乐，挥霍无度。

师：为什么历史会给他们两人这样截然不同的评价呢？

生：因为他们两人在历史上的功绩和贡献差别很大。

师：这位同学说得很有道理。那是什么造成了他们两人功绩和贡献差别那样大？难道是杨广愚蠢，能力低下？

（教师用 PPT 展示介绍杨广从小聪慧、才干能力出众的史料）

师：对人生产生影响的除了个人的能力才干外，还有一个人的人生态度。李世民和杨广的帝位虽然来得都不太名正言顺，但他们不同的人生态度，却使他们走上了两条不同的道路，并产生了不同的结果。同学们来谈一谈他们有怎样不同的人生态度？

生1：李世民在夺得帝位后，没有逃避他人质疑，而是迎难而上，爱惜百姓，珍惜民力，尽心竭力治理国家，展现自己的才干，开创了贞观之治。这是一种积极向上的人生态度。

生2：杨广在称帝后，沉迷于享乐之中，无节制地耗用民力，毫不在意别人生命，不思朝政，结果国家一天天衰败下去，最后成为亡国之君。这是一种消极的人生态度。

师：同学们总结得非常到位，每个人的人生总有犯错误的时候，总有被别人质疑的时候，但每个人的未来是掌握在你们自己手中，我希望每个人都能做出正确的选择。

戴老师利用教材中的资源，将人教版高中历史必修一"古代中国的政治制度"专题中的两位人物——唐太宗和隋炀帝进行了对比，让学生感受不同的人生态度会有不同的结果，鼓励学生要培养积极的人生态度，树立健康的人生观和世界观。在高中历史教学中，教师要积极活用教材所包含的历史人物和事件，如文天祥"人生自古谁无死，留取丹心照汗青"的英雄气概，谭嗣同"四万万人齐下泪，天涯何处是神州"的忧国忧民、慷慨悲歌……这些都可以从正面激发学生对生命悲壮的感慨。同时，教材也记录了诸多逆历史潮流的反面角色，如汪精卫之流丧失国格、卖国求荣，叶志超之辈的贪生怕死，希特勒等战争恶魔残害生命。这些反例能够激起学生的愤慨之情，从另一侧面让学生正确理解生命。将正反人物进行对比教学，有助于引导学生探究思考，让学生更好地感悟优秀人物对真理和正义的执着追求，认清反面人物阴暗和丑陋的本质，理解生命的真正意义和价值，培养积极的生命态度，树立正确的人生观和世界观，规划自己

[①] 该教学片段选自戴平老师执教的"从汉至元政治制度的演变"。参见 2012 年 9 月 16 日嘉兴三中历史"同题异构"教学视频。

美好的未来。

我们再转而分析物理学科特色的情境创设问题。在高中阶段,物理学科是"出了名"的难学科目,造成其难的原因除了学科自身特点以外还有其他诸多因素。首先是学生们认为物理学科脱离生活实际,学起来枯燥无味,因此,想要教好物理,就要让学生对物理学习产生兴趣。好的开始是成功的一半,教师若能在教学的开始就抓住学生的学习兴趣,唤醒学生的学习动机,那么他的教学就成功了一半。而利用情境教学法可以做到激发学生学习兴趣,使教学更具趣味性,也能够让学生获得一个直观的感性认识。下面我们来看一位物理老师是如何利用情境来激发学生的学习兴趣,让学生获得感性认识的。

【典型案例2.11】[①]

师:初次见面,我带了一点东西,不成敬意。

生:小灯泡。

师:我如果真的以此为初次见面的礼物,似乎显得有点小气了。其实我的礼物不是这个小灯泡,而是用这个小灯泡所做的实验和针对实验所做的深入细致的研究。

师:我有三节电池,接了四根线(如图所示)。我如果用B、C这两根线对小灯泡供电,实际上用的是中间这节电池对小灯泡供电;如果我用A、C这两根线对小灯泡供电,实际上用的是左边这两节电池;如果我用B、D这两根线对小灯泡供电,实际上用的是右边这两节电池。我对小灯泡供了几次电?

生:三次。

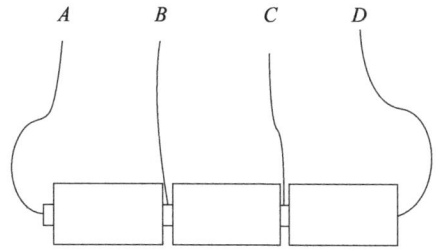

师:三次就可以有个比较,比较就可以得到一些判断,也可以从现象中提出一些问题,供我们深入地思考。这个实验,我给它取了个名字叫"司空见惯的电现象"。用电池为小灯泡供电,让小灯泡发光,你不得不承认这是一种电现象。你又不得不承认,这种电现象是现代人司空见惯的现象。这不神奇,这个实验要是两千年前做,那就不得了了。现在我就用中间的一节电池对小灯泡进行供电。亮了吗?

生:亮了。

---

① 该教学片段选自朱建廉老师执教的"电动势"。

师：小灯泡刚才不亮现在亮，我们认为有什么东西流过了小灯泡？

生：电流。

师：电流。我现在用 A、C 这两根线对小灯泡供电，这时候左边两节电池串联起来了，猜猜看会发生什么现象？

生：亮了。

师：仅仅是亮了吗？

生：更亮了。

师：更亮了！有人猜测更亮了，我就针对他的猜测提出一个问题：更亮吗？怎么办？

生：实验。

师：试试看嘛。还真的更亮了。

生：（笑）

师：是不是两节电池串联起来对同一个小灯泡供电，它的亮度一定会更亮呢？刚才是具体的这两节电池，现在我把它推广到一般，是不是两节电池串联起来对同一个小灯泡供电，它的亮度一定会更亮呢？

生：不一定。

师：在一般的环境下你回答问题就要慎重了，需要你考虑到的因素就多了。我们用另外两节电池来试试看。（实验）后排同学几乎看不到亮了吧，前排同学还看到有一点亮。刚才我们用一节电池对小灯泡供电，小灯泡亮；用左边的两节电池对小灯泡供电，发现更亮；用右边的两节电池对小灯泡供电，小灯泡反而变暗了，这就说明不同的电源，其供电的能力不一样。

兴趣是最好的老师。对于新课导入来说，教师若能激发起学生的学习兴趣，则教学可能会有事半功倍的效果。学习未动，兴趣先行，朱老师选择用一个"司空见惯"的电学实验来引入新课，将同学们带入了他所创设的动机性情境中。首先，虽然小灯泡通电就能发光的现象在生活中确实已经很常见了，但是相对于枯燥的理论讲述来说，实验更具有趣味性，即使是一个简单的小实验仍然能激起学生学习的兴趣，使物理学习不再枯燥，充满趣味。其次，实验可以将最真实的现象呈现给学生，可以使学生在学习理论知识之前先形成一个感性的认识，在感性认识的基础上发展理性认识也符合学生的认知发展规律。最后，将这样一个生活中常见的现象搬到课堂中来，拉近了生活与物理课堂的联系，使学生对于物理的理解不再局限于"抽象""难理解""脱离生活实际"等字眼上，加强了学生将物理与生活实际联系起来的意识。

物理学科之所以难学，还与学生头脑中广泛存在并难以转变的"前概念"有关。前概念广泛地存在于学生的认识中，前概念并不完全是正确的概念，它们有时是错误的概念，有时是不完整的概念。且前概念具有一定的顽固性，仅仅通过语言的解释很难转变，即使是当下理解了，一段时间后可能还是会混淆。但是利用实验情境,将实验现象呈现给学生,用实验现象来制造认知冲突则可以更为有效地转变学生的前概念。在上述教学片段中,当朱老师问同学们两节电池串联后小灯泡的发光情况时,学生们潜意识里认为"小灯泡与两节电池串联时所发出的光要比与一节电池连接时所发出的光更亮"。这时朱老师追问,"两节电池串联一定使小灯泡发光更亮吗?"并用实验证明了两节电池串联不一定使小灯泡发光更亮。此时虽然学生可能并不知道,为什么第三次实验中两节电池串联对小灯泡供电所发出的光,还不如第一次一节电池接入电路时亮,但实验现象却真真切切地呈现在学生的面前,使得学生虽不能理解为什么会出现这样的现象,但也接受了事实。用实验现象来打破学生原有认知结构,形成认知冲突,可以更有效地转变学生的前概念。同时,由认知冲突产生的疑问引起的求知欲,也可以使后续的教学更高效。

四、指向情意体验的情境创设

"教学情境"与"情境教学"是两个不同的概念,但由于它们均含"情境"二字而存在着天然联系。提及"情境教学"人们自然会联想到李吉林,联想到她的以"情"为中介的教学认识进程新模式。情境教学所具有的"形真、情切、意远、理蕴"的四个特点以及促进儿童发展的"五要素",实质上正是反映了学生从感性到理性、从具体到抽象的认识发展过程。在"形象—情感—意境"这一认识进程中,一般是以"情"为中介,突出情感在教学认识中的作用。在情境教学中,情感不仅体现在感性认识的具体形象中,而且还伴随理性。以"情"为中介促进认识的发展,这一认识尽管目前还处在经验概括水平,但它却是对以知识为本位的传统教学的重大超越,也是对以往形成的教学模式系统的一个突破——对教学认识不仅应有科学认识的把握,而且要有情感的、艺术的认识的把握。[①] 鉴于"情境教学"对于"情感"的关注,以及哲学家李泽厚先生提出的"情本体"问题(从根本上说情感是人生的根本),我们不得不思考情境创设也需要指向学生情意体验的问题。为此,我们来看下面的历史教学片段。

【**典型案例2.12**】[②]

师:(出示图片资料"麦哲伦纪念碑与拉普拉普铜像")这是今天坐落在菲律宾的两座纪念碑,远处的是建于1866年为纪念麦哲伦而树立的麦哲伦纪念碑;而近处的是1933年菲律宾为纪念杀死麦哲伦的酋长拉普拉普树立的英雄铜像。如果你在这两座纪念碑前,你会发出怎样的感慨呢?

生:西班牙的航海家为那些被发现的国家带去的不是贸易和繁荣,而是侵略,所以他们把杀害侵略者的人当作英雄。

---

① 裴娣娜.情境教学与现代教学论研究[J].课程·教材·教法,1999(1):3-5.
② 该教学片段选自时宗本老师执教的"新航路的开辟"。

师：受难者把杀害侵略者的人当作英雄。所以说麦哲伦在新航路开辟中是侵略者，你是这样认为的吗？

生：某种意义上来说是的。

师：嗯，那么西班牙为什么要纪念他呢？

生：他为自己的国家带来了繁荣，但为其他国家带去了侵略。

师：这两者结合起来，他为自己的国家带去了繁荣，可是却为当地的居民客观上带来了苦难。这就是历史矛盾的一面。

…………

师：非常好！我们把视野扩大，不仅考虑他对本国的影响，而且考虑到对世界的影响。新航路开辟及以其为开端的地理大发现，既给欧洲国家带去了财富与进步，也为"被发现"国家带来了长久的苦难与伤痛。然而，如果我们进一步深思：从历史中的个人看，麦哲伦等人出海并非刻意为他人制造苦难，他们追寻财富、名誉、知识与理想，他们直觉地抓住了时代的脉动，但却不知道这时代究竟走向何方。从历史的发展来看，地理大发现固然为"被发现"者带去了苦难，但这苦难何尝不是这些"被发现"地区走向现代文明所付出的代价？代价沉重，却因沉重而迫使文明进行更多的思考。正如南美人民所说：人在历史之中，仿佛乘坐在独木舟中顺流而下，只能看到身畔闪过的景色，却不知道背后推动着自己的究竟是什么。麦哲伦等人不过是本能地察觉到历史的脉动便已作出伟大的历史事业，生活在500年后的我们，是不是应当更加明智一些？是不是可以主动地回过头去寻找历史的智慧，看一看是什么在推动着自己，从而做出伟大而明智的选择？这大概就是我们学习历史的那一点点意义吧。

这是"新航路的开辟"的一个教学片段，从中我们可以看到，教师在对新航路的评价时牢牢抓住了一条思维主线，即麦哲伦船队的航行给世界带来了怎样的影响，并进一步聚焦到菲律宾。这样的叙述方式避免了面面俱到、平铺直叙，更具有针对性和启发性，从而使这节课的教学有了自己的结构。如果仅仅重复一遍教材的内容，或者更细致一些，把各部分内容纵向、横向排一排，其实质都降低了教师的作用。此处教师介绍了今天坐落在菲律宾的一对纪念碑，其中一座是西班牙人为纪念麦哲伦而树立的麦哲伦纪念碑，另一座是菲律宾为纪念杀死麦哲伦的酋长拉普拉普而建的铜像，这位杀死了麦哲伦的酋长英勇地站在他自己的土地上，与麦哲伦纪念碑遥遥相对，同样是纪念又是多么的不同。同时教师引导学生思考"如果你站在纪念碑面前，将会发出怎样的感慨"。历史教师在教学中，运用多种价值判断去感染和熏陶学生，有利于学生形成正确的思考、评价，有利于提高他们的选择能力。此处的设计使整堂课的人文情怀达到了最高点，以至于学生纷纷想要表达自己对这种矛盾冲突的观点。人文意识的培养与思想教育是有区别的，一味的说教很难冲击人的心灵，而通过制造人物的冲突从而产生心灵的共鸣才是人文教育的重要方法，这也为人文意识的培养打下了坚实的基础。

创设指向情意体验的教学情境是语文教学常用的一种教学方式。"文如其人，言为心声"，要想充分理解文章，就要感触作者的处境、感悟作者的心情、感知作者的思想，就要创设一个与作者处境相似的情境，唤起学生的共鸣，激发学习动机。我们来看下面的教学片段。

【典型案例2.13】①

师：同学们愿意听电影故事吗？

生：愿意。

师：不过，这不是一个欢乐的故事，而是一个凄楚悲凉的故事。听着，心情会很沉重。我还给大家提个要求。因为是电影故事，请大家边听边在脑海中把这个故事幻化成电影画面。我相信大家都是杰出的"电影摄影师"，一定能够把画面在大脑中构想得场景逼真，而且每人都能够确实地身临其境。能做到吗？

生：能！

师：我开始讲述。（语调低沉，语速缓慢，满怀感情）1 200多年前，一个秋天，九月初九重阳节前后。夔州，长江边，大风凛冽地吹，吹得江边万木凋零。树叶在天空中飘飘洒洒，漫山遍地满是衰败、枯黄的树叶。江水滚滚翻腾，急剧地向前冲击。凄冷的风中，有几只孤鸟在盘旋。远处还不时传来几声猿的哀鸣。这时，一位老人朝山上走来。他衣衫褴褛，老眼浑浊，蓬头垢面。老人步履蹒跚，跌跌撞撞。他已经满身疾病，有肺病、疟疾、风痹。而且已经"右臂偏枯耳半聋"。

重阳节，是登高祈求长寿的节日。可是，这位老人，一生坎坷，穷愁潦倒，似乎已经走到了生命的冬季。而且，此时国家正处在战乱当中。他远离家乡，孤独地一个人在外漂泊。面对万里江天，面对孤独的飞鸟，面对衰败的枯树，老人百感千愁涌上心头。

（播放音乐《二泉映月》）

师：（在乐声中满怀深情地朗诵）风急天高猿啸哀，渚清沙白鸟飞回。无边落木萧萧下，不尽长江滚滚来。万里悲秋常作客，百年多病独登台。艰难苦恨繁霜鬓，潦倒新停浊酒杯。

（课堂中气氛凝重，有些学生流下泪来）

这是高中语文的《登高》一文的教学情境，一开始教师便通过低沉的语调向学生讲述着一个风烛残年的老人在重阳节步履蹒跚地登高的故事，接着再随着悲凉的音乐朗诵《登高》一诗，给学生创设了一种凄凉的氛围，让学生与作者的思想融为一体，体悟作者内心，并产生继续了解作者的动机。解读文章往往需要感性的投入与理性的分析，而这感性的投入就是通过情境创设来实现的。该教师在情境创设的方法上具有借鉴意义，即通过语言、语调、表情、动作、音乐

---

① 该教学片段选自韩剧所老师执教的"登高"。

等方式来达到情境的效果。除此之外,还可通过视频、模拟、表演、实验等方法让学生产生更加直观的感受。

挖掘情境创设中的情感因素,实现情感态度价值观的教育,在高中理科课程的教学中也大有可为。我们知道,物理学是一门逻辑严谨的学科,物理表述严谨且逻辑性强,因此,在物理教学中的情感教育渗透较之其他文史科目就稍显困难。但是实际上,无论是哪一门学科,都应注重情感的教育。那么在物理这种理论性强的学科中应如何进行情感的渗透呢?下面我们来看一位物理教师是如何利用情境,将电源供电能力类比于父母养育子女进行课堂小结,并借此渗透情感教育的。

【典型案例 2.14】[①]

爸爸月薪 6 000 元/月,供养一个儿子,父子消费水准相同,则对儿子的月供为_____元/月。(3 000)

爸爸月薪 6 000 元/月,供养两个儿子,父子消费水准相同,则对每个儿子的月供为_____元/月。(2 000)

爸爸月薪 6 000 元/月,供养一个儿子,父子消费水准 3∶1,则对儿子的月供为_____元/月。(1 500)

爸爸月薪 6 000 元/月,妈妈月薪 6 000 元/月,共同供养一个儿子,父子消费水准 3∶1,母子消费水准 4∶1,则对儿子的月供为_____元/月。(2 700)

爸爸月薪 6 000 元/月,妈妈月薪 6 000 元/月,共同供养一个儿子,父子消费水准 3∶1,母子消费水准 8∶1,则对儿子的月供为_____元/月。(2 167)

小结:

第一,爸爸(妈妈)也是人,在供养儿子的同时,自己也要消费;电源内部也是由导体构成,在对负载供电时,电源内部的导体也要消耗电能。

第二,爸爸(妈妈)的月薪越高,对儿子的供养能力越强;电源电动势越大,对负载的供电能力越强。

第三,爸爸(妈妈)的消费水准越高,对儿子的供养能力越弱;电源的内阻越大,对负载的供电能力越弱。

第四,爸爸(妈妈)对儿子的实际供养能力,除了取决于其月薪的高低,还与其自身的消费水准相关;电源对负载的实际供电能力,除了取决于电动势的大小,还与其内阻相关。

情感态度与价值观的目标体现了新课程"以人为本"的理念,也是教学的三维目标中比较难把握的一个目标,然而利用情境却可以很好地达成这一目标。情境本身就是包含情感氛围的场景,利用好情境中所包含的感情色彩就不难达到情感教育的目标。朱老师在课堂小结时创设

---

① 该教学片段选自朱建廉老师执教的"电动势"。

了情感态度取向的情境，利用类比的方法将电源对负载的供电能力与父母养育子女联系起来。虽然情境的主要目的还是为了使学生能更好地理解和记忆知识点，但是将知识与父母的养育之恩联系起来，这样的情境本身就带有一定的感情色彩。朱老师并没有过分强调这种情感，仅仅简单地说了一句"父母对你的付出是他们全部的爱，金钱只是体现这种爱的其中一个表现"，简单的一句话就可以潜移默化地对学生进行情感教育。

知识链接

情境创设首先涉及人们对"情境"的理解。"情境"一词内涵极为丰富，《现代汉语词典》将"情境"解释为"情景；境地"[①]。"情景"指的是"（具体场合的）情形；景象"。与"情景"相比，"情境"还多了"境地"这一层意思，而"境地"又有"境界"之意，因而"情境"更具有深度和广度。不同学科领域对"情境"也有不同的解读。电影艺术家卡·德雷耶尔这样描述情境："设想我们坐在一个普通的房间里，突然我们被告知，座位后面躺着一具尸体，顷刻间房间里的一切都改变了，我们目及到的每一件东西都显得阴森森的，连灯光也黯然失色，空气也凝固了……"[②]心理学中"情境"则被认为是"事物发生并对机体行为产生影响的环境条件"，"是对人有直接刺激作用、有一定生物学和社会意义的具体环境"，"是客观的具体环境，而不是主观的精神境界"。[③]在教育领域，"情境"实质上是指"人为优化了的环境，是促使儿童能动地活动于其中的环境"，这种环境"与儿童的情感、心理会发生共鸣而契合，促使儿童在现实环境与活动的交互作用的统一和谐中，获得全面发展"。[④]在教育教学实践中，"情境"更多是指"教学情境"，亦即在教学过程中，为了达到既定的教学目标，教师需要从教学的实际需要出发，引入、制造或创设与教学内容相适应的环境或氛围，以期引起学生的认知体验和情感体验，帮助学生迅速而正确地理解教学内容，促进他们的心理机能全面和谐发展，提高教学效率。

（一）教学情境的教育价值

20世纪80年代末至90年代初，由于受到认知科学、生态心理学、人类学以及社会学等学科的共同影响，加之对当时的学校教育脱离实际、知识惰性化等状况的不满，学习的研究取向逐渐从认知转向了情境，认为学习不可能脱离具体的情境而产生，学习受到具体的物理和社会场景与个体交互作用的影响。情境理论虽然也强调意义的建构，但鉴于意义建构的根本途径是个体参与实践活动，与情境互动，因此，研究者更倾向于用"情境"一词来代替笼统的"建构"一词。学习的情境理论将个体、社会以及环境等置于统一的整体中来考虑，对学习进行重新界定，赋予学习这一主题以新意，在学习的实质、学习的内容、学习的方式等诸多方面呈现出与

---

① 中国社会科学院语言研究所词典编辑室.现代汉语词典（第六版）[Z].北京：商务印书馆，2012：1062.
② 韦志成.语文教学情境论[M].南宁：广西教育出版社，1996：28.
③ 荆其诚.简明心理学百科全书[M].长沙：湖南教育出版社，1991：372.
④ 李吉林.为全面提高儿童素质探索一条有效途径——从情境教学到情境教育的探索与思考（下）[J].教育研究，1997（4）：55-63.

认知取向有所不同的新范式。[1]事实上，进入20世纪后期，许多理论和实验研究证明，认知的信息加工范型存在一定问题，它过于强调对个体进行研究，忽视了人类的社会性，将"大脑"与"身体"对立起来，社会问题被还原成个体问题，个体问题被还原成大脑的电－化学活动，心理学被还原成生物学。[2]在这种对传统认知观念和方法的质疑中，情境认知理论得到一些研究的支持，并逐渐应用于教育实践。

人们对于情境的重视，根本上还源于情境对于知识建构、知识储存和人的能力发展的教育价值，亦即情境对于认知及人的发展的重要影响。情境嵌入认知观的证明和证据有很多，例如，实践中存在"空间位置""数感"等，甚至发明创造等一些很难学习也很难教的知识和能力的学习过程，要解释这一现象，只能将心理看作是模式识别者，它是在与情境的交互作用中获得识别模式的能力。所以，知识是嵌于（embedded）实践中的，知识是具有情境性的，知识是活动、情境和文化产品的一部分，知识正是在活动中、在其丰富的情境中、在文化中不断被运用和发展的。孩子的回忆也会呈现同样的特点，儿童的记忆发展受到父母回顾过去发生的事情的模式的影响。研究也发现，信息在编码时所处的情境会影响其贮存。情境嵌入认知观的证据还有：外部环境可以承担一部分认知的功能。[3]人类学家莱夫则通过对现实生活中的普遍学习模式——师徒制——的仔细考察，认为认知是分布在头脑、身体、实践活动和文化组织（包括他人）的情境之中的。

当我们从"默会知识"（又称"缄默知识""内隐知识"）习得的视角加以审视时，教学情境则又凸显其特别的意义。默会知识主要是相对于显性知识而言的，它是一种只可意会、不可言传的知识，是一种经常使用却又不能通过语言文字符号予以清晰表达或直接传递的知识。这种知识也是所谓的"行动中的知识"，或者是"内在于行动中的知识"，它镶嵌于实践活动之中，非命题和语言所能尽，只能在行动中展现、被觉察、被意会，"行动"构成了与"语言"同样根本的表达方式。相对于明确知识，默会知识更具有逻辑上的先在性与根源性。所有这些都离不开具体的情境——因为情境为人的行动提供了背景与可能，进而为默会知识的习得提供了逻辑上的前提与保证。

从教学实践层面来看，教学情境不仅构成了学生"意义建构"的平台，而且为教师、学生与文本的对话创造空间，使学习者在情境中完成"同化"与"顺应"。人类的知识和互动不能与人的生活空间分割开来。在情境化的脉络中，当学习者认识到了知识的时间效用以及利用知识去理解、分析和解决真实世界中问题的需要时，同化与顺应就自然而然地发生了。从学习者的视角来看，人与环境的相互协调是学习者的认知得以进行、展开和构建的真正基础。建构主义要求教师经常利用熟悉的问题、驱动型的提问和起激活作用的情境，在学习过程中促成个人对理论和经验的接收和利用，引导他们利用这些经验来解释、说明和形成自己的知识体系。正是在这一层面上说，情境构成了教学的一种重要的"支架"——教师提供的教学情境则是一个必要的脚手架，支持着学生不断地建构自己，生成新的能力。

---

[1] 姚梅林.从认知到情境：学习范式的变革[J].教育研究，2003（2）：60-64.
[2] 刘革，吴庆麟.情境认知理论的三大流派及争论[J].上海教育研究，2012（1）：37-41.
[3] 刘革，吴庆麟.情境认知理论的三大流派及争论[J].上海教育研究，2012（1）：37-41.

从微观操作层面上看,教学情境(学习情境)的作用大致体现在四个方面。首先,创设情境有利于学生循着知识产生的脉络去准确把握学习内容;其次,创设学习情境还能够帮助学生顺利实现知识的迁移和应用;再次,创设学习情境有利于激发学生的学习兴趣;最后,学习情境还能够使学生在学习中产生比较强烈的情感共鸣,增强他们的情感体验。学习情境把抽象的知识转变成有血有肉的生活事件,而生活事件中均包含或强烈或含蓄的情感因素。在与语文、历史、品德等课程相关的学习情境中,感情的因素尤为显著。因此,创设、呈现学习情境,有利于克服纯粹认知活动的缺陷,使学习成为一种包括情感体验在内的综合性活动,对于提高学习效果具有重要的积极意义。①

(二)有效创设好的教学情境

教学情境研究的重点在于如何有效创设好的教学情境,为此,首先需要明确好的教学情境的特征,以及教学情境创设的基本原则。

课堂教学情境的真实性与虚拟性、预设性与生成性、个体性与社会性、科学性与人文性、即时性与连续性,透视出课堂情境表征形式的复杂性。②而好的学习情境(教学情境)是与知识内容相适切的、内在地包含问题的社会生活事件,应当具有悬疑性、生活性、真实性、复杂性、典型性、情感性、主体性、可变性等特征。③如何创设有效的学习情境,对教师的专业能力与职业道德都提出了很高的要求。因此,创设有效教学情境必须遵守以下原则:诱发性原则、真实性原则、接近性原则、合作性原则、从冲突到和谐的原则、层次性原则和兴趣性原则。也就是说,创设有效教学情境就是要突出有效教学情境的特点,既要使其具有真实性、趣味性、实践性,知识的安排具有系统和层次性,更要使情境的创设符合学生身心发展水平。

前文虽然总结了基于已有知识、基于现实生活、基于学科特色、指向情意体验的基本策略与路径,但是在实践中,创设好的教学情境则更为丰富多彩。例如,有研究者提出,创设教学情境要以"美"为突破口,再现美的教学内容,运用美的教学手段,运用美的教学语言;以"思"为核心,倾注期待,使学生在最佳的心理状态下积极思维,启迪想像,在宽阔的思维空间中提高学生的创造性,设计训练,将创新精神的培养落到实处;以"情"为纽带,在教师与学生之间真情交融,在教材与学生之间引发共鸣,学生与学生之间学会合作;以"学生活动"为途径,将活动融入课程,利用角色效应,结合能力训练;以"周围世界"为源泉,渐次认识大自然,潜心启迪智慧,并与道德、审美教育结合。这也许涉及利用创设的情境开展教学的问题了。

在具体创设教学情境的途径上,一些优秀教师的经验和研究者的观点可以借鉴。例如,教师要尊重学生的主体性,关注课堂情境的生成性,让课堂成为富有生命气息的课堂,成为生机与智慧综合生成的场所;应该使学生的学习过程建立在可信和真实的现实情境中,学生所学的知识和技能不仅能有效解决学习情境中具有代表性的任务和问题,而且能够迁移到未来的学习、生活中,促进学生在情境中、在实践中建构知识的意义,形成有用的知识;因为启发式策略

---

① 赵蒙成.学习情境的本质与创设策略[J].课程·教材·教法,2005(11):23-27.
② 巩子坤,李森.论情认知理论视野下的课堂情境[J].课程·教材·教法,2005(8):26-29.
③ 赵蒙成.学习情境的本质与创设策略[J].课程·教材·教法,2005(11):23-27.

和元认知策略在能力学习和问题解决中起着非常重要的作用,所以通过不同学科的学习,有必要教给学生基本的学习和思维技能;创设合作学习的课堂学习情境,创建学习的实践场,进而构建学习的实践共同体,为知识意义的协商、共同体文化的生成和学生身份的建构搭建平台;教师一方面要保持教学的平衡,亦即处理好学习者发现学习、个人探索和教师系统的教育、指导之间的平衡,另一方面要注意到学习者之间在已有基础、能力、需要和动机上的差异;等等。

当然,教师还应注意教学资源的开发和利用是生成有效教学情境的第一要义;提炼、开发的教学情境富有情趣、童趣,是生成有效教学情境的关键;教师所营造的课堂气氛应是和谐的;在引导学生进入问题性情境时,应使用能引起学生思考的问题;运用多媒体技术创设形象的情境。教师创设的问题情境应针对学生当前认识的发展性、片面性、知识类比迁移中的错误来设计。而创设的实践情境要注意时空近距离化、抽象问题形象化、理论问题具体化、隐性问题显性化和过程问题操作化。不同的学科内容、不同年龄的学生所需要的情境是不同的,需要具体问题具体分析。

(三)情境创设需要注意的问题

首先,需要处理好教学的"情境化""去情境化""再情境化"之间的关系问题。"情境化"是创设教学情境,激发学生的学习兴趣;"去情境化"是从具体情境中分离概括化的知识,发展学生的科学思维;"再情境化"是将知识运用到新的情境,培养学生解决问题的能力。所谓"去情境化",主要是指使知识从具体情境中分离出来的,亦即使知识的学习独立于情境之外(但这却割裂了抽象的科学知识与具体生活情境之间的联系,因此基于此种理解的"去情境化"在众多文献中是被批判的一词),或者是将知识从具体的情境中分离抽象出来,从而超越情境,成为概括性的知识(它是相对于创设情境来说的)。而"再情境化"中的情境与"情境化"中的情境既有联系又有区别,"再情境化"中的情境依然可以选用"情境化"时的类型,甚至可以用同一情境,但此时情境的作用却是区别于"情境化"中的情境,更多反映了情境的真实性和知识的可迁移性的要求。情境化、去情境化与再情境化三者相辅相成,教学中只有处理好三者之间的相互关系,才能更好地促进学生科学思维的发展,有效提升学生解决问题的能力。

其次,需要关注教学情境中"情感"的维度或成分。在学习环境的设置方面,认知理论强调给学生提供各种机会去建构理解和解决问题的能力。比如利用各种直观的、可操作的具体材料或教具来帮助学生理解概念;或者利用计算机给学生提供具有交互功能的物理环境或模拟情境,使学生对概念、原理等有深层次的理解。情境理论则强调社会文化因素的作用,力图为学生提供这样一种环境:使学生参与社会实践,进行探究性学习,并支持其确立积极的身份。比如应用小组讨论与合作学习、课堂交谈、支架式教学、认知学徒等方式,使学生不只是注意结果的正确与否,而更关心如何达到相互理解、如何参与团体的实践活动。在分组时,特别强调异质性,使学生能够更多地接触、感受、理解来自不同文化背景的成员的思想与情感。情境理论还强调尽量给学生提供真实的学习环境,以体现真实生活的要求。[①]

---

① 姚梅林. 从认知到情境:学习范式的变革[J]. 教育研究, 2003(2): 60-64.

再次，要着眼于"真实性"和"批判性"情境创设。在强调发展学生核心素养的今天，人们对学生的深度学习给予了特别的关注。深度学习是一种主动的、批判性的学习方式，也是实现有意义学习的有效方式。实际上在我国新一轮教育改革中所提倡的抛锚式教学、基于问题的学习、基于项目的学习、基于设计的学习等众多现代教学模式中，一定程度上也都有深度学习的理念，这些学习模式均要求学生进行理解性的学习、批判性的高阶思维、主动的知识建构、有效的知识迁移及真实问题的解决。作为人类的高阶心智活动方式，深度学习建基于情境之中。从建构主义、情境认知论、分布式认知论、元认知论对其的解释来看，深度学习发生于真实性和批判性的情境之中。基于此，创设促进深度学习的课堂情境，要着眼于"真实性"和"批判性"：从提出一个令人感兴趣的真实问题出发，悉心指导学生为自己的论断作出辩护，将知识迁移至新情境之中，以实现真实问题的解决。[①]而与深度学习相对应的浅层学习，指向的则是一种被动的、机械式的学习方式，即把信息作为孤立的、不相关的事实来被动接受、简单重复和机械记忆，忽视对知识的深层加工、深度理解及长期保持，更无法实现知识建构、迁移应用及问题解决。因此，对于教师的情境创设无疑提出了新的挑战。

最后，设计并实施基于情境的评价。所有的评价都是发生在一定的情境之中，并受其影响的。作为课堂教学评价必然依存于教学情境之中，受到这些情境因素的影响。情境适应课堂教学评价，就是以教学情境为参照，通过评价捕捉教学过程中发生的一切变动因素、把握情境中教师和学生的某些特定行为，以此而展开的一种促进教学发展的真实评价。[②]情境适应性课堂教学评价的特质就是消除教学与评价的简单对立二分法，使教学评价表现出情景性、动态性、即时性，其主要目的是改进教学策略，改善学习方式，促进教学发展、师生成长。

此外，以情境创设改变学生学习方式、教学情境的具体使用、基于技术的情境创设、不确定教学情境的研究等，都有很大的探究空间。

---

① 阎乃胜. 深度学习视野下的课堂情境[J]. 教育发展研究, 2013(12): 76-79.
② 张瑞, 朱德全. 情境适应性评价：课堂教学评价的应然诉求[C]全国教学论专业委员会第十二届学术年会暨第三届课程与教学论专业博士生学术论坛论文集. 2010: 463.

第三章　课堂表达的教学艺术

表达是将思维所得的成果用语言、语音、语调、表情、行为等方式反映出来的一种行为，它以交际、传播为目的，以物、事、情、理为内容，以语言及非语言为工具，以听者、读者为接收对象。与此相应，课堂表达是课堂中的师生（在此不限于教师）将个体思维所得的成果用语言、语音、语调、表情、行为等方式反映出来的一种课堂教学行为，它以实现课程与教学目标为追求，以课程知识、思维与动作技能、情意等为表达内容，以语言、板书、实验（实物）、现代媒体等为工具，以学生及教师为接收对象。课堂表达直接影响信息的传递和师生的互动，因而构成教学艺术研究的重要范畴。本章拟从教学语言、教学板书、实验教学和媒体技术四个层面，深入探究特级教师的课堂表达问题。

一、基于教学语言的课堂表达

课堂教学艺术的重要方面就是教师的课堂教学语言艺术。科学而又具有艺术性的教学语言是课堂教学（包括课堂展示）的重要手段。课堂表达的科学性，意思是语言要准确无误、合乎逻辑，这是每一个教师讲课时必须达到的基本要求。而艺术性的语言能够激发学生学习的热情，形象化的语言表达富有力度，能使学生感到惊讶、不同凡响，使学生情绪兴奋，对知识产生兴趣，从而提高学生学习的内驱力。在课堂教学中恰当地应用艺术的语言，可以营造一个和谐而轻松的学习氛围，从而调动学生学习的积极性，达到更好的教学效果。

教师的教学语言修养良好，常常可以使教学锦上添花。但是，很多教师在备课过程中就是简单地思考一节课中各个环节该如何顺利地衔接，对于教材中知识之间的联系并不会做深入的思考。比如在物理学科，我们都知道机械能守恒定律的文字表述是：如果只有重力或弹力做功,则系统的动能与势能相互转化而总机械能保持不变,于是 $E_1 = E_2$。动量守恒定律的文字表述:如果系统所受合外力为零,则系统各部分间动量相互转移而总动量保持不变,于是 $p_1 = p_2$。很少有教师会将这二者放在一起进行比较,因为这两个知识点在不同的章节。然而,朱建廉老师深入研究后发现两个守恒定律在表述上具有相同的结构特征:"如果……,则……,于是……",并将其很好地运用到了"追寻守恒量"的教学过程中。朱建廉老师还用了非常简洁的语言对两种基本自然规律进行了比较和概括:物理学规律,甚至是普遍的自然规律,在结构上通常有两种最基本的形式,即第一,形如"$x = y$"揭示因果关系的规律;第二,形如"$x = x$"表现守恒特征的规律。这样精简的教学语言不仅让学生易于理解和接受教学内容,而且使其印象深刻。我们来看下面的教学片段。

【典型案例 3.1】[①]

你有什么想法?
你有什么猜测?
你有什么疑问?
你有什么判断?

正如裴斯泰洛齐所言:"对教学工作的真正兴趣——亲切的语言和更亲切的情感,面部表情以及眼神——绝不会不对学生发生影响"。[②] 上述四个问号构成排比句式,这样的提问方式很少出现在课堂中,有的老师甚至会认为这有些多余,或是重复,其实不然。这四个问号不是同一个问题,"想法""猜测""疑问""判断"具有不同的含义,"想法"是指获得信息后自己的一些思考;"猜测"是指根据已有知识对问题进行推测;"疑问"指目前感到困惑不解的地方;"判断"是指依据分析作出的肯定的回答。我们发现这四个词的顺序彰显出了学生的逻辑思维过程,学生的思路在问题的引领下一步步地得到拓展,并且排比句能够让学生感受到老师深厚的语言功底,从而心生膜拜。我们知道,要让学生喜欢这门学科,最便捷的途径就是让学生喜欢任课教师,而学生喜欢任课教师的前提就是崇拜教师,善用排比语言能够让学生更容易被教师、课堂吸引。排比句式有气势,不仅能让课堂充满活力,而且还能让教师充满激情,从而感染学生。

课堂教学的非语言表达既包括声音中的非语词的音质、音量、声调、语速、节奏、语气,以及无固定语义发声的笑、叹息、咳嗽、口哨、哼哼等,也包括人的手势、脸色、眼神、体态等动态姿势(动姿)。教学的非语言表达是教师塑造自身形象的重要手段,并能丰富和超越课堂教学的语言表达,不仅影响教学效果,而且影响学生对教师的认同程度,并潜移默化地影响学生非语言表达和仪态的修养。因此,作为一个对课堂教学艺术有所追求的老师,应该对各种非语言表

[①] 该教学片段选自朱建廉老师执教的"电动势"。
[②] [瑞士]裴斯泰洛齐.裴斯泰洛齐教育论著选[M].夏之莲,译.北京:人民教育出版社,2001:393.

达的方式及其性能有比较全面和深刻的认识,并在教学实践中或借鉴他人,或积累经验,或细心研习,掌握非语言表达的原则与策略,充分发挥非语言艺术传递信息、交流感情、控制调节的功能。

在北京昌平举行的第一届全国物理名师大赛上,北京师范大学附属中学王运淼老师(现为北京市西城区教育研修学院特级教师)为高一年级学生教授了人教版高中物理必修1的"牛顿第一定律",下面是根据教学视频对"伽利略的研究——理想实验"部分中的语言表达和非语言表达所做的笔录。

【典型案例3.2】[①]

师:现实生活中,摩擦阻力呀,流体的阻力呀,总是经常存在的,是吧?那这种,(立于讲台和同学之间,头微微侧向投影屏幕,右手食指指着屏幕)你看看,显然是我们的设想吧?那这个设想正确不正确呀?(面向同学,竖起右手大拇指)我们得证实这一点吧?(微笑着)接下来你说,我们怎么研究呢?

生:实验。

师:(微笑着)嗯,实验!这是伽利略开创的研究方法。(竖起右手大拇指,转身走向讲台与黑板之间)在300多年前,伽利略就设计了这么一个实验。(弯腰从讲台下面搬出实验装置,放在讲台上)同学们来看看这个实验装置。(出示实验装置,如图)

伽利略看到,(左手示意)物体从斜坡上下来,滑下的过程中,运动得越来越快;(右手示意)冲上斜坡的过程中,运动得越来越慢,(左右手同时示意)于是设计了这个对接斜面实验。(右手示意)两个斜面平滑地连接了起来,(右手从裤袋中摸出小球交到左手)小球可以在上面运动。现在这个斜面上,同学们看到了,(右手示意)我铺了一

---

① 该教学片段选自王运淼老师执教的"伽利略的研究——理想实验"。

层棉布。(左手拿小球)我从这个斜面的这个高度处释放小球,(右手指着)这个高度有个标记,看到这个支撑物了吗?(右手指着)这红色支撑物等高的位置。(右手示意)注意看,观察小球的运动。(望着同学,右手示意)注意,(左手释放小球,右手在小球冲上右侧斜面最高处拦住小球)……(左手拿小球)再来一次,(先望望同学,然后左手释放小球,右手在小球冲上右侧斜面最高处拦住小球,再望着同学微笑)运动到这儿了吧?(左手拿放第1个标志物)我这个位置做一个标记。(左手拿起小球)再来看,(左右手一起拿棉布放在台面上)我把这块布拆走。(左手拿球停于左侧上端,望着同学微笑)同一高度释放,(右手示意)再观察,注意,(左手释放小球,右手在小球冲上右侧斜面最高处拦住小球)……(望望同学,左手拿小球)再看一次,(左手拿小球停于左侧上端,望着同学微笑,右手示意)注意,(左手释放小球,右手在小球冲上右侧斜面最高处拦住小球)……(先望望同学,然后左手先拿放第2个标志物,然后拿走小球)我再做一个标记。(望着同学,右手指向右侧斜面处的标记,左手把小球放在台面上)同学们想想看,两次看到的现象有什么不同?(身体前倾,望着同学,微笑着伸右手示意)你说说看。

生:滚得高了。

师:(身体前倾,右手指向右侧斜面处的标记,侧耳)滚得高了,第二次高了?

生:嗯。

师:(收回右手,身体前倾,疑惑)什么原因啊?

生:摩擦力小了。

师:哦,摩擦力小了,(抬起右手示意)好,请坐。(注视,表情疑惑,右手食指指在第2个标记)是高了,(抬头望着同学)滚到这儿了吧,(再抬起左手放在释放小球处)你看这两地等高,(叉开右手虎口,大拇指指在第1个标记)离这个位置是不是还有一段距离呀?(身体站直,左手拿起小球)那假如没有摩擦,(右手示意)同学们想想看,(左手拿小球停于左侧释放小球处)我从这个高度释放,它冲上这一侧斜面的时候,会上升到什么高度呢?

生:同一高度。

师:(伸右手示意)同一高度。(右手先在空中从左向右比画,然后左右手都收回,再站直身体)这可是在实验基础上的推理,是吧?(抬右手于胸前)有实验,有推理。(伸出双手于斜面左右端上方,微笑着)那同学们记住这个结论,待会儿我们还会用到。

我们再来看,如果减小这一侧斜面的倾角,(望着同学)减小这一侧斜面的倾角,我再来做实验。(左手拿小球停于左侧上端,望着同学微笑)同一高度释放小球,注意(左手释放小球,右手在小球冲上右侧斜面最高处拦住小球,望望同学)。再来看,(左手拿起小球,停于左侧上端,释放小球,手在小球冲上右侧斜面最高处拦住小球,望望同学)同一高度释放小球。(左手拿放第3个标志物)做个标记。(左手拿小球放于桌面上)

嗯,同学们看一看,(双手比画)第一次是这段距离,第二次是这段距离吧?第三次是这段距离吧?运动得……

生:更远了。

师:更远了,(收回双手,身体站直,微笑望着同学)你能解释一下为什么吗?(上身微微一倾,微笑着)

生:我觉得应该是,小球一直就要想着,想要运动到起始位置等高的地方。

师:(微笑着点头)嗯。

生:由于减小了倾斜角,因为想要运动到起始位置等高的地儿,所以就需要走更多的路。

师:(微笑,右手有力地示意)嗯,回答得很棒!(伸出左右手,左手停于左端上方,右手先从左向右比画,然后停于右端上方)他说想运动到等高的地儿,这依据的是我们刚才那次的……?

生:推理后的结论。

师:(双手在左右端上方示意)诶,推理后的结论。(收回双手,移步)那同学们再想啊,继续减小斜面的倾角……?

生:更远。

师:(收回双手)很好!更远。轨道倾角减小、减小、减小、减小……斜面倾角变成零了,这边是水平轨道了。(左手拿小球停于左侧上端,望着同学微笑)同一高度释放小球,(点头微笑)注意观察,(点头微笑)注意想象,(伸出右手示意,注视同学,左手释放小球)注意。(移步,双手示意)假如说轨道足够长,假如说没有摩擦,小球怎么样?

生:一直运动下去。

师:(发声笑,望着同学)哈哈,好解释吧?

生:好解释。

师:(右手从左下向右上示意)永远上不到那个高度了,是吧?(移步,双手示意)当然假如轨道足够长,假如没有摩擦,这又是在实验基础上的……?

生:推理。

从上面节选的内容来看,王老师运用了哪些非语言表达艺术呢?我们又能从中获得哪些启示并汲取教益呢?

一节课里,王老师总是面带着微笑,时而有爽朗的笑声。在向同学们叙述问题或提问某个同学时,微笑着述说问题或喊出某个同学的姓名,并微笑着回应同学们的回答或应答;在做演示实验的过程中,在关键节点处时刻微笑着提示同学们观察、思考或想象;当学生在实验的基础上,通过想象和推理得出结论时,王老师更是爽朗地发出了笑声。笑声、微笑提问和提示,就像微笑服务一样，使同学们愉悦地善待问题和思考问题，作出积极响应，更是给同学们的学习行为的激励和鼓舞，整个课堂气氛温馨、活泼又紧张。另外，在语句中使用了不同的语气词而表达不同的语义，如吧、呀、吗、啊、呢、诶、哈……或问询，或质疑，或肯定，或感叹，或赞赏……

王老师肢体语言丰富，且意味深长。如在实录中，用"头微微侧向投影屏幕，右手食指指着屏"的体态和手势，无声地提示同学们看着屏幕上的设想及内容；用"面向同学，竖起右手大拇指"的体态和手势，向同学发出我们得证实这一点的号令；在向同学们介绍伽利略斜面实验的装置时，或左手示意，或右手示意，或左右手同时示意，形象明白地诠释了伽利略设计该实验的设计思想；在实验过程中一次又一次地用眼神示意，使学生得以关注到实验的每一个关键点，为诠释伽利略的研究方法（把实验事实和逻辑推理有机地结合起来）收集了可靠事实。

另外，王老师语言表达时的语速和节奏也十分讲究。总体看，语言表达的节奏自然舒畅，而语速的快慢富于变化。例如，当演示实验进行到不断减小右侧斜面倾角时，王老师边操作边讲解："（语速快）减小、减小、减小、减小……（语速慢）斜面倾角变成零了，这边是水平轨道了。（语速慢）同一高度释放小球，注意观察，注意想象，注意。（语速快）假如说轨道足够长，假如说没有摩擦，（语速慢）小球怎么样？"可以看出，描述可见的连续操作时语速较快，描述并突出轨道特征时语速较慢，向同学们提示观察点时语速更慢，重复叙述基于实验的推理时语速较快，向同学们提出问题时语速较慢。

综合上述分析，教师为了更充分、更准确地把信息传递给同学们，为了有效调节控制而实现师生思维共振和情感共鸣，不仅要关注语言表达艺术的修为，也要重视非语言表达艺术的修养，注意语言表达时的音量、语调、语气、语速、节奏。一方面，根据语句的内容性质或长度，采用不同的音量、语调、语气、语速、节奏。当向同学们叙述重点或难点内容时，长话宜短说，音量提高，语调抑扬顿挫，语气坚定，语速较慢，节奏铿锵；当向同学们做补充说明时，宜用正常自然的音量、语调、语速、节奏；当为同学们就某一细节进行描述时，应把握节奏，语速紧跟节奏。另一方面，还要根据教师的用意和学生的实情，灵活运用音量、语调、语气、语速、节奏。当想引起同学们注意时，音量宜高，语调上扬，语速宜慢；当向同学们提出问题或与同学们商讨时，宜用正常的音量，舒缓的节奏，自然的语速，恰当的语气词和语气。

再如，注意语言表达时的眼神、脸色、体态、手势等动姿。当提问某同学时，面带微笑、手掌向上地平着向前伸出右手；当倾听、助答或回应某同学的回答时，要面向同学、望着同学；当示意某同学坐下时，可以向前伸出右手手掌并向下按。

相对于教师个人的教学语言艺术应用，师生之间的对话式语言艺术也是教学实践应予以关注的内容。下面是保志明老师的"化学键"教学片段，反映了师生之间是如何通过递进式对话来实现利用模型认识事物或通过建模解决问题的。

【典型案例 3.3】[①]

（PPT：氯化钠熔点：801 ℃；沸点：1 465 ℃；导电性好。提出什么样的原子模型解释氯化钠的性质？）

师：你能提出什么样的模型去解释氯化钠的上述性质呢？

生1：氯化钠熔沸点高是由于钠和氯间的化学键稳定，导电性好是由于钠为金属元素，金属元素导电性都较好，是钠赋予了氯化钠的导电性。

师：这位同学认为氯化钠导电性好是因为钠是金属元素，其他同学有没有不同意见？

生2：我觉得氯化钠导电性好是因为它有钠离子和氯离子。

师：那么你认为学生1的说法不对了？

生2：并不是含金属元素导电性就好，比如金属氧化物：氧化铁，氧化铜。

师：金属原子、金属元素、金属离子是一回事吗？那金属为什么能导电呢？

生2：不是一回事。金属能导电是因为其内部有可自由移动的电子。

师：那么你认为金属能导电和金属离子能导电是一回事吗？

生1：金属离子已经失去最外层电子，它是稳定结构。

师：看来物质含有金属元素不能说明其具有导电性，那怎么解释才更合理呢？注意是液态时的导电性。

生3：既然能导电，那么就有能移动的电子。固态时钠和氯没有电离。

师：就是你该怎样理解氯化钠中钠和氯是怎样聚集的呢？氯化钠中的钠是什么？氯是什么呢？导致它液态的时候能导电呢？

生3：液态的时候，氯化钠中含有钠离子和氯离子。

师：氯化钠液态能导电到底是什么原因呢？其他同学有什么看法？

生4：氯化钠在液态时，钠和氯分开，每个钠原子和氯原子都带上了各自的电荷。由于是液态，所以它们就可以自由地进行移动。

师：那你能不能确定氯化钠在液态时钠是钠离子，氯是氯离子？

生4：现在不敢确定，只知道它们都带电荷，有可能是离子。

师：刚刚我们说原子结构中的价电子层倾向于全满，也就是八隅律，那么氯化钠是不是也这样呢？

生5：氯原子价电子层电子数是7，易得到一个电子达到全满状态，钠原子价电子层电子层电子数是1，易失去一个电子达到全满状态。也就使得氯和钠紧密结合。

师：是的，我们把钠离子和氯离子紧密结合的方式称为离子键。那根据这位同学的说法，我们可以构建如图1所示的模型。那这个模型对吗？为什么呢？

生6：这个模型不合理，只有气体的分子距离才比较远，固体与液体分子距离比较近。

[①] 该教学片段选自保志明老师执教的"化学键"。

师：展示正确的氯化钠模型。如图2所示。

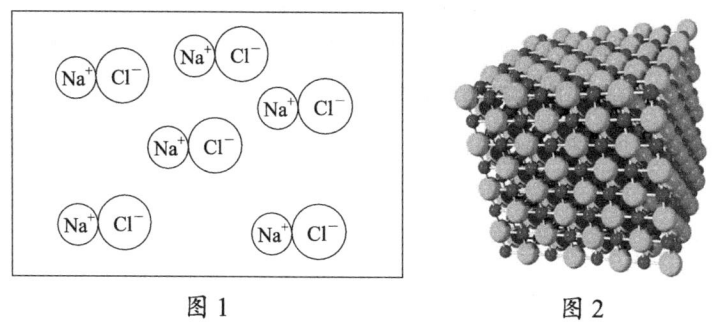

图1　　　　　　图2

化学键是高中化学的核心概念之一，它解释了原子形成分子或物质的过程，揭示了化学反应的实质，有利于学生从微观角度认识宏观物质和化学反应，对学生养成宏微结合、变化守恒的学科思想有着十分重要的作用。但是，通过简单的概念讲解又不利于学生对化学键的理解。在递进式对话教学过程中，教师能有效地设定化学模型的问题和解决序列，不断探寻学生对物质性质及其变化微观本质的理解程度，引导学生迅速寻找问题解决的策略，最终可以建立相关的化学模型来解决问题。

课堂递进式对话对教师的要求很高，教师在上课前，需要对学生已有的知识经验做出预估。第一位学生对氯化钠导电性好的解释是氯化钠中含有金属元素钠，因为在初中我们就已经知道金属可以导电。教师并没有直接指出这位学生的错误，转而把这一观点以问题的形式抛给其他学生。第二位学生从金属氧化物这一实例证明了"含金属元素就导电的观点的错误之处。可以看到前几轮对话都是在第一位和第二位学生之间展开，通过教师的引导，两位学生在关于氯化钠为什么能导电这一问题上进行了激烈的思想碰撞。教师把问题抛给学生之后，引导学生构建自己的想象模型去解释氯化钠导电性。第三位学生提出了很重要的一条思路，也就是导电意味着有自由移动的电子，然后他又指出液态氯化钠有可自由移动的钠离子和氯离子。第四位学生认为钠原子和氯原子带上各自的电荷，能自由移动，但不确定是不是钠离子和氯离子。教师意识到，话题由之前的含金属元素是否是具有导电性的原因的解释，已经转移到氯化钠是否含有自由移动的氯离子和钠离子这一想象模型上。教师根据前两位学生的争论，提示利用八隅律去思考氯化钠中是否有氯离子和钠离子。第五位学生根据教师提示，提出钠原子失去一个电子形成钠离子，氯原子得到钠原子失去的电子形成氯离子，明确氯化钠中含有钠离子和氯离子，即明确提出氯化钠的微观模型，氯化钠含有氯离子和钠离子，钠离子与氯离子紧密结合。教师因势利导讲解钠离子和氯离子紧密结合形成离子键。

教师用图片展示学生提出的氯化钠模型，教师已经明确学生所提出的模型还有欠缺之处，继续提出问题，让学生自主质疑模型的不合理之处。学生根据之前学过的气体分子模型可以判断该模型的不合理之处。但是学生现有的知识水平还不足以建立正确的氯化钠微观模型，于是教师直接展示真正的氯化钠微观模型。

从整体上看，教师的一系列提问并不是事先就设定好的，而是建立在学生回答所凸显的思维的基础之上的，从导电是由于有自由移动的电子，到液态氯化钠中有自由移动的钠离子和氯离子，再提出钠离子和氯离子紧密结合的模型。每提出一个问题都是在试图了解学生对氯化钠物质本质及微观结构的理解程度，并逐渐深入，引导学生构建正确的氯化钠微观模型。整个过程就是帮助学生构建模型，培养学生构建模型的思维。还要看到的是，教师在根据学生的回答提出离子键之后并没有结束，通过构建氯化钠模型，再对氯化钠模型进行拓展，将离子键和共价键串联起来，利于学生类比迁移能力的发展和化学键整体概念的建构。

如果说，教师教学语言为其课堂展示提供了最基本的教学手段的话，教师的课堂留白则体现了课堂展示的另外一面，是从反面映照出课堂表达的艺术，亦即计白当黑，二者构成了相辅相成的关系。艺术中的留白是通过在艺术作品中留下空白使读者感受到"此时无声胜有声，此处无物胜有物"之无尽遐想。同样，在课堂教学中有意识地设置课堂留白时间，有助于激发学生的主体意识和学习的内驱力，积极投入课堂教学，发生思维的碰撞，产生自主探究学习的兴趣；也有助于学生发展个性，在联想、组合、尝试、调整的思考过程中形成各自的认知策略，达成"不同的人有不同的发展"这一理念。那么在课堂中，如何有效地为学生留白呢？我们来看下面的教学片段。

【典型案例3.4】[①]

师：今天我们和大家共同谈论一个话题，这个话题就是"函数"。函数这个内容我们在初中已经学习过了，而且还学了不少，学了正比例函数、反比例函数、一次函数等等。那么现在我想请你们举几个函数的具体例子。

（留白32秒）

生1：随着年数增长，我们的年龄也在不断增大，我们的年龄是年份的函数。

生2：在电压一定的条件下，电流和电阻成反比例函数。

生3：氢氧化钙的溶解度随着温度的升高而降低。我还不知道解析式，但它的图像应该是一个一次函数。

生4：在公路上匀速运动的汽车，它行驶的路程和它行驶的时间成正比例函数。

函数是中学数学的核心概念。学生在初中已经学习过函数概念，知道函数是变量之间的依赖关系，而高中学习的函数概念建立在集合、对应的观点之上，比初中概念更具一般性。教师在教学引入时并没有让学生复习初中学习的函数概念，而是直接道出正比例函数、反比例函数、一次函数等内容，激活学生已有的知识储备。因为"初中函数概念"这一问题难度太低，没有启发

---

① 该教学片段选自陶维林老师执教的"函数的概念"。

性，并且与高中函数概念有一定的差别，此处设置留白时间是对教学时间的浪费，也可能对后续学习造成一定的负迁移。陶老师直接用这样一个问题引入——"同学们在初中已经学习过函数，请你举几个函数的具体例子"，同时为学生提供了充足的留白时间进行思考。从回答内容可以看出学生的思维非常活跃，从日常生活到物理、化学，从解析式表达法到广义的一一对应，举出了丰富的函数实例，为抽象出新的函数概念提供了多样化的数学模型。

课堂留白的目的是给予学生思考的时间，特别是有意义的思考时间，即学生遵循正确的思路，通过思考获得某一阶段的成果，然后再经过进一步的引导与思考获得最终答案。因此好的问题，是留白的前提，只有提出了高质量的具有引导性作用的问题，才能将学生引入正确的思路，从而才能让学生在留白的时间中获得丰富的成果。课堂留白不仅需要以有价值的问题为前提，更需要为学生的"候答"留下充裕的时间，特别是当学生回答问题不够准确、完整、流畅时，如果教师给提问过程的等待时间增加3秒或3秒以上，学生的逻辑思维、教师对学生的态度和期待都会发生显著的积极变化[1]。这一研究结论告诉我们，在具体的教学实践中，留白时间是可以而且应当是灵活变通的。如果学生对知识的理解程度不够深刻，我们应当适当延长留白时间，并辅以适当的引导；如果学生对新授知识能很快掌握，我们也可以适当缩短留白时间，加快教学进度。当然，课堂时间总是有限的，对每一个问题都过分追求留白显然是不现实的，留了过多的思考时间反而会影响教学的进度，使教学失去连贯性。课堂教学中并不是每个问题都需要长时间的思考，要想在有限的时间达到最好的留白效果，不妨在知识生成的关键时刻多下功夫。教师为了突破重难点、达到教学目标，往往会设置一个主问题，或者几个层层递进的问题串，思考探索、尝试解决问题的过程便是知识生成的关键时刻，需要足够的留白时间。

教学时不仅在提出问题后要留给学生自由思考的空间，阐释问题后也要给学生留白。当教师在分析完一道题或讲解完一个阶段内容后，应留点时间让学生梳理一下思路，回顾解决问题的策略和探索新知的方法，这也是对学生思考问题、处理问题能力和良好学习习惯的培养。课堂教学完成后，教师也要舍得花一些时间让学生进行反思自问：今天教师主要讲了什么内容？我知道了多少？还有哪些不懂的地方？对教材中哪些地方还存在疑问？使得学生对课堂学习的内容进行整理内化，形成新的知识结构，也能激发学生的学习兴趣，为课后的自我发展指明了方向。我们来看张必锟老师在高中语文《梦游天姥吟留别》中第一段内容的课堂留白教学及其意境体味。

---

[1] Rowe, M. B. Wait Time: Slowing Down May Be A Way of Speeding Up [J]. Journal of Teacher Education, 1986, 37(1): 43-50.

【典型案例 3.5】[①]

（教师引导学生分析体味《静夜思》的意境之后）

师：现在我们来读这首诗(《梦游天姥吟留别》)，也要这样体味一下它的意境。现在我们先读第一段，"海客谈瀛洲"，一、二。

生：海客谈瀛洲，烟涛微茫信难求；越人语天姥，云霞明灭或可睹。天姥连天向天横，势拔五岳掩赤城。天台四万八千丈，对此欲倒东南倾。

师：好，那你们说这段诗，它的意境好在哪里呢？

（学生默不作声，教师环顾四周，等待9秒之后）

师：那，请大家再读一遍，"海客谈瀛洲"，一、二。

生：海客谈瀛洲，烟涛微茫信难求；越人语天姥，云霞明灭或可睹。天姥连天向天横，势拔五岳掩赤城。天台四万八千丈，对此欲倒东南倾。

师：好，这一段表现了诗人怎样的思想感情？

（教室一片寂静，教师等待4秒之后）

师：其实你们在读的时候，前两句要读得稍微轻一点，(教师示范)诗人有一个感情的发展过程，非常细致，你们能够体会出来吗？

生：我觉得，显示他怀才不遇的郁闷的心情。他想用自己的才学抱负国家，但屡遭奸人的排斥。用山的气势来比喻他的志向，可是却一直得不到重用。作者就开始开头这一句"烟涛微茫信难求"。

师：好。我们现在这个分享，讲得也不错。但是我们一下子就把它跟政治联系起来了。咱们现在先不说政治，就说他的心情。

该教学片段选自人教版高中语文教材的第四册。在本节课教学中，教师重在引导学生体悟整首诗的情感意境。教师通过分析《静夜思》中意境与情感的关系，引导学生举一反三，触类旁通。可是当学生朗读第一段后，仍不能很好把握其意境。此时，教师没有急于告知答案，而是给予学生进一步思考的时间与机会，留下一段空白，让学生再次有感情地朗读第一自然段，带着问题反复思考。古罗马教育家普塔可提出，儿童的心灵不是一个需要填满的罐子，而是一个需要点燃的火把。该教师恰当地使用了教学留白艺术，一方面，给学生提供思考的空间，再次斟酌打磨；另一方面，巧妙设置知识的"空白"，激发学生的求知欲望，从而对问题产生浓厚的兴趣，促使学生更进一步地思考与探索。

基于教学语言的课堂表达不仅包括教师的维度，也应该包括训练学生的语言表达。随着思维可视化技术的发展，思维导图在课堂教学中的应用越来越广泛，甚至对于培养学生的语言组织能力也起着特殊作用。"思维导图呈现的是一个思维的过程，是信息组织与共享的关键环

[①] 该教学片段选自张必锟老师执教的"梦游天姥吟留别"。

节。"①思维导图在英语教学课堂的应用,使学生的"说"得到更好的锻炼,学生能够更好地组织语言,更加清晰地表达自己的观点。我们来看下面的教学片段。

【典型案例3.6】②

人物情绪变化思维导图

师:In our daily life, maybe there is always misunderstanding between you and your parents. This is the outline of the play. Do you understand? Okay, so much for this. Now here, I have some words that we have learned from the play. So I'd like you to tell a story not a play, put the play into a story. So just like this. Look at me. I would give you the first sentence for the example, use "expected" to make the sentence. So Mom and Dad arrived back home from the vacation one day earlier than expected. So next one, you can follow it who couldn't wait to do something. Are you clear? Now this time, I would give you a few minutes to make up a story.

(学生讨论)

师:Have you got ready? Who will be the first?

生 A:Daniel and Eric are brothers. Their parents came back from vacation one day earlier than expected. They couldn't wait to see their children. The door opened. Eric ran into the house and was followed by a big dog. The parents found the house was in a mess. However, they left them has gone. They felt very angry. Because they left Daniel in charge.

---

① Anonymous.Maricl, Inc.; Cutting-Edge Social Mind Mapping Web Site Marici.com Launches[J]. China News Weekly, 2008:121-122.
② 该教学片段选自陈咏梅老师执教的"Home alone"。

They blamed Daniel. Daniel felt very sad and angry. Because his parents didn't give him a chance to explain. Then he ran to his room and shouted angrily.

在这节课教学中，陈老师以文章中的 Dad、Mom、Eric、Daniel 四个人物为主轴，通过把他们对于事件的反应、看法以及人物的心情作为基点，将整篇文章的内容串联起来。以思维导图的形式呈现文章内容，能清楚地看出人物情绪的变化。通过观察人物情绪的转变，可以感受到事件对于不同立场的人物的冲击是不同的，有利于学生更好地把握文章的来龙去脉。教师在用思维导图的形式将文章内容进行梳理之后，学生对文章内容有了更清晰的认识，因此，在教师展示独立的字词时，学生能够根据思维导图呈现的内容，结合自己对文章的理解，对自己的观点进行语言组织，把文章内容用自己的逻辑思维形式表达出来。

在学生"说"这一项基本能力的培养中，思维导图也发挥着不容小觑的作用。当然，这首先需要教师对文章有个整体认识，在合适的地方进行教学设计，引导学生进行"说"这项基本能力的锻炼。然后教师运用思维导图帮助学生有效聚焦语篇结构，厘清内在信息，并且编制零碎知识的网络系统，在头脑中形成全景图，构建词汇群组。"通过词汇群组的构建，不仅有助于学生将单词进行归类记忆，更为学生的口语或写作练习搭建了词汇支架，便于学生从大脑词汇库中提取所需信息及词汇。"[①] 特别是在以"说"为主题的交流、讨论中，老师可以利用思维导图进行导入，激发学生的表达欲望，鼓励学生根据思维导图提供的关键词组织语言，通过头脑风暴，清晰、明确地整理出自己的论点、论据和想法，提升学生语言组织和表达能力。

二、应用教学板书的课堂表达

教师的语言不仅有口头的形式，也有书面（板书）的形式。现今的课堂教学已经离不开多媒体的使用，但是，一个精美的板书设计依然能给课堂教学增色不少，所以板书设计仍然是课堂教学中教师不容忽视的重点。板书是一节课的精华所在，它的基本功能是对知识的整理与概括，可以帮助学生更好地理解、记忆和巩固所学知识，也有利于培养学生分析概括等理性思维能力。好的板书设计可谓是科学性和艺术性的完美结合，对整堂课具有画龙点睛的作用。我们来看汪敏老师高中化学"胶体"教学中的板书设计。

[①] 孙俊.基于思维导图的中学英语教学实践探索[J].中小学教学研究，2015（6）：6-7+14.

【典型案例3.7】[①]

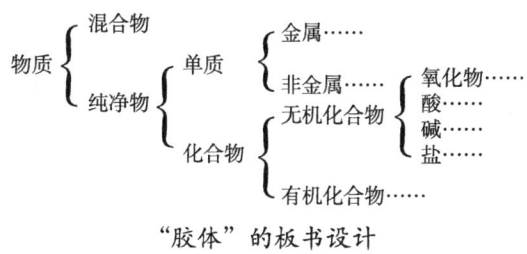

"胶体"的板书设计

课堂板书是教师对教材深入分析后的归纳与提炼，是为了达成教学目标的设想与体现，是以学生为主体，帮助其理解概念、掌握规律、把握方法、培养理性思维的重要手段。既符合学生认知规律又具备特色的板书精品，就如同是一种视觉享受，不仅能引起学生的关注促进其记忆，而且有助于学生有效摄取课堂的精华，轻松撷取知识的核心。在上述的教学片段中，教师是从有关物质的树状分类图来开始本节课的。采用这种形式，既是对上一节课物质的分类知识的进一步延续，同时又开启了本次课的学习。

我们再来看高中生物"种群数量的变化"教学中的板书设计。随着生物课程学习的不断深入，人们逐渐认识到，生物学经常会涉及一些复杂的生命现象，这就需要通过构建模型去揭示生命现象的本质与生命活动的内在规律。高中生物教科书中将模型分为物理模型、数学模型和概念模型。[②]而所谓构建模型，就是指通过分析，舍去原型的一些次要细节、非本质联系，以简化甚至理想化的形式去再现原型的各种复杂结构、功能和联系，从而更好地解决问题。生物学模型的建立有助于学生形成对重要生物学概念和过程的清晰理解，而借助于模型便可以抛开庞杂的生物学事实，建立起类似于数学中"定理"一般的规则描述。一旦掌握了这样的"定理"似的规则，学生就有了解决问题的理论基础，在遇到具体情境时便能将模型类比迁移到新情境中，再参考具体的设定就自然能通过逻辑来解决问题。因此，从这一层意义上说，生物学教育的目的并不是让学生记住多少生物学事实，而是要让学生通过模型的建构过程（过程方法维度）掌握建构模型的能力，并利用建构的模型（知识结果维度）去分析推理和解决问题。也正是对于过程和结果的共同关注，在"种群数量的变化"教学过程中逐渐形成了如下的板书设计。

---

① 该教学片段选自江敏老师执教的"胶体"。
② 赵占良. 人教版高中生物课标教材中的科学方法体系[J]. 中学生物教学. 2007(3): 4-8.

【典型案例 3.8】[①]

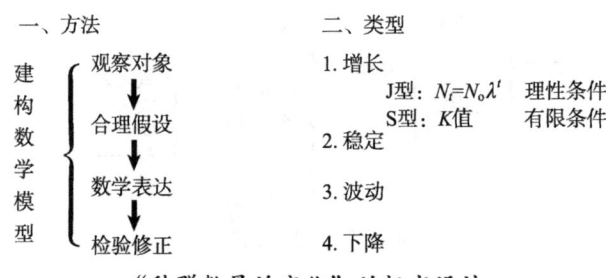

"种群数量的变化"的板书设计

在教学过程中,教师所呈现的板书不仅仅是本节课的教学骨架、核心内容,更是一个教学过程、思维过程的流动展示。从上图的板书可以看出,本节课的主要内容是两种种群数量模型的建构。

建构种群数量增长的数学模型是本节课的重难点之一。板书的第一部分是建构数学模型的方法,乔老师并没有直接告诉学生建构数学模型的一般步骤,而是在细菌种群增长的实例中引导学生来总结构建数学模型的一般方法。在这个过程中,学生基于实际的分析得出结论,是他们思考的成果,可以让学生加深对建构数学模型方法的理解,领悟所作的假设是对问题的一种或数种解释,基于其认识与经验的不同对问题会形成不同的认识与猜想,最终建立的数学模型也会有所不同。板书是让学生体会科学探究的一般过程:提出问题、猜想与假设、实验验证、获得证据得出结论、质疑和修正。

板书的第二部分是种群数量增长的两种曲线:"J"型曲线与"S"型曲线。首先通过分析细菌种群增长得到"J"型增长曲线,教学片段中的实验一进一步证明建构的"J"是正确的;再在教学片段中将"J"型曲线和高斯得到的曲线进行对比,进而由实验二分析得出"S"型增长曲线。在"J"型曲线建构过程中,通过实践操作进行数学模型建构,学生在其中分析问题,探究数学规律解决实际问题并建构相应数学模型,体验到了由具体到抽象的思维转化过程。在"S"型曲线建构过程中,学生需要批判性地看待实验结果,理性地分析产生不一致现象的原因,使学生的思维得到发展。

利用模型来描述生物学规则,让学生从庞杂的生物学知识中找到可以用来分析解决问题的"生物学逻辑",对学生了解生命运行的规则非常有效。但是,教师要强调模型成立的条件,只有这样才能够让学生客观、准确、理性地形成对生物学概念的认识。在教学过程中,教师要注意引导学生强化对于重要模型的理解。只有真正掌握了这些标准模型,学生才有能力在遇到新情境时进行理性的分析与推理。而要做到这一点,通过黑板板书记录和描述建构种群数量增长的数学模型的思维过程及研究结果,无疑有着提醒和示范作用,并让学生体会到过程与结果的联系。

---

① 该教学片段选自乔文军老师执教的"种群数量的变化"。

课堂教学的板书表达包括板书、板演和板画,是对教学内容的加工和提炼,是教师教学素养的综合体现,是学生学习的必要途径。教学的板书表达艺术是教师普遍使用的,通过形符表达和传递教学信息并诉诸学生视觉的重要教学手段和表现形式,是教师教学的又一基本功和必要素养,是教学内容的钥匙、眼睛、导游图,是教学内容和教师素养的镜子。因此,一个对课堂教学艺术有所追求的教师应该对各种板书的方式及其性能有比较全面和深刻的认识,并在教学实践中或借鉴他人,或积累经验,或细心研习,掌握板书的原则与策略,有效地弥补语言和非语言表达的不足,并促进学生学习和发展。

在北京昌平举行的第一届全国物理名师大赛上,安徽省马鞍山第二中学沈秋发老师(现为马鞍山第二中学特级教师)为高一年级学生教授了人教版高中物理选修3-2的"互感和自感",下面是根据教学视频对"引入课题后开始新课教学"部分所做的笔录。

【典型案例3.9】[①]

师:……由此可见,当回路中的电流因为某种原因发生变化的时候,将在回路中产生电磁感应现象,这种电磁感应现象产生的原因是流经回路自身的电流变化所致,所以,又叫自感现象。这就是我们这节课所要讨论的问题。(板书如图1所示)

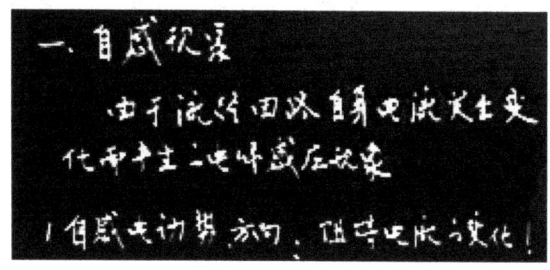

图1

在这种电磁感应现象中产生的电动势,我们叫自感电动势。

下面我们就来进一步研究这个问题。

单匝回路自感电动势不太明显,如果把多匝回路叠合在一起,自感现象就会被加强和放大,比如线圈,让它通以电流,看看它将作出怎样的反应。(板画如图2的左图,线圈,电流方向及增大)比如流过它的电流增大时,我们来判断一下,这个时候电流在线圈中产生的磁场方向,朝左还是朝右?

---

① 该教学片段选自沈秋发老师执教的"互感和自感"。

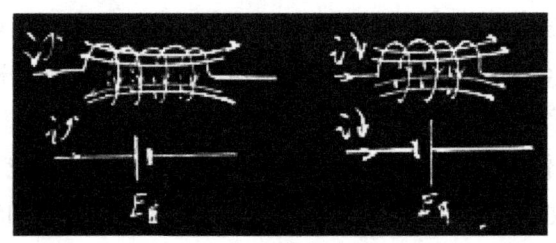

图 2

生：右。

师：朝右，很好！（板画如图 2 的左图，电流的磁场方向）那么这个磁场是增强的还是减弱的呢？

生：增强。

师：增强。那产生磁场增强，磁通量增大；磁通量增大，线圈就要产生……

生：感应电流。

师：感应电流的磁场方向朝什么方向？

生：向左。

师：感应电流磁场方向和原来磁场方向相反。（板画如图 2 的左图，感应电流的磁场方向）感应电流磁场方向向左，那么感应电流方向呢？和原来电流方向怎样？

生：相反。

师：那感应电动势呢？和原电流方向怎么样？

生：相反。

师：和原电流方向相反。好的，我可以这样去示意它。（板画如图 2 的左图，感应电动势的方向）电流是增加的，那么这个电动势我们叫做自感电动势，方向呢？迎着电流，对它的增加起着什么作用？

生：阻碍。

师：阻碍。好！再看，（板画如图 2 的右图，线圈电流减小，电流方向，电流的磁场方向）还是这个线圈，当流过它的电流，减小的时候，电流方向还是这方向，那么，这个电流产生的磁场……应该是怎么样的？

生：减小。

师：减小，磁通量减小，感应电流的磁场呢？

生：向右。

师：向右。（板画如图 2 的右图，感应电流的磁场方向）那么感应电流的方向和原电流的方向……

生：相同。

师：相同。感应电动势方向呢？和原电流方向怎么样？

生：相同。

师：相同。那么，我们把它表示出来，(板画如图2的右图，感应电动势的方向)就是这个样子。当电流减小的时候，感应电动势的方向呢……和电流同方向。好！请同学们再考虑一下，当流过线圈中电流发生变化时，回路中激发出感应电动势，这个感应电动势，它的方向特点是什么？

生：阻碍电流变化。

师：和电流相反吗？

生：不一定。

师：相同？

生：不一定。

师：怎么说更好些？感应电动势的方向，自感电动势的方向对电流的变化怎么样？

生：阻碍。

师：阻碍。所以我们得到这么一个结论，自感电动势总是阻碍电流的变化。你增加往这儿，你减小同方向。(在此过程中，教师用彩色粉笔，表明和补充感应电流磁场方向等)那这个判断对不对呢？我们将要作进一步的论述。刚才的过程呢，我们可以演示一下。自感电动势总是阻碍着电流的变化，对吗？……

教学板书虽然是教师普遍使用的一种传统的教学手段和表现形式，即使在现在充分利用多媒体教学的时代，其作用仍然不可忽视。人类接受知识主要是靠视觉和听觉，就其比例来说，视觉占83%，听觉占11%。在记忆方面，只听不看的，三天后留下的印象是15%；边听边看的，三天后留下的印象是75%。教学板书是教师对教学内容的加工和提炼，是学习教学内容的钥匙、导图、镜子或眼睛，是学生有效学习的必要途径。那么，教师在教学设计时如何设计板书？在教学实施时怎样把握时机并合理操作才能发挥出板书的积极作用？下面我们先来赏析，在上述片段中沈老师所体现出来的板书艺术。

从形式来看，沈老师既有板书又有板画，用逻辑要点的方式板书呈现了这节课的重点内容，用画图示意的方式呈现了这节课的关键内容。从时机来看，板书是用四个时间点来完成的，第一次是先写后讲，引出课题，随即先讲后写，总结什么是自感现象和自感电动势；第二次是先讲后写，总结自感电动势的作用；第三次是先写后讲，用问号引出具体实验；第四次是先讲后写，在推理和实验有机结合的基础上改问号为感叹号，总结肯定了感应电动势的作用。板画是边讲、边互动、边画的方式完成的，左、右图大约分别用四个和三个时间点完成，直观、简洁、有效地启发、引导、示范、反馈和控制了学生的形象逻辑思维的发展。

其实，无论是板书形式的采用，还是板书时间点的拿捏，都要在教学设计时进行精心设计和充分预设。一般来讲，板书由主板书和副板书两部分组成，主板书有关键词语式、逻辑要点式、结构造型式和表图示意式；副板书有主导式、主体式和合作式。由于有了多媒体技术，主板书倾向于关键词语式、结构造型式和画图示意式；副板书则倾向于主体式——让同学上黑板板演。至于教学板书时间点的拿捏，预设时要充分考虑板书的教学功用并与教学组织和资源优化整合起来。学生需要写的时候，先讲后写起总结作用，先写后讲起引导作用，边讲边写起控制作用。

课堂教学是教师的教和学生的学相互作用的结果，教学的最基本目标就是要促进学生对知识的理解。学生分析问题、解决问题都是在理解的前提下进行的，课堂教学的核心问题在于学生的理解，促进学生对知识的理解应该作为教师开展教学活动的根本目标。运用思维导图设计教学板书进行理解力的培养有其自身的优势，它可以帮助学生建构知识网络，实现知识的理解与内化。

三、依托实验教学的课堂表达

在课堂展示的诸多手段及途径中，除了教师的教学语言与板书设计之外，如何结合学科特色开展教学也是一个值得思考的问题。例如，在物理、化学、生物等学科教学中，如何借助实验演示及实验创新设计开展教学，值得我们专门进行研究。在传统的实验课教学中，教师多倾向于把实验原理和实验方案直接告诉学生，学生照着实验指导进行实验（验证性），而对为何如此制定实验方案很少有自己的思考。随着新课标的实施，越来越多的中学教师开始改变这种教科书式的实验教学模式，将实验方案的设计过程呈现到课堂中。下面是特级教师周久璘就"测定电池电动势和内阻实验方案的设计与选择"的教学片段。

【典型案例 3.10】[①]

（1）实验方案的设计。

提供实验器材：电流表、电压表、滑动变阻器、电阻箱、开关、导线等。

实验方案要求：能够测量多组数据，测量电池电动势和内阻。

学生活动一：同桌两位学生组成学习小组，合作进行实验方案的设计；要求学生设计尽可能多的实验方案，教师在巡视时可以对学生进行适当的点拨或帮助；由学生汇报实验方案。

学生方案 A：利用滑动变阻器，一只电压表和一只电流表，如图 1 所示。

学生方案 B：利用电阻箱和一只电压表，如图 2 所示。

学生方案 C：利用电阻箱和一只电流表，如图 3 所示。

---

① 该教学片段选自周久璘老师执教的"测定电池电动势和内阻实验方案的设计与选择"。参见杨震云主编. 与名师同行——南京市物理特级教师访谈录[M]. 南京：江苏凤凰科学技术出版社，2016：45.

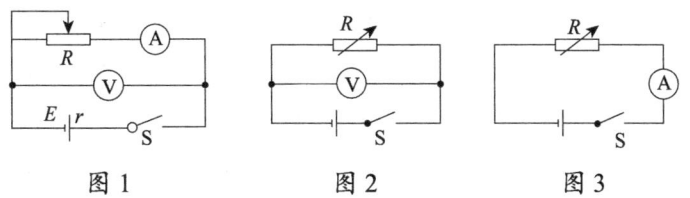

图1　　　　　图2　　　　　图3

（2）实验方案的选择。

教师提问：上述三种实验方案，是否都能够达到实验目的？为什么？

学生回答：三种方案，都可以测量两组及以上数据，运用闭合电路欧姆定律列式联立，都可以求出电池的电动势和内电阻的值。

教师追问：测量出的实验数据需要处理才可以求出待测物理量，哪一种处理实验数据的方法最优？为什么？

学生回答：图像法处理数据的方法最优，因为相对其他处理数据的方法，其实验结果的误差最小。

教师归纳（针对学生的回答）：我们特别青睐图像法，是因为这种处理数据的方法，有对若干数据求平均值的效果，所以可以有效地减小实验的偶然误差，提高测量的精度。

教师提示：对于图1，我们可以画出 U-I 图像；对于图2，我们可以画出 U-R 图像；对于图3，我们可以画出 I-R 图像。请你画出这三个图像。

学生活动二：请三位学生到黑板上画出上述三个图像，如图4、5、6。

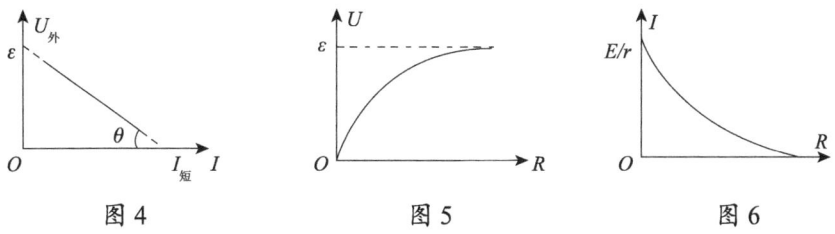

图4　　　　　图5　　　　　图6

教师提问：观察三个方案所对应的图像，如果用图像法处理实验数据，你会做出什么样的选择？

教师归纳（针对学生的回答）：图像给了我们明确的信息——选择方案1。方案2、3均不适合于利用图像进行实验数据的分析及实验结论的得出。

教师说明：在处理实验数据时，总体讲图像法较优，但图像的类型不同，处理数据的效果会大相径庭，譬如说非线性图线的图像，对于发现实验规律、得出准确结论和求相关物理量都没有优势可言，甚至不能完全达成实验目标。我们最欢迎这样的图像——线性图线的图像，因为线性图线的图像可以真正做到一目了然，容易发现实验规律，求得相关物理量（从斜率、截距求，或运用内插、外推等方法求）。

"实验：测定电池的电动势和内阻"是人教版高中物理选修 3-1"恒定电流"中的部分内容，这是一个重要的电学实验。在实验教学中，教师是直接"抛"给学生统一化的实验方案，或是像教材中提供多种实验方案供学生选用，还是给学生提供一个实验器材的大的"市场"（如上述教学片段），让学生可以针对实验目的独立思考或与组员交流讨论，多元化地选取不同的实验器材，设计出不同的实验方案，体现了教师的不同教学价值取向。教师要求学生设计尽可能多的实验方案，将实验方案的设计转变为探究性的问题教学，这样的教学设计给学生提供了思维发散和创造的空间。

另外，本实验运用了利用图像处理实验数据的方法，这在高中物理实验课教学中并非第一次。学生在人教版高中物理必修 1 中的三个实验章节"用打点计时器测速度""探究小车速度随时间变化的规律""探究加速度与力、质量的关系"中已有学习，且在第三个实验"探究加速度与力、质量的关系"中"探究加速度与质量的关系"的学习过程中已经对非线性图线的图像难以检查两个物理量之间的关系，应利用技巧将其转化为线性图线再进行研究有了一定的认识。本实验中再次涉及，教师通过恰当的引导、巧妙的设问、充分的研讨、及时的点拨和归纳，帮助学生根据已有知识和实验经验找出最佳方案。

将实验方案的设计和对比交给学生自己探索，学生以学习小组合作探究的形式展开讨论，充分表达自己观点，教师通过问题引领的方式进行指导，在这样的教学氛围中，学生思维的发散性、创造性、深刻性都得到了很好的培养和发展。

随着社会的不断发展，计算机、传感器等新技术给实验教学提供了更多的可能性。近年来，许多学校都引进了 DIS 实验系统，使得将传统实验手段和现代化实验手段进行对比与结合的实验探究课堂逐渐多了起来。下面我们来看传统实验教学以及借助于 DIS 实验系统定量研究"探究加速度与力、质量的关系"的教学片段。

【典型案例 3.11】[①]

［演示实验一］在实验室条件下，用传统实验装置进行研究。

实验装置介绍，演示实验操作，实验过程介绍（略）。

实验任务：测量加速度 a 和外力 F。

师：我们学过加速度 a 的测量方法有哪些？

（学生回答先进行讨论）

生：用打点计时器打纸带，然后对纸带进行处理。

师：实验中我们可以用悬挂物的重力表示实验小车所受到的拉力吗？需要怎样的实验条件？

师生：一是需要平衡实验小车受到的摩擦力；二是悬挂物的质量远小于实验小车的

---

① 该教学片段选自陈连余老师执教的"探究加速度与力、质量的关系"。

总质量。

教师提问：在取得加速度 a 与外力 F 的几组数据后，你能得出它们之间的定量关系吗？通过什么样的手段能够直观地观察？

［演示实验二］DIS 系统支持下的实验探究及数据采集（借助于课前准备）。

实验装置介绍，实验过程介绍，具体操作过程（略）。

此后进行两套实验装置的对比。

"实验：探究加速度与力、质量的关系"是人教版高中物理必修 1"牛顿运动定律"的内容，教材中提供了两种传统实验方案供学生学习参考。中学很多物理实验过程瞬间发生、稍纵即逝，学生对实验现象很难进行细致而全面的观察，而且传统实验仪器数据记录方式采用人工读数并记录，速度慢，误差大。在课堂教学中，由于实验时间有限，实验的有效数据有限，很多时候甚至会忽略重要的物理变化过程，从而导致演示实验流于表面。针对上述困难，教学片段中教师除了进行传统的实验探究外，还在课堂教学中引入了现代化实验手段——DIS 实验系统。DIS 实验系统采用实时记录数据的方式，且根据需要数据记录频率可以从 1~1 000 Hz，这显然是人力所不能及的。与传统实验相比，DIS 演示实验有很多优势：第一，DIS 演示实验在传统测量工具的基础上引入了传感测量技术，测量精度更高、更准确，并且实现了数据实时测量，实时记录；第二，DIS 演示实验利用计算机记录并处理实验数据，处理速度快，准确性高，节省了课堂教学大量的数据记录和处理时间，拓展了物理教学的时空；第三，DIS 演示实验采用多媒体进行实验过程和结果的展示，实验的可视性、真实性更高。可见，DIS 演示实验不是简单地将多媒体与传统演示实验拼凑，而是信息技术与物理实验的完美整合。

除了引入现代化实验手段，演示实验二中教师对两种实验手段进行了对比，在不经意中拓宽了学生的视野，现代化实验研究手段的"方便"和"精确"在学生心目中留下了深刻的印象。由此看来，教师结合教材内容设计对比实验，可以获得更有说服力的实验效果，将物理实验有效带入数字化时代，也能让中学生体会到现代科技的力量。新的测量工具与数据采集处理方式，推动了物理演示实验的创新，优秀的 DIS 演示实验层出不穷，物理演示实验迎来一次巨大的变革。与上述教学片段类似的案例已有很多，例如，在自感对电路的影响教学中，传统的实验是用两个小灯泡作对比，而用电流传感器和 DIS 系统后就可直接将有自感线圈电流的图像在计算机屏幕上显示出来，一目了然。

对于物理、化学、生物等学科教学，实验无论怎么强调都不能说过分。但是，实验教学又不仅仅是动手操作的问题，它还涉及要动脑思考的问题，也就是要关注学生的理性思维能力，培养学生的证据意识、论证能力、逻辑思考和观点表达。

实验教学可以培养学生的动手能力、科技创新能力以及探究科学知识的方法技巧。但在教学过程中，有的实验按照教材的设计方案进行，往往会增加工作量，或者是得不到满意的效果，或者是有一定的危险性。因此，为了改进实践教学的课堂展示效果，教师有必要在实验改进上深入思考，并在课堂教学行动中付诸实践。

在教学实践中，依托实验教学的课堂展示并非局限于物理、化学等实验学科，对于数学学科，我们也可以通过做数学实验的方式促进学生的理解。立体几何是高中数学课程的重要组成部分，对于发展学生空间思维和想象能力具有重要的作用，某些数学定理（公理、命题、公式）的证明就可以借助于数学实验来完成。下面我们来看有关"三垂线定理"的教学片段。

【典型案例3.12】[①]

师：今天我们共同来研究三垂线定理。（板书标题"三垂线定理"）

师：现在我们共同来做一个实验，将三角板一条直角边放在黑板内（或桌面内），另一条直角边与黑板内（或桌面内）垂直，将一直尺放在黑板内（或桌面内），过三角板一顶点（C点）且与在黑板内（或桌面内）的直角边垂直（即$BC \perp a$）（详见图）。请观察：直尺a与三角板的斜边AC所成的角是多少度？

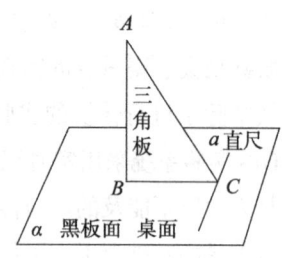

（教师边演示边说明，学生边动手边思考。在学生做实验时，教师将示意图画在黑板上。学生以桌面为平面按教师的要求做实验。这时全班的气氛都活跃起来，同学之间可以相互讨论研究，教师在教室巡视。两分钟后，多数学生的答案是45°，少数同学的答案是90°。此时学生之间出现了争论，教师在巡视过程中发现少数答案是90°的学生是直接通过三角板测量出来的）

师：现在要求每一位同学都用45°的三角板直接度量直尺与三角板的斜边所成的角，看其到底是45°，还是90°？

生：（通过度量一致得出结论）直尺与三角板的斜边所成的角是90°，即$AC \perp a$。

师：（指着黑板上的图形叙述）如果我们把AB、AC、BC、a都看作直线，黑板面（桌面）看作为平面α，把以上的实验抽象为命题，请大家用数学符号在笔记本上写出命题的已知和结论。

师：（教师巡视后在黑板上写出）若$AB \perp \alpha$于B，射影$BC \perp a$，$a \subset \alpha$，则斜线$AC \perp a$。

（教师之后让学生把自己书写的结果与黑板上书写的结果进行一个比较对照）

师：如果将直线a在平面（桌面）内平行移动到任何位置，这种垂直关系是否还存在？如果存在请证明。

生：以上垂直关系依然存在，是因为直线a垂直于直线AB与BC，所以直线a垂直于平面ABC，因此$a \perp AC$。

---

① 该教学片段选自马贻忠老师执教的"三垂线定理"。

师：这位同学说得很好，请大家用数学符号和箭头形式在笔记本上写出证明过程。（教师巡视后在黑板上写出标准答案，如下：

$$\left.\begin{array}{r}\left.\begin{array}{r}a \subset \alpha \\ AB \perp \alpha\end{array}\right\} \Rightarrow AB \perp a \\ BC \perp a\end{array}\right\} \Rightarrow \left.\begin{array}{r}a \perp 平面ABC \\ AC \subset 平面ABC\end{array}\right\} \Rightarrow a \perp AC)$$

师：以上命题已经证明是正确的，应成为一个定理，这个定理叫三垂线定理。

在上述教学中，马老师采用了启发式教学的方式。如果一开始就由教师直接讲授定理的内容，就很难形成启发式的态势，所以马老师采用操作实验并由学生自己来发现命题，从而形成了一个有利于启发思维的课堂情境。在高中数学教材中，数学定理都是用抽象的数学语言和数学符号来描述的，但在进行数学定理教学时，应设计适当的问题情境，促进学生对数学定理意义的理解，使学生了解定理的由来，定理的条件和结论，定理的作用等。马老师给同学们设计的这个动手操作实验，向大家展示了三垂线定理形成的实际背景。在这一实验过程中，学生会深化对数学定理内涵的理解，明确数学定理的条件及结论。

教材中有关数学定理、命题的证明，往往是发现者证明思路的逻辑整理和简化，大部分以综合法的方式书写表达出来，如果教师也按照教材的方式直接灌输给学生，那么学生不但在理解上有困难，也失去了一次主动探索和发现的机会。对于三垂线定理的证明来说，其本身并不复杂，没有必要花太多时间来论证，所以马老师采用了从直接到抽象的过程，先让学生直观感知，在直线的平行移动中，使学生注意到变化中保持不变的关系。在这个过程中教师带领学生分析证明思路，将思维的探索过程展示在学生面前，然后学生在教师的启发诱导下掌握了证明的关键，从而使命题得以证明。通过让学生自己动手在笔记本上把定理的文字表述转化为符号表述，进一步明确定理的证明方法，发展了学生的符号意识，增强了学生的数学表达能力。

四、借助媒体技术的课堂表达

随着社会信息化，特别是多媒体技术的发展，各行各业似乎更倾向于通过人机交互的信息交流方式，享受文字、图片、声音、动画所提供的多维感官刺激。我们不可否认多媒体确实给教学带来了新的革命，但是，我们也不能因为多媒体而忽视课堂教学中的人的因素、与文字的交流互动。下面我们来看"亲近诗歌"教学中媒体的使用。

【典型案例3.13】[①]

师：这堂课我的主要任务就是带领同学们去亲近诗歌，去感受诗歌，去喜欢诗歌，尤其是要感受诗歌的真、诗歌的善、诗歌的美。课前，我布置了一个难度较大的练习，让大家画一幅画，用画的形式回答一个问题：诗是什么？我收上来一看，画得五彩纷呈。我挑了一些同学的作品制成胶片。现在大家来看一看他们对诗歌真、善、美的理解。

（投影第一张胶片：五线谱）

师：这是钱××同学的作品。钱××，你来说说看，诗是什么？

生：我认为诗是美妙的音乐。

师：音乐是很美妙的。还记不记得课前我们欣赏了哪几首曲子？

生：《蓝色多瑙河》《春江花月夜》。

（投影：灯塔）

师：我们再来看焦××画的。焦××，你认为诗歌是什么？

生：我认为诗是昏黄夜色中的导航灯。

师：导航灯能穿透迷雾。

（投影：呈利剑状的"诗"）

师：再来看看姚××同学的。姚××，请你解说一下。

生：我认为诗是一把无形的剑。

师：你能举个例子吗？

生：比如杜甫的《石壕吏》。

师：那么，这把利剑指向谁呢？

生：指向封建统治者。

师：很好，请坐。

…………

（投影：满天繁星）

师：这是最后一张，谁来描述一下？

生：我认为诗是天上的繁星。

师：很灿烂。

师：从以上图片可以看出，大家对诗歌的真、善、美理解得不错。但我有一个疑问，既然大家对诗歌的真、善、美有这样大的把握，为什么不喜欢读诗？

在教学实践中，最常用的多媒体莫过于幻灯片，它的交互性与多样性给课堂教学注入了活力。"五线谱""灯塔""利剑""繁星"，都是学生对于诗歌的主观感受，让学生将这种抽象的主观

---

① 该教学片段选自袁卫星老师执教的"亲近诗歌"。

感受画出来,再制成胶片,最后在幻灯片上进行投影,是一种将抽象化为具体、将内隐化为外显的过程。学生的绘画作品是媒体,制成的胶片是媒体,幻灯片也是媒体。利用丰富的媒体,让原本令学生感到枯燥的诗歌变得生动有趣,不仅是视觉上的刺激,更是智力上的挑战和想象力的运用。

当然,在课堂教学中,我们不能因专注于异彩纷呈的多媒体的运用而忽视教学中人的因素。学生与纸质文本的交流、学生与教师的交流恐怕很难被取代。下面我们来看《葡萄月令》中教学媒体的使用。

【典型案例3.14】①

(整节课只用了一张PPT来呈现文章作者汪曾祺的三句话。)

师:今天我带来一本书,汪曾祺先生的一本书,散本集《蒲桥集》。今天和靖江中学高二(3)班的同学们一起来学习选自这本书的代表作《葡萄月令》。

…………

师:初看起来文章似乎就是在讲种葡萄,再仔细一看,写的是作者种葡萄的辛劳,辛劳之后的喜悦和满足。(板书:喜悦,满足)再往后看,这篇文章讲了一个葡萄种植的经历,实际上反映的是汪先生1959年受"反右"政治运动的牵连,被打成"右派"下放到农村,于是他有了一段农村劳作的经历。多少年以后,回过头来,他写了这篇《葡萄月令》。

我们说政治上受到牵连、排斥,应该讲是他人生的坎坷和不幸,我们一般人写文章大概是牢骚满腹,可是我们看这篇文章里却一点牢骚也没有。一点没有!那么你们认为作者是怎么面对自己人生困境的?

生:我觉得作者抱着一种平和的心态,因为他觉得在劳动中可以创造美,他在劳动中也发现了美,作者即使被下放了,但是他还是对生活抱着一种享受的态度。

师:在劳动中发现美、创造美。其实劳动还有一个非常重要的作用,医治自己心灵的创伤,它是一味解药。作者通过对自然的审美,最后自己从人生的困苦中解脱出来,所以他满心喜悦地看着像孩子一样的他的葡萄。这篇文章写出了他生活的经历。

师:其实,说穿了,作者是一种乐观的、豁达的心态。(板书:乐观,豁达)作者用这样一种从传统里汲取出来的豁达、乐观、知足的心态面对人生的苦难和人生的坎坷。

师:很多同学课前都提到,这篇文章到底写什么?其实,大家问的是这篇文章到底有什么深意?乍一看他写的是一个田园诗,田园牧歌,仔细一看是写劳动的快乐,劳动的满足、幸福,再仔细一看,联系作者当时一个时代的经历,可以看出来,是什么?是一种品格,是一种胸襟。到此,我们就由这篇文章读出了这个"人",又由这个"人"读

---

① 该教学片段选自曹勇军老师执教的"葡萄月令"。

出了文章里表现出来的作者品格。（板书：由文及人，由人及品）

师：回过头来看，我们可以读懂这一类文章。课后，我给大家介绍汪曾祺的另外一篇散文《果园杂记》，大家可以用今天老师介绍的这个办法"由文及人，由人及品"，读一下此文。推荐大家读的一个片段叫"涂白"，看看用老师的这个办法能不能读好。

上面教学片段摘录的主要是教师陈述和讲解的部分。我们常常在倡导学生主体性的同时贬抑教师在教学中的引导作用，其实，学生的主体性与教师的讲解并不矛盾。这种声情并茂、入情入理的口头语言讲解，将文章的写作背景、结构层次、表达意蕴概括出来，加之简洁明了的板书设计，将学生无法直接体验到的作者的写作情怀说得入木三分。这时，教师的语言就是媒体，板书也是媒体。另外，教师推荐的《蒲桥集》《果园杂记》，既是一种学习资源，也是一种学习媒体，承载了大量的信息。相较于便捷的高科技教学媒体，这类媒体对于高中生思维发展来说，更为深刻。因此，在教学媒体的使用过程中，教师要兼顾媒体的多样性和实用性，选择与教学内容、学生学情相匹配的媒体。科学有效地利用教学媒体，切不可因为媒体的参与而忽视人在学习中的主导性作用。

媒体不仅是指信息的物理载体（比如书本、光盘），也包括信息的表现形式（比如文字、声音、图像、动画等）。在借助媒体技术进行课堂展示的教学过程中，选择思维导图这一思维可视化的技术来组织和表征信息有着特别重要的意义。思维导图是"一种非常有用的图形技术，是打开大脑潜力的万能钥匙"[①]。作为人类思维的自然功能，思维导图是放射性思维的表达方式，本质上是人的思维的可视化，有助于改善人的行为表现。我们都知道，记忆是最基本、最重要的学习方法，特别是对于陈述性知识的学习，记忆更是发挥着重要的作用。但是，现在大多数学生对于知识的记忆是死记硬背式的，只是对知识的机械重复，学生处于一种"浅思考"甚至"不思考"的状态，如此，学生的思维能力是得不到发展的。运用思维导图将一些简单的文字、图形和线条等一些比较复杂或者不易表达清楚的知识串联起来，给学生呈现出更加直观形象的结构，使学生对于杂乱的知识有个系统的认识，从而有助于提升学生的学习质量。下面，我们来看一位地理教师借助于媒体技术并利用思维导图工具开展教学的片段，其中不仅有来自于教师的课前设计，也有来自于学生在课堂中的现场生成。

【**典型案例3.15**】[②]

师：大家看幻灯片，这是一幅老师做的思维导图，是一幅"碳循环"的示意图（如图所示）。

---

① ［英］托尼·巴赞.思维导图[M].李斯，译.北京：作家出版社，1999：56.
② 该教学片段选自朱雪梅老师执教的"地理思维建模"。

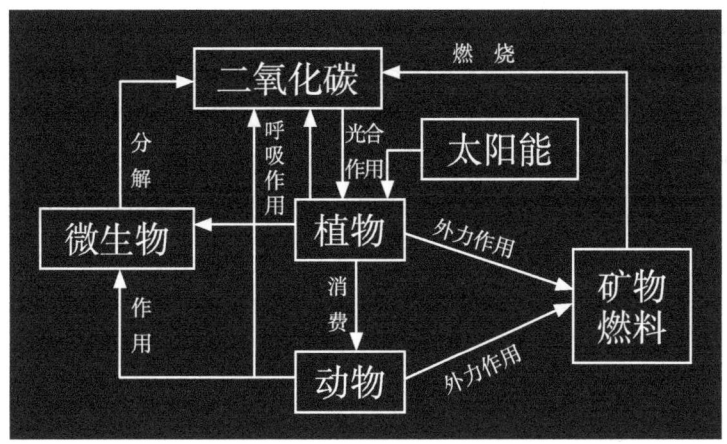

我们可以用思维导图的方式来简单地表达一部分知识体系或内容的核心结构。下面老师有一个问题,请同学们在本册的教材中任意选择你们最感兴趣的内容,与同桌合作设计一幅建构地理知识系统的思维导图,并画在学案上。

(幻灯片上呈现设计活动的程序,具体分为五步骤)

师:各位同学按照步骤,尝试做一幅思维导图。

(教师巡视,给予学生一定指导)

师:我们拿这位同学的设计展示给大家看一下。请你给大家解释一下这幅图。

(教师把学生的设计图通过投影仪进行投影展示)

生1:我画的这幅图是关于地球的岩石循环。岩浆通过上升冷凝变成岩浆岩,岩浆岩通过海浪作用变成沉积岩,沉积岩与岩浆岩通过变质作用会形成变质岩,变质岩通过外力作用又可以变成沉积岩,也可以通过岩熔再生变成岩浆岩。

师:这幅图大家非常熟悉,这位同学讲得非常好,但是大家有没有发现一个小错误?

生2:不只是能够通过海浪作用变成沉积岩,还有风化、侵蚀等,可以统称为外力作用。

师:这位同学补充得非常好。其实在我们的学习过程中,对于思维导图并不陌生,只是我们可能不太了解。我希望大家能够学会使用思维导图来表示自己的学习过程,以提高我们的学习效率。

在上述教学片段中,教师充分利用现代化的多媒体设备,通过投影方式将学生的思维导图加以集中展现,培养了学生对于知识的深刻理解能力和知识结构化表达能力,也让教师充分了解学生的思维过程。当学生设计的思维导图中出现差错时,教师请其他学生进行查错与纠错,这培养了学生的质疑精神与批判性思维。

面对新的信息技术教学环境,有老师提出将平板电脑运用到课堂教学实践中来,并成为借助于媒体技术进行课堂展示与师生互动的新的方式和途径。教学时教师给每位学生配置一台平板电脑，教师与学生平板电脑处于同一个无线网络环境中。教师在教学之前先进行教学设计，将设计的问题通过"教师课堂教学平台"发送到学生的"学生版课堂学习系统的课堂学习平台"中去，然后借助于平板电脑开展教学活动。[1]平板电脑教学固然优点很多，但其中也暴露出不容忽视的问题，仍需要进一步的改善与实践。不过，平板电脑的教学形式应用确实给了我们一个很好的启示。

知识链接

表达（以及与此相应的"倾听"）是人类彼此交流的一种行为方式和人际能力。作为表达的下位概念，课堂表达（及与此相应的"课堂倾听"）则是发生于课堂之中师生之间相互交流的一种课堂行为方式和人际互动能力，既是对教师教学的一种基本要求和必备素养，也是促进学生发展的基本途径和目标期望。鉴于在实践中课堂表达具体方式的多样性以及复杂性，进一步明确课堂表达的教学价值、有效途径及其需要注意的问题尤为必要。

（一）课堂表达的教学价值

课堂表达是有效沟通教学目标的需要，是科学传递教学信息的需要，也是师生之间情感交流的需要。对于教师而言，课堂表达是教师必备的一项教学基本功；而从学生发展的视角看，课堂表达是培养学生终身受用的表达能力的重要途径。

以下，我们仅就教师教学语言的课堂表达的重要性作些阐释。

语言表达能力越来越受到人们的重视。无论是在升学面试、求职面试还是各种竞争中，那些语言表达能力强的人，往往会给人留下更深的印象。马云今天的成就不能完全归功于他的口才，可是他的成功一定与他出色的口才有关。在教学实践中，基于语言的课堂表达（讲授法教学）能力也特别重要。我们知道，讲授法教学在今天的学校中依然占有特别重要的地位，优秀教师也大都具有良好的语言表达能力，这些并不是某个人、某些人的意愿或偏好，而是社会和教育进程的历史选择。[2]讲授法教学虽然存在对于教师的讲授水平有比较高的要求、对于学生的学习心向和学习动机有比较严格的要求等局限性，但是，将系统的科学知识不间断地一代代传递下去，讲授教学依然是高效率的教学形式和教学方法。我们对待讲授法的科学态度必须是认识它的合理性，承认它的合法性，坚持它在诸多教学方法中的主导地位，在这一前提下不断地在实践中探讨和提高它的科学文化水平，包括结合现代教育技术进一步去发展它。但是，就目前而言，如果只是满足于对它的简单批评甚至排斥，则可能动摇甚至取消讲授法的合理根据与合法地位，进而在某种程度上影响教育教学质量。更何况，基于语言的课堂表达始终伴随着基于板书设计、基于实验教学、基于媒体技术的课堂表达的始终。

---

[1] 徐锐.基于"平板电脑"技术的课堂教学管理——以"洛伦兹力"教学为例[J].物理教学，2013（4）：31-32.
[2] 丛立新.讲授法的合理与合法[J].教育研究，2008（7）：64-72.

（二）课堂表达的有效方式

基于教学语言的课堂表达。教学语言是教学时使用的语言，是教师完成教学任务的主要手段。其一，教学语言的课堂表达直接影响教学效果。在教学中，大部分信息都是通过教学语言传递的，教学语言的清晰度和严密度对教学效果影响较大，教师的讲解水平与学生的学习成绩成正相关。教学语言清晰度指的是语言表达清晰流畅的程度。其二，教学语言的课堂表达影响学生能力的发展。教学语言艺术水平的高低，不仅影响教学效果，而且影响学生的思维能力、语言能力和审美能力的发展。在教学过程中，学生通过教学语言，能探知教师的思维进程，学习思考问题的方法，体验到思维过程的快乐。例如，概括性语言影响学生的抽象思维，生动形象的语言影响学生的形象思维，而教师的语言机智会影响学生思维的敏捷性和灵活性。在课堂教学中，教学语言已经超出了原有的工具性范畴，具有一定的示范作用。它长期地、潜移默化地影响学生的语言能力和习惯。同时，教学语言艺术本身也会成为学生审美的对象，使学生从中获得审美感受，激发审美情趣，从而提高学生的审美能力。其三，教学语言的课堂表达促进教师自身思维品质的发展。语言信息是思维的原料，思维过程本身又是信息加工过程。语言信息越丰富，思维加工越有效。在教学中，教师对教学语言艺术的追求促使其不断增加自身信息的储备，自觉训练语言组织能力，增强思维的敏捷性和准确性。久而久之，在教师语言能力提高的同时，也促进了其思维品质的提高。

基于教学板书的课堂表达。形象、科学的板书，因其内容准确、形式直观，而直接诉诸学生视觉，丰富了学生的感知表象，有助于学生吸收和掌握知识信息。同时，板书不仅反映教材的准确、科学，而且渗透教师的思想、情感和审美情趣。板书内容的完善美、语言的精练美、构图的造型美、字体的俊秀美、色彩的和谐美，都是教师审美意识、审美情趣的表达，这样的板书不仅是科学的板书，也是艺术的板书，更是美的板书。

基于实验教学的课堂表达。实验是科学研究的基本方法，也是人们认识世界的基本方式。人们可以通过实验观察现象，抽象模型，建构概念，探究规律。对于有些教学内容，有时候千言万语说不清，但学生一看实验便能分明，说明了实验教学的课堂表达所具有的独特价值。总体上说，实验教学的课堂表达有助于：① 培养观察和记录能力，② 培养科学思维习惯，③ 训练操作能力，④ 训练解决问题能力，⑤ 满足实验考试要求，⑥ 帮助理解理论知识，⑦ 证实科学事实和科学理论，⑧ 发现科学事实和科学理论，⑨ 激发和保持学习科学的兴趣，⑩ 感受科学现象的真实性。此外，实验教学对学生创新能力的培养也具有重要作用。

基于媒体技术的课堂表达。伴随着互联网技术、通信技术、数字技术的不断发展，媒体技术迅速发展成为一个多样化、生动性、普遍性的教学载体。当今社会，媒体技术的课堂表达已经广泛渗透到日常教育教学实践中，它以文字、图像、材料、色彩、音效等多种表达形式传递其情境、主题和情感，在很大程度上刺激了学生的多种感官。技术的变革推动着教学表现形式和方式的革新，在课堂教学中引入和应用平板电脑工具，使得课堂表达形式变得更加灵活机动与丰富多样，同时也有助于提升学生的媒体技术表达能力。

(三) 课堂表达的注意事项

表达是观察、记忆、思维、创造和阅读的综合运用，是各种学习能力、智力的集中反映。良好的课堂表达艺术涉及课堂教学语言、教学板书设计、实验教学和媒体技术应用等多个方面，在应用中可以参考《教师教学技能》《教学设计》《实验教学研究》《现代教育技术》等相关研究成果，这里仅就教学语言的课堂表达实践提出一些需要注意的问题。

其一，课堂教学语言要力求准确严谨。教学语言的准确严谨是指正确地运用科学术语来表达事物的现象和本质，杜绝含糊不清的概念和模棱两可的表述。在教学过程中，教师必须做到准确地使用概念，科学地进行判断，严密地进行推理，用语准确，用词严谨。只有达到了这个要求，才能在学生头脑中建立起正确的概念、判断，才能引导学生分清是非、对错。教学语言的严谨还表现在"言之有序，条理清楚"上。在教学中，教师应该对讲授的内容作深入钻研和细致分析，弄清要讲的知识的来龙去脉，掌握其确切的含义和规律，精心组织语言解读教学内容，确定怎样开头，怎样过渡，怎样结尾。只有思路井然有序，讲解才会层次分明、条理清楚、前后连贯、推导有致、言之成理。

其二，课堂教学语言要力求简练明白。所谓简练，即语言简洁清楚，干净利落，恰到好处。简练干净的语言使人神清气爽，听得明白；冗长啰嗦的语言，让人抓不住要害，越听越糊涂。所谓明白，即语言通俗易懂，深入浅出，使学生明确地听懂教师所要表达的内容。教师所使用的教学语言如果晦涩难懂，词不达意，就会使学生听起来糊里糊涂，莫名其妙，必然减弱学生学习的积极性和最终效果。

其三，课堂教学语言要力求生动形象。生动形象的教学语言最能吸引学生的注意力，最能唤起学生的求知欲，它像欢快的山泉流进学生的心房，又像和煦的春风吹开他们的笑脸。为此，课堂语言应当讲出色彩，讲出感情，讲出意境来。在讲解过程中，教师应根据教材的不同内容，把深奥的原理形象化，把抽象的事物具体化，再现教材内容，使学生产生如见其人、如闻其声和如睹其物之感，让具体形象在脑中"活"起来。

其四，课堂教学语言要力求有节奏感。教学语言的节奏主要表现在快慢适宜、动静相生、抑扬顿挫、起伏有致。譬如什么地方用快速而又轻松的语调，什么地方要放慢语速，什么情况下需要停顿，都需要教师在课前仔细设计。讲课时过于慢条斯理，就会使学生注意力分散；讲课时过于密不透风，就会使学生精神疲劳。因此，课堂语言需要悉心斟酌，才能在授课时做到从容不迫。

其五，课堂教学语言要力求有幽默感。富有幽默感的教学语言，自然会使学生乐于听课。幽默的语言必须以丰厚的学识和机敏的应变能力为前提，更有赖于融融的爱心、博大的胸怀、乐观的情绪和爽朗的性格。

第四章　课堂提问的教学艺术

课堂提问是教学过程中不可或缺的环节，也是加强师生交流、发散学生思维、检验所学知识、提高教学质量的重要手段。课堂教学是否有效，与课堂提问能否调动学生的思维有很大关系。课堂提问对激发学生的学习兴趣以及学生与教师之间的沟通互动发挥着重要的作用。教师设计课堂提问时不仅要考虑教学目标与教学内容的要求，还要考虑学生已有的知识基础、年龄特征和思维特点。本章拟从激发兴趣、追求理解、促进应用、助益发展等四个方面，深入探究特级教师的课堂提问艺术。

一、激发兴趣的课堂提问

兴趣是人积极探究某种事物的认识倾向，是学生主动学习的前提。有了兴趣，才能使活动的完成具有强大的内驱力，使人在积极的心理状态下主动完成活动。因此，教师应充分发挥自身的指导作用，依据具体教学目标，创设适合探究的问题情境，抓住激发学生学习兴趣的时机进行提问，引导学生产生认知矛盾，使学生产生强烈的探究欲望，逐步完成教学目标。例如，在利用生活实物、材料激发学生的学习兴趣并进行提问开展"呼吸作用"教学时，可以将盐渍过的萝卜和新鲜的胡萝卜切成片，让学生观察胡萝卜中出现的孔洞。学生此前一般没见过胡萝卜的孔洞，当看见胡萝卜中出现一圈非常规整的菱形孔洞时，他们感到非常神奇，情绪马上兴奋起来，有的学生还认为是老师专门切出的图形，此时教师应及时提问：你们知道为什么会出现这些孔洞吗？学生经讨论得出是由于呼吸作用，那呼吸作用的过程究竟是怎样的呢？学生便带着浓厚的兴趣积极愉悦地投入到探究学习的活动中。

【典型案例 4.1】[①]

师：同学们注意过没有，凉拌黄瓜条、萝卜丝时加入盐，盘里的汤就会越来越多，而黄瓜条、萝卜丝也会逐渐变得软缩。把蔫了的蔬菜放在清水中浸泡一段时间，蔬菜的茎叶又会逐渐变得坚挺。这是为什么呢？

生：那是因为植物的细胞会失水和吸水的缘故。

师：那么细胞在什么情况下吸水，在什么情况下失水呢？

生：植物细胞在高浓度的溶液中会失去水分，而在低浓度的溶液中会吸收水分。

师：作出这种判断有什么依据？

生：植物体是由细胞构成的，黄瓜条与萝卜丝加盐后盘里水会增加，增加的水只能来自于植物细胞；而把蔫了的蔬菜放在清水中茎叶会变坚挺，肯定是植物细胞吸收水分的缘故。

生：我们做过"体验制备细胞膜的方法"实验。在那个实验中，将哺乳动物的红细胞置于蒸馏水中，结果红细胞因吸水而被胀破。我认为植物细胞应该与动物细胞具有相似的功能，也能吸收水分。

师：分析得非常好，但是我们的分析还只是一种推测。细胞是否真的能够吸水与失水，又在什么情况下吸水与失水，我们要通过实验来加以探究。

这是"探究植物细胞的失水和吸水"的一个教学片段，实验旨在通过对植物吸水和失水的探究，培养学生学会探究问题的一般方法和步骤。本节内容需要学生在微观水平上理解细胞失水、吸水的过程，理解细胞膜是选择透过性膜。内容本身比较抽象，难以理解，学生学习起来会有一定困难。但是，学生在初中做过或见过类似的实验：泡在盐水中的萝卜条会软缩，泡在清水中的萝卜条会更加硬挺。同时学生也有这样的生活经验：做菜时加一些盐，蔬菜中的水分会大量渗出；对农作物施肥过多会造成"烧苗"现象等。这些生活经验对学习本节内容都有帮助。而这里所参考的教学片段中，该教师就是合理利用了学生的这些生活经验，列举了几个学生生活中经常见到的现象，引发学生思考，很好地激发了学生探究的兴趣，然后及时抛出"为什么会出现这种现象"的问题。这个问题很有吸引力，问题一提出学生就投入到思考和讨论中，教师顺理成章地引出了本节课所要探究的主题。

该探究实验教学中教师并没有让学生直接进入主题，而是在所创设的情境下以及在教师的引导下先适时地提出问题。这些问题具备真实性、新颖性和可解决性的特点。问题的真实性体现在这些问题不是脱离学生实际的纯学术问题，而是与学生的生活密切相关的，是从学生日常生活中熟悉的现象入手提出的；问题的新颖性体现在学生要探究的知识结论尽管是人类已知的，但对学生来说是未知的新知识；问题的可解决性体现在这些问题尽管会有一定的难度，但

[①] 该教学片段选自林祖荣老师执教的"基于探究性学习的生物课堂教学"。

在教师的指导下通过学生相互合作是可以得到解决的。也正因如此，这些探究的问题能够引起学生的认知冲突，引发学习的强烈兴趣和学习愿望，形成学习的内在动机，引导对科学概念或原理的发现，同时也取得了很好的教学效果。

现代教学论指出，人的感知不是学习产生的根本原因，学习产生的根本原因是学习者所遭遇的或者在一定情境下自主产生的问题。没有问题也就难以诱发和激起人的求知欲，没有问题或者是感觉不到问题的存在，学生也就不会去深入思考，那么学习也就只能是表层和形式的。[①] 所以，在教学中激发学生学习兴趣，有效创设问题情境，以问题组织教学内容，运用问题设计策略培养学生发现问题、解决问题的能力，以有效的课堂提问激发学生的问题意识就显得十分重要。山东省特级教师钟红军老师在"北美大陆新体制"（高中历史必修Ⅰ教材岳麓版）的教学中，巧妙运用了学生当时关注的一个现实热点话题"美国大选"来创设情境进行课堂提问，激发了学生的学习兴趣，并由此导入新课教学。

【典型案例4.2】[②]

师：这一周，全世界的主流媒体都在轰炸式地报道着一件事情，这就是2004年美国大选。（同步投放2004年美国总统大选布什竞选连任成功的画面）本周三，随着布什成功连任，美国大选尘埃落定。不过，人们对美国政治的关注却不会就此停止。现在，就让我们先来看一看美国政治，请谈谈你对美国政治的初步印象。

生1：我感觉美国的两党政治民主色彩更浓一些，各政党都需要通过完善自己来赢得民心，这就在无形之中可以使国民取得更多的利益。

生2：我觉得美国的政治虽然有民主的一面，但却内外有别，标准不一样，对美国以外的国家，他们就常常采用强权和武力。

生3：我的感觉，美国的政治实际上是金钱政治，拿大选来说，就一直伴随着"烧钱"的过程。

师：作为资本主义世界的第一大强国，美国的政治体制是怎样形成的？它到底是一种虚伪的假象，还是民主的一种模式？或者像他们自己所标榜的那样，是所谓"世界民主自由最明亮的灯塔"呢？——这堂课，就让我们回到历史当中去寻找答案。

钟红军老师由学生颇感兴趣的现实热点入手创设了问题情境，并基于这一情境进行提问。"请谈谈你对美国政治的初步印象"，这是一个开放性的问题，教师提供了美国大选的相关材料，学生根据已学的知识，结合材料说出自己的观点。教师根据学生的回答提出后续问题，引导学生进行进一步的思考，并为学生对问题的思考提供方向，这就激发了学生的问题意识，进而非常巧妙、自

[①] 赵春龙.课堂教学理论与实践的研究[M].长沙：湖南大学出版社，2012：65.
[②] 该教学片段选自钟红军老师执教的"北美大陆新体制"。参见齐健.走进高中历史教学现场[M].北京：首都师范大学出版社，2008：68.

然地引入对"北美大陆新体制"形成历程的探究,激发了学生学习的主动性,调动了学生的思维。

除了导入部分里激发兴趣的课堂提问之外,在新课教学部分激发学生学习兴趣的课堂提问也很重要。湖北省中学历史特级教师鄢洪林在"第二次工业革命"新课教授的过程中,运用模拟情境的方式激发学生学习兴趣进行课堂提问就是一例。

【典型案例4.3】[①]

教师:模拟招标会,假如2004年第二次工业革命成果博览会在湖北武汉举行,湖北省人民政府举行博览会展馆承建招标会,你如果作为竞标商,请回答下列问题:

(1)请你为博览会确立一个主题并说明你的设计理念。

(2)你认为展馆设立几个展区最为合适?(10个以内)

(3)请你说明设立展区的依据。(结合教材内容)

学生上台陈述,学生评价打分。

鄢洪林老师将比较枯燥的记忆性内容放入具体的情境之中,通过模拟情境激发学生学习兴趣,提出教学问题,实际上是要学生运用记忆性的知识去解决实际的问题。教师提出的第一个问题需要学生结合第二次工业革命的特点来思考,第二个问题和第三个问题是针对第二次工业革命的主要成就设计的。这样的课堂提问设计既考虑到了评价学生对记忆性知识的掌握,又能激发学生学习的兴趣,培养学生的创新思维能力。

再来看一个高中数学"立体几何初步"的"球的体积"教学案例。"立体几何初步"的教学重点是帮助学生逐步形成空间想象能力,体现了从整体到局部、从具体到抽象的原则。教师应循循善诱引导学生,首先将几何问题代数化,用代数的语言描述几何要素及其关系,进而将几何问题转化为代数问题,然后处理代数问题,分析代数结果的几何含义,最终解决几何问题。这种思想就是所谓的数形结合思想,它是学生数学思维能力的综合体现。在几何公式的推导证明章节,若直接给出公式,并且只要求学生记住有关公式,剩下的就是反复练习——例如解几个一元方程,已知半径求体积,已知体积求半径等——这是降低教学要求,把高中课降为初中课的做法,无法培养学生的数学思维。正确且有效的教学不仅要求学生熟记球的体积公式,更要注重数学公式的推导教学,在情境创设和不断提问中培养学生观察、估算、猜想、构造和论证的能力,并注意完善学生的认知结构,从而激发数学思维,培养学生对数学的兴趣和热爱。

【典型案例4.4】[②]

师:(板书)已知球的半径为R,$V_{球}$=?(出示小黑板——图1。思维从问题开始)

[①] 杜芳.特级教师历史教学纵横谈[M].武汉:华中师范大学出版社,2008:258.
[②] 该教学片段选自马明老师执教的"球的体积"。

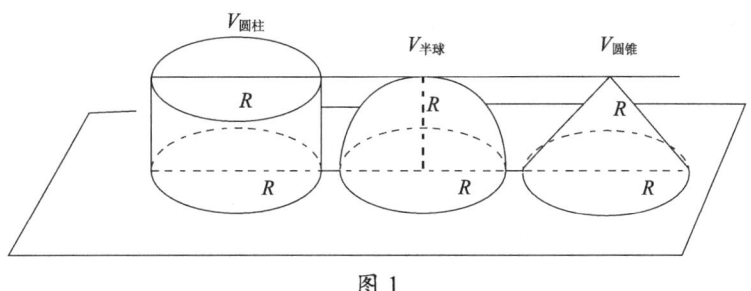

图 1

师：为了计算半径为 R 的球的体积，可以先计算半球的体积 $V_{半球}$。观察图 1，你一定能在 $V_{圆柱}$、$V_{半球}$、$V_{圆锥}$ 这三个量之间正确地写上不等符号。

（学生完成）得

$$V_{圆柱} > V_{半球} > V_{圆锥}$$

师：由于圆柱、圆锥体积公式是已知的，便得双重不等式（板书）：

$$V_{圆柱} = \pi R^3 \text{、} V_{圆锥} = \frac{1}{3}\pi R^3$$

你能猜测 $V_{半球} =$?

生：……

（诱导一下）

师：πR^3 的系数"1"改写为"$\frac{3}{3}$"，得 $\frac{3}{3}\pi R^3 > V > \frac{1}{3}\pi R^3$，可以大胆一些，准许猜错。

生：$V_{半球} = \frac{2}{3}\pi R^3$，对吗？

师：有一定理由，因为 $\frac{3}{3} > \frac{2}{3} > \frac{1}{3}$ 嘛！然而，这太冒险了。

师：我们不妨做一个试验，用以验证这个猜想。

（取一个半径为 R 的半球面，再取半径和高都是 R 的圆桶和圆锥各一个，都是铁皮制成的容器。将圆锥放入圆桶内，再将半球容器装满细沙，然后把半球内的细沙倒入圆桶内，发现圆桶恰好被装满。）（具体情况见图 2）

师：你能将实验结果用一个等式表达出来吗？

生1：（板书）$V_{圆柱} - V_{圆锥} = V_{半球}$

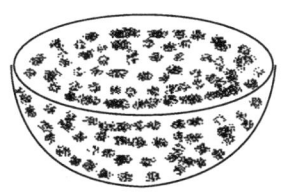 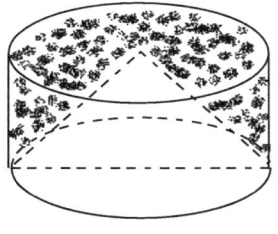

图 2

生 2：（板书）$V_{半球} = V_{圆柱} - V_{圆锥} = \pi R^3 - \frac{1}{3}\pi R^3 = \frac{2}{3}\pi R^3$

师：于是得（板书）$V_{球} = \frac{4}{3}\pi R^3$，且 $V_{圆柱} : V_{半球} : V_{圆锥} = 3 : 2 : 1$

师：中学数学是建立在推理的基础上的，实验结果是否可靠，还要进行论证才行。我们现在的任务是证明这个实验结果，或者说，是要证明图 2 右边充满细沙的几何体与左边充满细沙的半球体积相等。而右边几何体的体积是已知的。（板书）

（教师引导学生进行实验证明）

师：还有其他的计算方法吗？例如，把球体视为圆柱体，采用圆柱体的体积公式试试看。

（学生回顾所学知识，用其他方法给出证明）

师：现在再请大家自己解答一个问题。（板书）

有一个空心钢球，重 142 g，测得外径等于 5.0 cm，求它的内径（钢的比重是 7.9 g/cm³）。

师：这是课本的例题，解完后自行对照课本。（同时由一位学生板演）

议论：（略）

师：今天这堂课的关键是构造一个球的参照体，而"细沙实验"帮助我们解决了这个问题。你能离开实验经过分析直接构造这个参照物体吗？请同学们思考。

"球的体积"是人教版高中数学必修二的内容，目的是让学生在已经学习过柱体、锥体等基本几何体的基础上通过空间度量形式了解另一种基本几何体的结构特征。在上述教学片段中，马明老师首先利用所学的圆柱、圆锥体积公式抛出问题，提供类比，让学生目测大小，温故而知新，用以强化认识过程。接着利用 $V_{圆柱} = \pi R^3$、$V_{圆锥} = \frac{1}{3}\pi R^3$ 向"量化"过渡，引导学生"引导—发现"。这里的"引导—发现"式教学法引人入胜，在回顾旧知识的基础上激发学生探索的兴趣，调动学生的学习积极性，学生的逻辑思维和代数思维得到锻炼，数学思维从而得到激发。马老师继续鼓励学生大胆猜想，所得答案不一定出自成绩最好的学生，而是思维活跃者，这样使得全班学生都参与课题讨论，避免优等生与成绩较弱者的差距加大。在学生回答过后，马老师既鼓励学生又提出更高要求，不断支持敢于大胆猜想的学生，引导学生发现问题、解决问题。理、化有实验，数学也可以有实验，美国盛行"数学实验教学法"，这对激发学生学习兴趣和培养学生学习能力都十分有利。马老师鼓励学生将实验结果量化，这是十分重要的数学方法，用数学工具去证明实验结果，使得学生兴趣盎然。在实验证明过后，马老师为培养学生记忆能力，又提出拟柱体的内容，学生数学思维能力得到锻炼的同时，也培养了记忆能力，促使学生多方面、多角度地发展。通过一系列的引导，学生提出球的体积公式，并给出了多种证明方法，马老师趁热打铁给出例题，以难度适当的例题引导学生自己解答，然后再对照课本并进行议论，这种"引导—发现"式教学，比教师直接讲解收效要大得多。最后一问代替了教学小结，将课内效果引向课外——直接构造参照体，让同学课后交流合作，继续思考，激发他们的探求欲，让数学思维进一步得到提升。

总结马老师的上述教学过程，它遵循了以下主线：目测—猜想—实验—证明—记忆—拓展。公式定理教学不是简单的授予或由教师带领着给出证明，在这里，教师作为一个真正的启发者，提供学生需要的教学材料，给出启迪性的语言，让学生动脑思考，活跃了整个班级的气氛，不管是"优生"还是"差生"都能够跟得上。这样一套流程下来，数学的发现过程流畅且完整，学生体验了一把从猜想到实验到证明的过程，学生从中感受到数学是能够这么"玩"的，而且从课内走向课外，真正做到不局限于课堂。整体来看，马老师使学生通过对问题的自主探究，获得独立意识和独立思考能力，在问题研究的逐步深入中唤起学生求知真理、乐于创新的情感需求，引发学生强烈的求知欲。步步引导，学生发现并解决问题，这种"引导—发现"式教学，对于学生的几何思维、逻辑思维有很大的激发和提升作用。

如果说实验为数学教学提供了一种新的课堂提问与教学思路的话，那么中学物理教学则必须坚持以实验为基础。毕竟，中学物理实验能激发学生学习物理的兴趣和求知欲望；能为学生创设生动的物理学习情境；能发展学生的能力，使学生掌握科学方法；还有利于培养学生的科学态度和科学精神。[1] 现实情况是很多物理实验都是由物理教师带着进行的，而这些教师因为繁重的教学任务很难对实验进行充分的准备，甚至有的教师为了节省时间就简化实验课程，这就造成有的学生对实验兴趣确实很浓厚，对实验操作也充满热情，但是对于实验课的教学目标却是一头雾水，根本不知道要做什么及注意什么，由此体现出实验教学中教师引导的重要性。而课堂提问正是一种比较有效的引导方式。我们来看下面的教学片段。

【典型案例4.5】[2]

师：牛顿第一定律的内容是什么？

生：一切物体总保持匀速直线运动状态或静止状态，除非作用在它上面的力迫使它改变这种状态。

师：牛顿第一定律到底告诉了我们什么呢？

F——迫使"物体运动状态变化"的原因；

m——抵抗"物体运动状态变化"的本领；

a——描述"物体运动状态变化"的快慢。

师：a 与 F、m 之间可能有什么关系呢？请举例说明。

生：m 一定时，F 越大，a 越大。

$a \propto F$？ $a \propto F^2$？ ……

F 一定时，m 越大，a 越小。

$a \propto \dfrac{1}{m}$？ $a \propto \dfrac{1}{m^2}$？ ……

---

[1] 安忠，刘炳昇. 中学物理实验教学研究[M]. 北京：高等教育出版社，1986：1—10.
[2] 特级教师薛义荣老师实际教学的片段。

(帮助学生有依据、大胆地进行猜想)

师：如何探究三个物理量之间的关系呢？

生：控制变量法。

师：如何测量（或比较）物体的加速度？

生1：利用刻度尺和秒表，再利用公式 $a=\dfrac{2x}{t^2}$。

生2：利用打点计时器、纸带，再利用公式 $a=\dfrac{\Delta x}{T^2}$。

生3：利用气垫导轨、纸带，再利用公式 $a=\dfrac{\Delta v}{\Delta t}$。

生4：两个物体初速度均为0，且运动时间相同，其位移正比于加速度……

师：如何提供并测量物体所受的恒力呢？

提示：能否用我们以前学过的"探究小车速度随时间变化的规律"的实验装置呢（见图1）？

图1

师：绳的拉力等于小桶和砝码的总重力吗？即小桶和砝码处于平衡状态吗？

（以后可以证明，当小桶和砝码的总质量远小于车的总质量时，小桶和砝码的总重力近似等于拉力）

师：绳的拉力就是小车所受的合力吗？

师：有哪些阻力？如何"消除"阻力的影响？

生1：倾斜木板，平衡阻力（如图2所示）。

图2

师：只需平衡一次。

生2：使用气垫导轨。

师：调平。

（学生在教师的引导下设计好实验方案，利用气垫导轨、光电门探究加速度与力、质量的关系，自行设计表格并且记录数据）

从上述的实验教学中可以看出，教师完完全全是利用课堂提问的形式，一步一步引导学生进行实验猜想、实验设计等。如果一开始就让学生做实验，学生会毫无头绪，或者只是给一张实验步骤单，学生只能是机械地操作，甚至有的学生实验"做完了"但不知道要如何总结，这样的方式既浪费时间，效率又很低。而先用问题引导学生进行实验设计，虽然会花一定的时间，但"磨刀不误砍柴工"，反而会激发学生的学习兴趣和探究欲望，从而达到事半功倍的效果。

二、追求理解的课堂提问

好的课堂提问不但能够在活跃课堂教学气氛、提高学生课堂兴趣、揭示学生存在的问题等方面有积极效果，而且在促进学生积极思考，形成知识体系结构，培养学生学科思维和提高学生理解能力上有重要作用。

课堂提问的过程是引导学生思考的过程，是师生思维相互激发并逐渐深入的过程，是课堂教学对话的关键。有效提问的重要条件之一就是指向明确。教师提出的问题应该有明确的指向，学生才能进行思考和回答，教师再根据学生的回答进行追问和跟进，创设情境促使学生解释自己的回答，调动学生的思维，这样的问题才是有效的课堂提问，而有效的课堂提问才能真正有助于学生的深入理解。我们来看一位历史老师就"鸦片战争"中战争爆发原因的问题是如何提问并促进学生讨论的。

【典型案例4.6】[①]

教师：鸦片战争时中英之间有什么不可调和的矛盾呢？（课堂提问1）
学生：英国要打开中国的国门，而中国坚持闭关自守。
教师：英国当时为什么要打开中国的国门呢？（课堂提问2）
学生：因为英国完成了工业革命，迫切需要原料产地和商品市场；而中国资源丰富（总量），市场广阔，又衰败落后，危机四伏。
教师：完成了工业革命，就迫切需要原料产地和商品市场，为什么？（课堂提问3）
学生：因为工业革命是机器生产取代手工劳动的飞跃，工业革命后，机器的吞吐量大大提高了，原料供不应求，商品市场饱和。

---

① 杜芳.特级教师历史教学纵横谈[M].武汉：华中师范大学出版社，2008：364.

在与学生讨论鸦片战争爆发的原因之一"英国要打开中国的国门"时，教师用了三个问题将英国希望打开中国国门的深层原因解释清楚。课堂提问1直接指向中英之间的矛盾，学生根据已学知识回答，教师根据学生的回答进一步提出课堂提问2，指向的是英国打开中国国门的原因，学生从英国当时的社会情况作出回答，教师又用课堂提问3深入追问英国工业革命与开拓商品市场和原料产地之间的关系。教师提出的三个问题都是围绕英国要打开中国国门这个主题展开，课堂提问1引出主题，接下来的两个问题是对主题的解释和深入分析。三个问题指向明确，教师根据学生的回答进一步追问，从而启发学生追溯问题的源头，了解深层原因。指向明确的提问能够针对问题的重点，紧紧围绕主题，调动学生的思维，让学生的思考有明确的方向和线索。

理解是语文教学提问的基本要求。在现代文教学中，对段落划分、表达方式、表现手法、人物形象、故事情节等的提问，其基本目的都是为了让学生通过对文字的琢磨，理解文本背后深层次的思想；在文言文教学中，对字、词、句的提问，同样也是为了更加精确地理解古人的所思所想。我们来看下面的教学片段。

【典型案例4.7】[①]

师：为什么要明察当今的实际情况？其目的何在？这就是课文所要论述的问题。现在请同学们先自读和研究第一、二、三段课文。自读之前，我给同学们提几条要求。

一、对照课本注释，逐字逐句阅读课文，搞懂原文的意思，有疑难处做出记号，或询问老师。

二、在通读的基础上，思考以下问题，并从课文里标出阐释这些问题的关键性语句：

1. "上胡不法先王之法"？为什么"先王之法""不可得而法"？作者是怎样来回答这个问题的？

2. 作者是否反对"法先王"？他的主张是什么？

3. 文章是怎样导入论题的？文中打了哪些比方来说明"察今"的道理？

4. 荆人循表夜涉的故事说明什么道理？它同第一、二段文章的内容有什么逻辑联系？

5. 这三段文章的中心内容是什么？在论述上有什么特点？

《察今》选自人教版高一语文上册。在上课开始，教师便开门见山地提出了学习本课所要理解的最关键的问题，即察今的目的，紧接着教师又连续提出了五个子问题，分别对课文中词句和段落间的逻辑关系、作者的观点等提出了问题，以求引导学生理解本篇文章。这反映了蔡澄

---

① 该教学片段选自蔡澄清老师的"察今"。课堂实录参见《中学语文教学》，1998（9）：31-36.

清老师所提倡的点拨教学法,即通过教师启发式的提问与点拨,让学生通过自读、串讲、翻译、答问、练习、讨论等方式来理解课文,调动学生的积极性与主动性,发挥学生的主体作用。在教与学的双边活动中,学生掌握了文言文的学法,学懂了课文,理解了作者的思想情感。

高中物理学科对于部分学生来说还是比较难学的,以至于在实际的物理教学中会出现教师抛出一个问题而全班学生哑口无言的尴尬情景,或者只有比较优异的学生能给出一丁点自己的想法。这样的情况不仅影响到教师的教学情绪,也影响学生的学习效率。当学生对于教师提出的问题表现出比较为难时,教师利用提问的形式给学生提供一些线索,可以有效化解这种尴尬的处境,并能有效促进学生的理解。

【典型案例4.8】[①]

师:探究小实验,让小车分别从两个倾角不同的斜面上滑下。

生:(观察实验)

师:小车两次分别做什么运动?

生:都做加速直线运动。

师:哪种情况下小车的速度变化得快?你是怎么比较的?

(学生不容易回答出来)

师:Δv,Δt 都不同,怎么比较?

师:(类比,启发学生回忆)当 Δx,Δt 都不同时,如何比较位置变化的快慢?

生:比较单位时间内的位移,即 $\dfrac{\Delta x}{\Delta t}$。

师:当 Δx 和 Δt 都不同时,怎么比较速度变化的快慢呢?

生:比较单位时间内的速度变化量 $\dfrac{\Delta x}{\Delta t}$。

师:正如同 $x \rightarrow \Delta x \rightarrow \dfrac{\Delta x}{\Delta t}$,采用比值法定义速度一样,将描述速度变化快慢的比值 $\dfrac{\Delta v}{\Delta t}$ 定义为加速度。

在观察实验后老师直接提问:哪种情况小车的速度变化得快?你是怎么比较的?这样的提问从学生的角度来看还是挺难的,在老师看来,或许学生应该可以联想到"速度"的学习进而自主类比。其实,在物理新课教学过程中,不可过高评估学生的能力,教师应设身处地从学生的角度来看待问题,只有这样学生才能真正学到物理知识,才能学到科学方法,提高探究能力,并逐步形成科学态度和养成科学精神。学生从初中就已经接触了速度的概念,虽然从定义上初中和高中相关内容略有不同,但学生理解起来还是比较容易的。在学生对于"如何比较哪种情况下小车速度变化得快"这样的问题表现得比较为难时,薛老师没有直接告诉学生可以用速度的定义进行类比,而是利用"当 Δx 和 Δt 都不同时,怎么比较位置变化的快慢"这样的问题,使学

---

① 该教学片段选自薛义荣老师执教的"加速度"。

生在回忆速度概念的构建过程中在脑海中碰撞出火花,为加速度概念的建立提供线索,让学生能够体会到自己探索出加速度概念的成功感与喜悦感。

高中物理课本编排的课程内容对于部分学生来说是不太容易理解消化的。多年前段金梅等人利用教材对学生思维水平的要求与学生成绩进行比较研究(以教材对学生的要求当作评价的标准,把教材的要求用五个思维等级表示)发现,我国中学生的物理思维水平与教材的要求相比普遍偏低。[①] 在高中物理教学中往往会出现这样的问题:学生课上对老师讲授的内容基本上都能听懂,但是面对题目的时候却毫无头绪,做不出来。出现这样的"假懂"现象,其根本原因是学生还没有能够真正理解所学的内容,学生只是被动式地接受了知识而已。所以面对这样的现象,在实际的物理教学中教师不能仅仅用教材"满堂灌",而是应该让学生先读懂教材,思考如何能将繁难的物理知识与学生已掌握的知识联系起来,利用问题引导等方式让学生自己去"发现"物理知识,进而内化成自己的知识。

【典型案例4.9】[②]

师:不计重力的点电荷,在电场中受力情况怎么样?将它由静止释放,会做什么运动?它的动能为什么增加?动能增加多少?是什么能转化成电荷的动能?

(学生对于"什么能转化成电荷的动能"感觉较为困难)

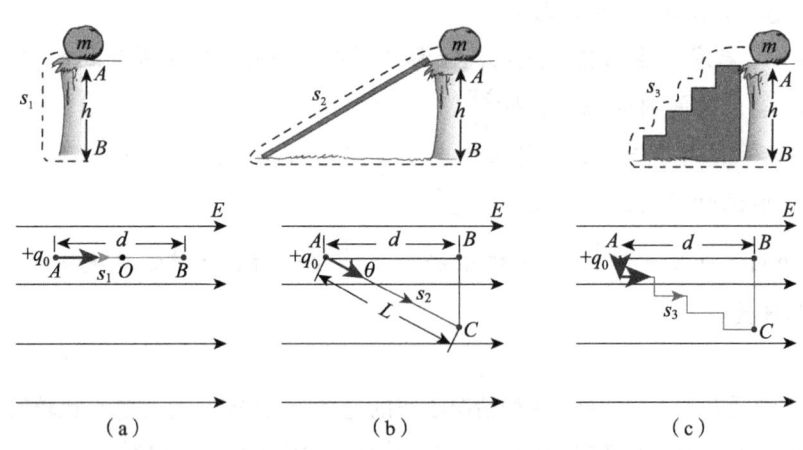

图1 不计重力的点电荷电场力做功示意

师:重力做功有什么特点?

生:$W = mgh$,与路径无关,只取决于初、末位置。

师:电场力做功有什么特点呢?

生:(1)$W_1 = q_0Ed$;(2)$W_2 = q_0Es_2\cos\theta = q_0Ed$;(3)$W_3 = q_0Ed$。

---

① 段金梅,武建时.物理教学心理学[M].北京:北京师范大学出版社,1988:146-148.
② 该教学片段选自薛义荣老师执教的"电势能和电势"。

在匀强电场中，电场力做功与路径无关，由初、末位置决定。
……

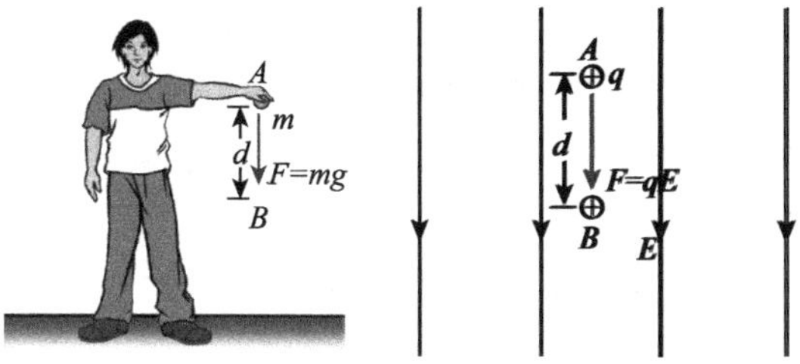

图2　重力做功与物体重力势能

师：重力做功与物体重力势能变化是什么关系？
生：$W_{AB} = E_{pA} - E_{pB}$。
师：电场力做功与电荷电势能变化是什么关系？
生：$W_{AB} = E_{pA} - E_{pB} = -\Delta E_p$。
电场力做的功等于电势能的减少量。
师（引导总结）：
重力做正功，重力势能减少；重力做负功，重力势能增加。
电场力做正功，电势能减少；电场力做负功，电势能增加。

电势能的概念相对来说比较抽象，学生不易轻松理解。而在薛老师的课堂中，不但利用问题引导的形式，还将"电荷受到电场力的作用"与"地球上的物体受到重力的作用"进行类比，将"电场力做功"与"重力做功"进行类比，始终抓住"功是能量转化的量度"这个线索，总结出它们共同的特征，最终利用重力势能类比引出电势能。一系列的问题引导学生思考，条理清晰地帮助学生理解电势能的概念。相对而言，教师就着电势讲电势，学生会觉得平淡无趣，而利用问题类比的方式，课堂上师生不仅能够很好地互动，而且最终学生脑海中的思路会非常清晰，更不会出现对某些知识一知半解，只有靠死记硬背的现象了。

从微观层面来看，追求理解的课堂提问应该能够引起学生的认知冲突，并通过认知冲突的解决实现知识的理解这一目标。我们知道，通过不同阶段的知识学习以及生活经验，学生自己会形成各种各样的个人知识和经验，既有科学合理的，也有片面乃至错误的。这些知识和经验就是我们所说的前概念。学生在上课之前，他们并不是白纸一张，而是充满了能够影响自身观察和理解某一事物或现象的各种层次的原有概念的。在现实生活中，学生很难自觉地发现已有的知识、观念与现实之间的矛盾，教师课堂提问正是促进学生对已有知识框架理解与完善的重要而有效的途径之一。我们来看下面的生物教学片段。

【典型案例 4.10】[①]

师：咱们上节课已经了解了生态系统的结构，这节课再来了解一下生态系统的功能。马航 MH370，假定咱们说这架飞机在南太平洋上坠落了，有人幸存，漂到一个小岛上去了。如果恰好他带了只母鸡和 15 kg 的玉米，这个岛上除了水之外，别的都没有。现在他只有一个办法，在那等着救援。那么什么策略能够使他等的时间长一点？怎么吃？方案非常多对不对？那么现在我们限定一下，给你两个方案（播放 PPT。方案一：先吃鸡，再吃玉米。方案二：先吃玉米同时用一部分玉米喂鸡，吃鸡产下的蛋，最后吃鸡。这两个方案里你会选哪个？为什么？

生（纷纷发表自己的意见）：选一，选二……

生1：选一的理由是没有浪费。

生2：先吃鸡再吃玉米的话，玉米先放在那里，你要先吃鸡的话，玉米没有什么用。但是，可以让鸡先活下来，鸡活着就可以产蛋，到迫不得已的时候再把它吃掉……

"生态系统中的能量流动"是北师大版高中生物"稳态与环境"中的内容，虽然学生先前已经学习过生态系统的结构与能量等有关知识，但是生态系统与能量相结合还是第一次接触。因此，除了参加过竞赛辅导的学生，对于导入中选择方案一还是方案二的问题，学生多是结合自己的知识、生活经验猜测的。有的学生认为应选方案二，理由是鸡吃玉米可以继续产蛋。学生并不能为自己所选的方案给出一个很好的解释，或者说不能利用原有的知识来解决当前情境下的问题。当教师的课堂提问产生了像这样引起学生认知矛盾的问题时，就能够很好地引起学生的好奇心与求知欲。教师通过结合当时马航坠落这一时事热点而创造了一个特殊的情境，给课堂提问找到一个有力的依托，同时也使课堂提问更加丰满。教师提出这个问题时让学生先通过自己的知识与经验去选择，通过学生的回答，教师不仅了解到学生对这部分知识的了解程度，更重要的是通过这一课堂提问给学生造成了认知的困惑，激起了学生的好奇心。从学生的回答可以看出，这个综合性比较高的问题对于学生来说难度是比较大的，已经超出了学生解决问题的能力。学生的思维产生了矛盾，打破了学生的心理平衡，这时人们寻求平衡的天性就会主动尝试去形成新的认知结构。随着学习的不断深入，也不断会有认知的冲突出现，正是这些不断出现的认知冲突得到解决才使学生的思维得以发展提升。

基于人们对"专家"和"新手"的比较研究发现，"专家"的知识都是高度结构化的，它们都是围绕一个核心概念加以组织的，因而可以顺畅提取并具有广泛的迁移性。因此，追求理解的课堂提问，也应该注重学生知识体系的建构。

当然，从更为本质的层面来看，追求理解的课堂提问更需要关注学生在具体学科意识、学科基本观念、学科思想方法等方面的形成、发展和完善。例如，在高中生物学科教学中，帮助学

---

① 该教学片段选自林祖荣老师执教的"生态系统中的能量流动"。

生形成正确的生命观念，就是这样一种对学科教学思考更深入、追求更高远的探索。生命观念是指对观察到的生命现象及其相互关系或特性进行解释后的抽象，是人们经过实证后的观点，是能够理解或解释生物学相关事件和现象的意识、观念和思想方法。生命观念所涉及的范围是非常广泛的，学生形成生命观念的前提是要能较好地理解概念。生命观念可以具体体现在：结构与功能观、进化与适应观、稳态与平衡观、物质与能量观等。让我们来看"群落的演替"的"演替"概念教学片段。

【典型案例4.11】[①]

（教师播放纪录片：印度尼西亚喀拉喀托火山大爆发。引出主题，并在PPT上呈现"沧桑"二字和一幅图片）

师："沧桑"这两个字是由沧海桑田压缩而来的，沧海桑田是什么意思？从中你看到了什么生物学知识？

生：沧海变成桑田。（学生并不能将沧海桑田和群落的动态变化联系在一起）

师：沧海演变成了桑田，我从中看出了群落在变化。群落是一个动态的系统，纪录片最后定格的画面也是想说明，群落是一个动态的系统。（用PPT呈现一块弃耕的农田）如果把一块农田给弃耕了，常识告诉你们这块农田接下来会发生什么样的变化？

生：会长草。

师：会长草，然后还可能继续往下发展为灌木、乔木、森林。这四个阶段是不是同一个群落？你判断一个群落的依据是什么？

生：不是同一个群落，这几个群落的物种组成不同。

师：（PPT图片：裸岩）在裸岩上会不会有生物的产生？如果有，你觉得是什么？

生：小草。

师：在裸岩上，首先定居的是地衣，接下来分别可能是苔藓、草本植物、灌木、乔木（森林）。环境适宜的话，在裸岩上就会发生类似这样的群落的演替。（PPT：时间轴以及裸岩上群落的变化）能不能对群落动态变化中的一种——群落的演替做一个界定，什么是演替？

（学生讨论，相互阐述）

师：（提示）演替是一个过程，强调动态变化。演替需要一个前提，是时间上还是空间上的？

生：演替是指随着时间的推移，一个群落被另一个群落代替的过程。

"群落的演替"一节选自人教版高中生物，教学重点为演替的概念以及演替的类型。大部分

---

① 该教学片段选自任小文老师执教的"群落的演替"。

中学教师在处理本节内容时，一般选择用图片导入，接下来则直接给出演替的概念，最后再学习两种类型的演替。这样的教学安排表面上并没有什么问题，但是认真关注学生后会发现，这一教学方式并没有使学生实现对演替概念的意义建构，他们根本没能理解什么是演替，记忆力稍微好一些的同学可能勉强能复述演替是什么，可一旦让他们深度分析的时候，便显得无从下手。学习生物学核心概念，需要以生物学事实、现象为支撑，需要以理性思维方法为途径，[①]并在较好地理解生物学概念的基础上形成生命观念。上述"群落的演替"教学片段不同于大多数教师的通常做法，教师首先通过纪录片从实际出发让学生了解到群落的动态变化，然后提问，"沧海桑田是什么意思？"接下来具体学习在弃耕农田上的演替以及裸岩上的演替，最后再让学生尝试着建构、说出"演替"的概念。这样的教学顺序是符合学生认知过程的，而且概念是通过建构生成的，不是让学生简单地机械记忆，学生对概念真正达到了理解水平。

教师的提问是贯穿教学的始终的，也是教学语言最主要的载体。那么教师的提问是否有效，是否有助于学生核心素养的发展显得尤为重要。卢正芝等人认为：有效课堂提问是指教师在精心预设问题的基础上，通过创设良好的问题情境，在教学中生成适切的问题，引导学生主动思考，进行质疑和对话，全面实现预期教学目标，并对提问及时反思与实践的过程。[②]在上述教学片段中，教师一共提问了6次。在纪录片播放后，教师给出"沧桑"两字，并提问：沧海桑田是什么意思？从中你看到了什么生物学知识？这个问题看似简单，实则需要较强的联想和分析能力，它对学生来说也是很具吸引力的。这样富有生活气息的词语，能够很好地激发学生的好奇心。教师第二次提问：如果把一块农田给弃耕了，常识告诉你们这块农田接下来会发生什么样的变化？这个问题的特别之处在于"常识"二字。教师一般的处理方式是：农田弃耕过后会变成什么？这样便把问题变得很尖锐，学生会变得被动和谨慎，不敢轻易回答。教师第三次提问：这四个阶段是不是同一个群落？你判断一个群落的依据是什么？教师在合适及必要的时候把焦点转移到群落是什么的问题上，这个步骤是很多教师容易忽略的。他们错误地认为学生都是清楚群落的本质特征的，这样不利于学生深层理解概念性知识，从而教学目标的达成度就会打折扣。教师需要关注教学细节，在合适的时候将焦点暂时转移。教学细节能集中而鲜明地体现教学理念，教学细节是透视教学理念的放大镜。[③]教师第五次提问：能不能对群落动态变化中的一种，群落的演替做一个界定，什么是演替？这个问题精妙之处在教师给的前提——群落动态变化中的一种，而这一点也是很容易被忽视的，如果不加以强调，则容易导致学生认为群落的动态变化等同于群落的演替。

为了使学生形成正确的生命观念，学生需要较好地理解生物学概念。教学片段中"演替"的概念教学能很好地帮助学生理解"稳态与平衡观"。生命观念作为生物学四大核心素养之一，其地位是不言而喻的，"稳态与平衡观"又是生命观念中极为重要的一点。如果教师只是

---

① 谭永平. 中学生物学课程在发展学生核心素养中的教育价值[J]. 生物学教学, 2016, 41(5): 20-22.
② 卢正芝, 洪松舟. 教师有效课堂提问：价值取向与标准建构[J]. 教育研究, 2010(4): 65-70.
③ 任小文. 要关注教学细节[J]. 生物学通报, 2008, 43(1): 34-35.

生搬硬套地将概念告知学生，并要求学生记忆，而缺乏基本的"演替"这个概念的建构，往往会导致学生"稳态与平衡观"的缺失。在学生对概念进行建构的过程中，教师的提问引导起着不可或缺的重要作用，教师若能精心设计问题，将每次提问都进行优化，则可极大提高学生的主体参与度，并进一步对学生概念的建构起到良好的推动功能，最终有助于学生形成正确的"生命观念"。

三、促进应用的课堂提问

让学生将所学知识应用到新的情境，运用所学知识解决实际问题，加强学生知识迁移能力的培养，避免知识孤立，形成知识网络，能够进行知识迁移，做到举一反三，提高运用知识解决问题的灵活性和有效性，是素质教育的核心任务，教学过程中应多进行训练。因此，教师在实际教学过程中要多注意利用新旧知识的衔接点进行提问，来培养学生的知识迁移能力。这种新旧知识的联系，既巩固了旧知，也同化了新知，实现了新旧知识间的融合和正向迁移，融入了知识迁移能力的培养，也使学生对知识的理解更清晰透彻，为准确运用知识解决问题提供了保证。

通过对促进应用的课堂提问的观察和研究发现，体现学科方法的课堂提问更有助于实现知识的迁移。例如，历史学科具有时序性、整体性和实证性的特点，中学历史学科的学习不仅要求学生对历史知识的记忆，还要求对历史学科方法的运用。在历史课堂提问中体现学科方法，不仅能够实现课堂教学活动与学科逻辑的有机结合，并且有助于学科能力培养与学科教育价值的最大化。我们来看下面的历史教学片段。

【典型案例 4.12】[①]

师：资产阶级的统治地位在英国确立后，圈地运动更大规模地进行，农民被迫卷入了资本主义商品市场。在国外，英国继打败"海上马车夫"——荷兰后，在18世纪又打败了主要竞争对手法国，成为最大的资本主义殖民国家，国内外市场尤其是国外市场急剧扩大，工场手工业生产远不能满足日益增长的需求。追逐利润是资本家的本性，他们迫切要求扩大商品生产。怎样才能提高生产率呢？出路在于采用新的技术。就这样，市场的扩大，把工业革命提上了议事日程，成为工业革命的必要条件。那么，要进行工业革命有没有可能性呢？

生：有可能。资产阶级革命后，18世纪英国议会通过了两千多条圈地法令，圈占了几百万英亩土地，自耕农被消灭了，大批农民丧失了土地，成为廉价的雇佣劳动力。资产阶级贩卖黑奴和对殖民地疯狂的殖民掠夺，给英国带来了大量肮脏的钱财。另外，工场手工业时期积累了大量生产技术和科学知识。

---

① 杜芳.特级教师历史教学纵横谈[M].武汉：华中师范大学出版社，2008：29.

以上教学片段来自湖北省特级教师丁孔明"英国工业革命"一课的教学实录。教师先分析英国当时的国内外经济状况,引导学生思考资本家在当时的情况下提高生产率的途径是进行工业革命,进而提出"要进行工业革命有没有可能性"的问题。教师在提出问题的过程中不断追溯原因,一步一步引导学生思考历史事件背后的原因。这样的课堂提问,不仅解释了历史事件本身,也使学生学到了剖析事物本质的历史学习方法。将历史学科所含的学习方法融入到课堂提问之中,这样的提问既能激发学生思考的兴趣,又能从历史学科学习方法的角度对学生进行思维能力的培养。

有效的课堂提问不仅要能够创设情境,指向明确,还应体现学科特征。中学生心理发展和分析能力、思维能力明显增强,这就要求教师创设问题情境,运用问题设计策略,培养学生发现问题、解决问题的能力。提出的问题要指向明确,针对学生的回答要及时跟进追问,并促进学生解释自己的回答。明确而具体的课堂提问便于学生领会要求,思考时有明确的方向和线索。随着课程改革的深入与推进,中学教学越来越重视发展学生的学科素养,教师课堂提问的设计要考虑到学科特征,要指导学生学习分析问题、解释问题、论证观点的方法,培养学生规范的学科思维方法和习惯。

促进应用的课堂提问除了关注具体学科知识内容的迁移之外,对于学科研究方法的重视与强调也是基础教育应对知识经济时代的新命题。在数学教学中,解决实际问题的数学建模应用就是积极应对这一挑战的一种努力。我们来看下面的教学例子。

【典型案例 4.13】[①]

师:上个周日我去农村家访,因 ×× 同学家所在的村庄道路路面比较狭小,我们乘坐的小车在一次拐弯时遇阻。情况是这样的(向学生展示图片):前轮过了弯而后轮中的一个无法过,如再行驶的话一个后轮将陷入水沟,进退两难。怎么办?同学们猜猜看当时我们是怎样过此难关的?(停留片刻)我们在附近一个农家院子里借了块小木板,把它放在同侧的前后轮之间,架了一座世界上最短最小的独木桥,车子终于顺利拐弯。木板的作用可真大!木板的用途有哪些?使用时应注意些什么?木板的承受力是有限的,使用时应考虑木板的承受力有多大。影响木板承受力大小的主要因素有哪些?

生:木板的长度、宽度、厚度、木质和物体放在木板上的位置。

师:如果我们忽略木质和物体放在木板上的位置这两个因素,(为什么可这样?)只研究木板承受力与木板的长度、宽度、厚度的关系,该如何解决这个问题?(屏幕上打出课题)解决这个问题的困难在哪?

生:变量太多。

---

① 该教学片段选自胡庆彪老师执教的"函数建模课"。

教师：变量太多为什么就难了？多的标准是什么？

生：多于两个。

师：怎么办？我们先请语文课代表来朗读一段小品(《一个老师与学生的对话》)，轻松一下。

语文课代表朗读：

（老师：假设有家医院的病人接二连三地死去，究竟是什么原因？大家都猜想是环境不佳，于是把医院搬到环境较好的地方。

学生：医院可以这么轻易地搬迁吗？

老师：这是假设的模型，你就想像一下。

学生：好吧。

老师：可是还是一直有人死去，所以原因并不是出在环境上。于是又尝试更换药品，然而病人还是死了，所以原因也不是药品。然后就更换所有医生，可是病人还是陆续死去，所以原因也和医生无关。有一天院长突然猝死，从此再也没有病人死亡。这下才知道原来院长是庸医。）

师：这个笑话提供我们这样一种思维方式：如原因可能是 a、b、c、d，就先把 b、c、d 视为不变，只改变 a，这时如果得出不一样的结果就可推知 a 就是一个原因。如果得出结果一样又该怎么办？听了这段小品后，我们有怎样的解决多变量问题的想法？

生：在研究一个因变量与几个自变量的关系时，可先暂时固定其中的几个自变量，只研究其中一个自变量与因变量的关系。

师：我们把这种研究方法称为固定变量法。下面我们就用固定变量法来解决木板的承受力有多大这个问题。

上述教学片段来自浙江省特级教师胡庆彪，他把按照学科逻辑程序呈现的知识转化为学生待探究的问题或问题情境。在上述这段教学设计中，"固定变量法"不是由老师直接介绍给学生的，而是由胡老师引导，让学生由一段小品中感悟出来的，这是本教学设计精彩的一笔。另外，在新课程的教学中，教师要担负起课程开发的职责，根据自己所任教班级学生的身心特点将教学内容加以转化、加工，使其成为师生有效积极互动的载体。上述教学中的研究课题不是最先露面的，而是从教师的亲身经历和学生所熟知的生活实际中提炼出来的，使课题的引出是那么的亲切、自然、有意义。从培养学生数学思维的角度讲，任何思维都来自于问题的解决，如果没有问题解决的活动，思维就失去了支撑和依托。作为一堂函数建模课，胡老师创设了某一变化过程中有多于两个变量时如何刻画它们的对应关系这一问题情境，契合了杜威在他的《我们怎样思维》一书中提出的"思维起于直接经验的情境"的教育思想。

让学生将所学知识应用到新的情境，运用所学知识解决实际问题，加强学生知识迁移能力的培养，不仅在新课教学中应该给予关注，更应该在复习课及习题课教学中给予特别的强调。

与新授课相比，复习教学是贯穿在整个教学过程中的重构和深化知识的认知活动，是提高教学质量的重要措施。通过师生共同活动，不仅能对学过的知识进行系统全面的梳理，而且能引导学生进行知识的重构和整合，实现知识和能力的再提高。在以往的物理习题教学中，往往是教师让学生做某题，然后规定时间让学生解答题目，期间教师可以走下讲台观察学生做题的情况，或者让几位学生到黑板上做题，之后针对学生解题中出现的问题，对题目进行示范解答。有些教师甚至忽视学生做题中会遇到的困难与出现的错误，直接展示给学生正确的解答步骤。这样的习题教学，会造成学生"知其然不知其所以然"。而利用课堂问题（包括试题中的文字提问）的形式将习题剖析开来，恰恰可以弥补习题课效果不佳的缺憾。例如以下的"动量和动量守恒"单元复习课的题目及其问题设计教学。

【典型案例4.14】[①]

例题1：如图1所示，两个带同种电荷的小木块 A 和 B，质量分别为 m 和 $2m$，开始时将它们固定在绝缘的光滑水平面上保持静止，相距为 d。现同时释放 A、B，经过一段时间，A、B 相距 $2d$，此时 B 的速度大小为 v，求：

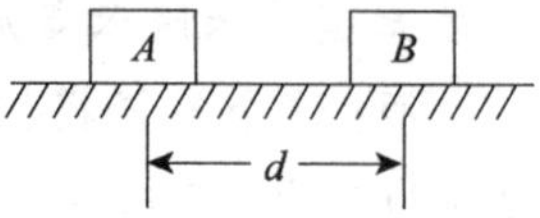

（1）此时 A 的速度大小；

（2）此过程中 B 对 A 做的功；

（3）此过程中 A 球移动的距离。

图1

问题1：A、B 两木块做什么运动？能直接用牛顿运动定律解题吗？怎么办？→动量。

问题2：A、B 构成的系统满足动量守恒定律吗？→动量守恒的条件。

问题3：如何用动量守恒定律求此时 A 的速度大小呢？→动量守恒定律的表达式。

问题4：如何求此过程中 B 对 A 做的功呢？→用动能定理求变力做功的方法。

问题5：此过程中 A 球移动的距离如何求呢？→A、B 变加速运动中的对应比例关系。

问题6：若 A、B 放在表面不光滑的足够长的木板上，木板将如何运动？如何选择系统？→过程分析，守恒系统的选择。

问题7：在上问中，若 A、B 为异种电荷，A、B 碰撞后无能量损失，木板又将如何运动？→碰撞的类型，三物体构成的系统动量守恒，动量的矢量性。

例题2：如图2所示，ABC 是光滑轨道，其中 BC 部分是半径为 R 的竖直放置的半圆轨道。一质量为 M 的小木块放在轨道水平部分，木块被水平飞来的质量为 m 的子弹射中，并滞留在木块中。若被击中的木块沿轨道能滑到最高点 C，

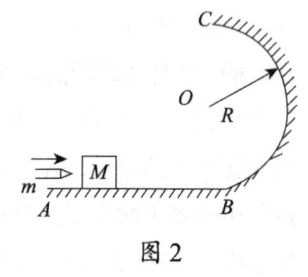

图2

[①] 特级教师薛义荣老师实际教学的片段。

且对 C 点的压力大小为 $(M+m)g$，求子弹射入木块前的速度大小。

问题1：可将系统分几个运动过程进行分析？→多过程分析。

问题2：在各个运动过程中动量、机械能守恒吗？→动量守恒、机械能守恒的条件。

问题3：要求子弹射入木块前的速度大小，应知道什么？（射入后的速度大小）要求射入后子弹木块的速度，又该知道什么？（运动到最高点 C 的速度大小）要求出在 C 点的速度大小，想到什么？→动量守恒定律与机械能守恒定律、圆周运动规律的综合应用。

问题4：若轨道 ABC 不光滑，对系统的动量守恒和机械能守恒有影响吗？→动量守恒中的内力合外力问题，动量和机械能守恒条件的判断。

问题5：已知子弹射入木块到穿出木块经历时间 t，子弹对木块的平均作用力为多大？子弹对木块做的功是多少？→冲量，动量定理，用动能定理求变力做功的方法。

例题3：如图3所示，质量为 M、长为 $L=1.0$ m、右端带有竖直挡板的木板 B 静止在光滑的水平面上，一个质量为 m 的小木块（视为质点）A，以水平速度 $v_0=4$ m/s 滑上 B 的左端，而后与右端挡板碰撞，最后恰好滑到木板 B 的左端。已知 $M:m=3$，并设 A 与挡板碰撞时无机械能损失，碰撞时间忽略，求：

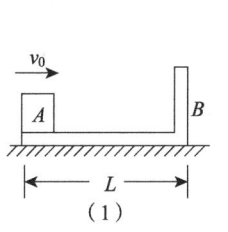
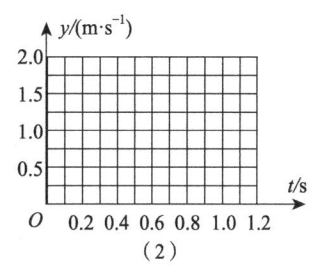

图3

（1）A、B 的最后速度；

（2）木块 A 与木板 B 之间的动摩擦因数；

（3）画出此过程中 B 对地的 v-t 曲线。

问题1：A、B 各自做什么运动？→多过程分析，受力分析，运动分析。

问题2：A 与挡板碰撞时无机械能损失，则碰撞前后的瞬间，A 的动量变化量是多少？→动量的矢量性，将一维矢量转化为标量运算的方法。

问题3：用什么方法求 A、B 的最后速度呢？→动量守恒定律。

问题4：A、B 间的动摩擦因数与哪个物理量有关呢？→受力分析，牛顿运动定律。

问题5：A 相对地的位移是多少？与 B 对地的位移是什么关系？→画位置关系图。

问题6：假设此运动过程可作为验证动量守恒定律的实验方法，需测量哪些数据？如何验证？（将 A、B 对地的 v-t 曲线画在一张图中）→验证动量守恒定律的实验方法。

在薛老师的问题式单元复习课中，将单元的物理知识点和学到的物理方法通过问题的解决引导出来，所设计的问题由浅入深，难度适宜，不仅能引起学生的兴趣，而且对学生的思维构建和能力的提高有很大的促进作用。另外，以问题为主线的物理单元复习课堂能够充分体现"以学生为主体，以教师为主导"的教学原则，教师的有效引导比单纯的帮助学生总结要重要得多，既化学生被动的接受为主动的探索，又能大大提高课堂的学习效率。而这样的学习方式，不仅能让学生经历科学家探索物理的历程，理解物理的真正内涵，也能促进学生思维的发展，提高学生的科学素养，最终实现物理教学的课程目标。

四、助益发展的课堂提问

相对于具体的知识学习与应用，人的思维方式、思维过程和思维能力更具有持久的发展价值。因此，课堂提问不仅要关注学生对具体知识的理解和迁移情况（这里当然有促进学生发展的教育价值），更需要关注学生在知识理解和迁移中的思维方式及其思维过程，以及这一过程中的社会性发展和精神成长。这也是我们特别强调课堂教学要关注助益发展的课堂提问的用意所在。

总体上看，人的思维方式、思维过程和思维能力也是形态多样、内容丰富的，有形象思维与抽象思维、发散思维与聚合思维、模仿思维与创造思维、动作思维与表象思维及符号思维等。从知识发生学的视角看，注重证据的理性思维尤为值得重视。所谓理性思维，是指尊重事实和证据，崇尚严谨和务实的求知态度，运用科学的思维方法认识事物、解决实际问题的思维习惯和能力。例如，能够基于生物学事实和证据运用归纳与概括、演绎与推理、模型与建模、批判性思维等方法，探讨、阐释生命现象及规律，审视或论证生物学社会议题。理性思维是学生学习过程中逐步发展形成的，在学科教学的课堂提问中理应给予特别的关注。下面一起来看"群落演替的方向受到众多因素的影响"和"群落演替发生的原因"两个教学片段。

【典型案例 4.15】[①]

［教师呈现 PPT：Peiners（美国科学家）研究阿拉斯加冰川湾植物多样性伴随演替过程的变化，他们选择了不同冰川退却时间的 8 个地点，时间从 10 年到 1500 年，冰川退却后发现有了群落，最典型的是有了植被］

师：他选择了 8 个地点，时间从 10 年到 1500 年，这样做有什么好处？这样非常的巧妙，能够看到不同演替时间段的群落，避免了人类寿命长度不够而无法直接观察到群落的演替，这样的处理方式叫时空置换法。

（PPT：两个曲线图，随着时间推移，物种的数目也逐渐增加）

师：无论是初生还是次生演替，物种数目都会越来越多，越来越丰富，群落演替通常具有一定的方向性。那是不是所有的演替都是按照弃耕农田、杂草、灌木、乔木的顺序进行的，陆地上的演替都是按照地衣、苔藓、草本、灌木、乔木这样的顺序进行的吗？演替过程中是否一定都是物种数目越来越多，最后趋于平衡？

---

① 该教学片段选自任小文老师 2016 年 10 月 31 日于南菁中学的公开课"群落的演替"。

（学生讨论分析，尝试回答）

生1：演替不一定都是按照那样的顺序进行的，物种的数目也不一定都是越来越多，然后趋于平衡。

生2：有时候人类的活动会对演替产生影响，比如说砍伐森林。

生3：还有环境条件也会影响群落的演替，比如说北方苔原地区，群落是没办法演替到乔木阶段的。

师：群落演替的方向受到众多因素的影响。

……

师：为什么首先在裸岩上定居的会是地衣？为什么苔藓又会取代地衣？

生：因为地衣可分泌有机酸，风化岩石形成土壤，苔藓比地衣高级所以可取代地衣。

师：高级就可以取代地衣吗？那为什么不是草本取代地衣而是苔藓？草本更高级啊。裸岩上没有土壤和保水条件，地衣的特点是极度耐干旱，也能快速吸收水分，且可以进行光合作用，它分泌的有机酸能风化岩石，假根吸收矿质元素，它的碎屑可以进一步营养土壤。

师：同学们有没有亲自挖过地衣和草本植物？

生：没有挖过地衣。

师：苔藓能够取代地衣是因为生物之间发生了竞争的关系，且竞争的因素有很多，不仅仅是课本中提到的高级，还有水分和土壤条件等。

（老师总结群落演替发生的原因）

对于"群落演替的方向受到众多因素的影响"这个知识点，教师普遍的处理方式是呈现部分相关图片，然后让学生分析哪些原因可能影响群落演替的方向。这样的逻辑和处理方式并没有错，但是却浪费了训练学生深度思考和理性思维的机会。美国《时代》周刊曾直言不讳地说，中国现在什么都可以制造，但什么都不能创造，批判性思维已成为中国学生素质上的重要缺陷。中国是基于生存竞争的应试教育，而美国则是强调创新及创造理念的教育。[①] 究其根本是由于中国教育体制下"产出"的"人才"不具有创新能力。创新能力所要具备的重要思维能力则是批判性思维，抑或说是审辨性思维，而这些思维能力都是理性思维的组成部分。理性思维是生物学核心素养四大部分之一，学生发展理性思维是在每一天、每一次具体的学习过程中逐步进行的，不可能一蹴而就，所以教师要能够形成一种意识，重视学生理性思维，并在课堂中设计一些能够促进学生理性思维发展的内容。

在上述教学片段中，教师一共提问了5次。教师第1次提问：他选择了8个地点，时间从10年到1500年，这样做有什么好处？类似这样的素材和问题在"群落的演替"一课教学中是很罕见的，这提示我们广大教师需要向学生提供实例，让学生体会生物学的美好，让他们对学科

---

① 董毓.角逐批判性思维[J].人民教育，2015（9）：12-19.

产生期待。教师第 2 次提问：陆地上的演替都是按照地衣、苔藓、草本、灌木、乔木这样的顺序进行的吗？演替过程中是否一定都是物种数目越来越多，最后趋于平衡？这个问题的质量非常高，提问也是很有讲究的。对于弃耕农田上的演替以及裸岩上的演替，如果在教学中教师过多强调演替的顺序及每个阶段的优势物种，学生则容易将知识停留在单纯的记忆层面，且容易形成演替顺序不变的思维定势，教师的这次提问则可以很好地化解以上问题和矛盾。教师第 4 次提问：高级就可以取代地衣吗？那为什么不是草本取代地衣而是苔藓？草本更高级啊。这次提问可谓本节课提问的亮点和点睛之笔，很好地体现了批判性思维。根据书本的提示，学生会简单地认为苔藓取代地衣是因为苔藓比地衣更高级，能够获得更多的阳光，在竞争中更有优势，所以苔藓取代了地衣。可是学生却很难反思出：为什么此时不是更高级的草本植物来取代地衣？此时除了阳光以外还有很多环境因素决定取代地衣的是苔藓而不是草本植物，比如：水分和土壤等。

学生学知识不能死板，考虑问题不能片面，思维方式不能过于单一，不能只是一味地听取、接受知识，而应自己去解读和分析事物。教师的课堂提问也决不能都是一些对不对或者是不是的问题。有学者认为：挑战性是提问预设的重要追求，只有挑战性的提问才能引发学生适度的紧张心理，使他们产生困惑、疑虑、探究和表现等心理状态，只有在这种心理的驱使下激发学生的征服感和表现欲，才能使学生进入主动参与、积极思索的良好学习过程。[①]

课堂提问不仅可以促进学生的认知发展（包括理性思维能力发展），还可以促进学生的社会性发展，并且培养学生与当下知识经济社会发展相适应的学会提问、学会创造的能力。因此，在教学实践中，也就需要对于学生的"社会责任"——基于生物学的认识，参与个人与社会事务的讨论，作出理性解释和判断，尝试解决生产生活问题的担当和能力——的培养予以关注。下面，我们再看"群落的演替"的教学片段，看看人类活动对群落演替有何影响。

【典型案例 4.16】[②]

师：请举例说明人类活动对群落演替的影响。
生 1：种树，退耕还林。
生 2：砍树。
生 3：植树造林。
师：（PPT 图片：狗尾草、狼尾草、车前草）我们脚经常踩过的地方是哪种植物？
生 1：狗尾草。
生 2：车前草。
师：同学们下课后不要总坐在教室里，去外面看一看究竟是什么。（PPT 呈现古诗：

---

① 吴举宏. 试论课堂提问的有效性[J]. 教育理论与实践. 2013, 33(23): 53-55.
② 该教学片段选自任小文老师 2016 年 10 月 31 日于南菁中学的公开课"群落的演替"。

白居易《赋得古原草送别》)哪一句话是很典型的群落的演替？

生：野火烧不尽，春风吹又生。

师：除此之外还有：远芳侵古道，晴翠接荒城。(PPT：2005年，教师自己在内蒙古草原上席地而坐的照片)对比诗句：风吹草低见牛羊，说明人类过度放牧带来的草场退化。结合之前大家提到过的退耕还林、还草、还湖。从今天所学的演替来看，退耕还林、还草、还湖等做法可能有的理论依据和意义是什么？

（学生并不清楚）

师：（图片）退耕还林可以使生态功能优化。通常退耕还林的地区是在哪些地方？我们这里需要退耕还林吗？

生：通常发生在水土流失严重的地区，我们这里不需要退耕还林。

师：(PPT：美国生态学家实验研究)自然有非常强的生态恢复能力，所以要提倡退耕还林、还草、还湖。

师：强调退耕还林和防止耕地撂荒二者之间矛盾吗？

师生共同：需要根据自然规律，因地制宜。

根据以往教学经验判断，社会责任部分的高考考点极少，分值比例也极低，对面临高考的中学生而言这部分知识是不必要的，因此在日常教学中总是会"尽可能"地忽略过去。但不能忽略的是在学习好知识之前，更重要的是学会做人。因此，教师不可忽视生物学核心素养——社会责任，应该尽可能地在课堂教学中突出学生的社会责任。"群落的演替"一节教学内容具有明确的情感态度和价值观目标，例如：关注我国实行退耕还林、还草、还湖，退牧还草的政策，并探讨人类在这方面的作用，意识到保护环境的重要性和必要性，体现 STSE 教育。

上述教学片段中，教师一共提问 6 次。教师第 1 次提问：请举例说明人类活动对群落演替的影响。该提问能很好地发散学生思维，且为人类活动对群落演替的影响这部分教学内容打好基石。教师第 3 次提问：(呈现古诗：白居易《赋得古原草送别》)哪一句话是很典型的群落的演替？通过熟悉的古诗句来进一步明确人类活动对群落演替的影响，同时也让学生更加关注人类活动对群落演替的影响。教师第 4 次提问：从今天所学的演替来看，退耕还林、还草、还湖等做法可能有的理论依据和意义是什么？此问题可谓该片段教学中的精彩一问，就像授课教师所说："熟知的并不一定是真的明白。"当老师提出这样的问题时，学生发现虽然退耕、还林等词汇已经耳熟能详了，但是却从来没有了解过它背后的理论依据和意义，这种强烈的情感冲突，极大地激发了学生的求知欲，且极为巧妙地把学生的社会责任给凸显出来。教师第 5 次提问：通常退耕还林的地区是在哪些地方？我们这里需要退耕还林吗？此处提问背后的目的是让学生关注到保护环境的重要性，知道需要防止水土流失。教师第 6 次提问：强调退耕还林和防止耕地撂荒二者之间矛盾吗？此问题不仅突出了学生的社会责任，也是一个提升学生理性思维的素材。优秀的教师是有智慧的教师，是会思考的教师，是能对问题进行优化的教师，是能关注学生核心素养的教师。

　　教育的目的是让学生学会认知、学会做事、学会共处、学会做人（发展）、学会改变。教学中以知识为载体，帮助学生学会思考，让学生在体验分析问题和解决问题的过程中积累学科方法、学科思想，提升学科核心素养，这应该成为今后学科课堂教学的新常态。特别是，随着人类社会的快速发展，对学生的创新能力和实践能力的需求更为迫切，这些能力的培养必须落实到具体的学科教学过程中去。于是，让学生学会提问也便成为每一位教师必须关注的问题。

　　说起"提问"，我们想到的多是教师的角色及其课堂提问，然而事实上，我们每一个人都有提出问题的权力。虽然教师的课堂提问有助于激起学生的好奇心，使学生更容易掌握知识，但是那些来自学生自身的疑问对学生学习的动力效果要比教师的提问更大，更加有助于学生主动建构自己的知识体系。问题的思考方法、角度、程度都是思维能力的重要表现，提问题也是一种重要的智力活动。由学生提问，很大程度上能避免教师提问的盲目性，反映学生内心真实的困惑，也能引起其他学生的共鸣。学生的问题是真实的问题，来自于他们平时对生活细微的观察和体验。就课堂提问而言，宋振韶教授认为可以从提问的发起者和接受者的角色以及先后次序分为三种模式：教师提问，学生回答；学生提问，教师回答；学生提问，学生回答。许多学者已经注意到学生提问的重要性，然而一线教师对学生课堂提问的重视度仍不够，许多课堂实录中学生整节课整节课都处在教师的提问中，或者说是处在教师的思路中构建着他们自己的知识体系。教师把自己认为能构成知识的信息灌输给学生，导致学生所学知识越多，就越不能形成对世界进行干预的批判意识。作为课堂提问唯一主体的教师，由于许多现实原因，往往将教学内容局限于课本知识或中、高考考点上，很少去挖掘教材中存在的空白点和学生兴趣的激发点。同时由于初高中生不再像小学生那样爱表现自己，不愿意在公共场合锋芒毕露或害怕出丑等心理特点，学生更加不愿意在课堂上提出自己的问题，更加不会去质疑老师或"标准答案"，批判性思维程度较低，更易于满足于现状。所以教师应为学生的主动提问创设条件并与之进行思维碰撞。

　　此外，课堂提问如何打破不同学科的界限，帮助学生发展跨学科的素养，也是值得每一位教师思考的问题。例如，在高中教学中，可以结合学生已经学习过的古诗词、成语以及文学作品中的形象来设计课堂提问，这有助于拉近教师与学生的距离，引起学生的情感共鸣，影响和感染学生学习，让学生受到人文精神的熏陶。

　　叶澜老师曾说过，课堂是向未知方向挺进的旅程。教师既需要根据学生的兴趣、发展水平和文本内容等进行提前预设，但是，又由于课堂教学本身所具有的互动性和不可预见性，总会有一些无法预测的事情发生，因此也需要教师捕捉动态生成的资源，进而表现教师对生命成长的尊重意识。这就是说，一个成熟教师的备课不仅要有科学的教学设计，有对教学的预设，而且要应对课堂上随时可能出现的情况。例如，重难点知识突破时，一种方法不行，应该换用哪种方法；学生讨论出现卡壳现象的可能原因及调整方案等。这些情况处理好了，才能使教师在课堂上从容自如，提高课堂教学效益。但是，课堂上的不确定因素太多了，而学生又是有思想、有创造力的生命个体,因此,尽管教师在教学环节的设计上几经推敲,也预设了可能出现的种种情况,教学过程中仍要求教师必须有足够的能力应对课堂上可能生成的变数。我们来看以下的教学实录片段。

【典型案例 4.17】[①]

(NaCl 的模型建构过程)

师:以 NaCl 为例,你会以什么样的模型去解释其物理性质?请小组讨论。

生1:熔沸点高是因为 Na 和 Cl 之间的键很稳定;导电性好是因为存在 Na 金属元素。

生2:导电性好是因为存在 Na^+、Cl^-,因为金属氧化物如 Fe_2O_3 和 CuO 中均有金属元素,但都不导电。

师:金属、金属离子、金属元素是一回事吗?

生2:不是。

师:Cu 为什么会导电?

生2:Cu 导电是因为它表面有电子,可以逸出成为自由移动的电荷。

师:那你觉得金属导电与金属离子导电是一回事吗?

生1:不是。(但仍有疑惑)

师:所以一开始那位同学说含有 Na 金属才导电是不太合理的,那要怎么样完整说明呢?

(此时学生依然困惑不清)

师(提示):请大家再仔细看我们的讲义,上面写明了是"液态的时候导电性的情况",结合我们上节课所学的电子排布知识再来想想。之前我们说原子结合是为了满足8电子的"追求",那 Na、Cl 结合能否满足这个追求呢?

生3:Na 外层1个电子易失去;Cl 外层7个电子,易得到1个电子,所以是 Na 上面的1个电子转移给了 Cl,然后它们均满足8个电子。

师:所以说你提出了一个新的 NaCl 的"原子聚集"模型,大家同意吗?

(学生们纷纷点头)

师投影展示 Na 和 Cl 结合形成 NaCl 的过程。

┈┈┈┈┈

上述 NaCl 的模型建构过程可概括为:引导启发—互动交流—认知冲突—疑点点拨—反思提高。保老师首先引导学生由 NaCl 的高熔点、高沸点以及良好的导电性这些物理性质联系到它的微观结构,在交流过程中发现,学生们对"金属""金属元素""金属离子"这几个概念有些

---

① 该教学片段选自保志明老师执教的"化学键"。

许混淆,所以单独拎出来让学生辨析。最后通过这一番的讨论交流,提出"是因为存在金属 Na 元素"的第一个同学认识到自己说法的问题。这有点类似于苏格拉底的"产婆术",通过提问者不断地提问和反诘,让论述者自己发现自己观点中的错误,而不是直接点明其错误。保老师引导学生在表达与交流中、在倾听与对话中、在反思与评价中自主建构对"知识与技能、过程与方法以及情感态度、价值观"的主体理解,有效促进了学生的认识转变和认识发展。教学是教与学的交往、互动,师生双方相互交流、相互沟通、相互启发、相互补充,在这个过程中教师与学生分享彼此的思考、经验和知识,交流彼此的情感、体验与观念,丰富教学内容,求得新的发现,从而达到共识、共享、共进,实现教学相长和共同发展。作为教师,一定要关注生成并及时捕捉精彩瞬间,因为生成教学是课堂的生命,也是学生生命成长的不竭之源。

知识链接

课堂提问是教师根据教学内容的目的要求,以提出问题的形式,通过师生相互作用,检查学习、促进思维、巩固知识、运用知识实现教学目标的一种教学行为和方式。课堂提问是课堂教学的重要环节,是教师与学生交流的一种重要方式。

(一)课堂提问的教育价值

课堂提问是成千上万教师每日每周都在做的事,这类最平常、最带有普遍意义的问题,才是教育中最不可忽视的问题。对教师来说,课堂提问可以有几个方面的作用:引导教学活动,突出学习的重点;用来检查教学,检查不同层次的学生已经掌握和未掌握的内容,检查技能的掌握程度,检查学生的能力、态度和倾向,揭示学生的学习心理过程;用来补救教学,帮助教师作为改进教学的参考,改变教学的内容、方式、进度等;诊断教学,诊断妨碍学生学习的特殊困难;管理教学,管理学生学习及教室秩序,形成合适的学习环境;评价教学,了解教学效果,为后续的教学提供指导。

对学生来说,课堂提问可以唤起学生的学习兴趣,吸引学生注意力,引起学习动机,激发学生的兴趣和好奇心;让学生回忆已有的知识,评价、纠正和加强当前的学习观点;让学生关注教学进程的变化,促进理解知识技能,促进记忆;使学生更积极主动地加入到课堂互动之中,例如表达意见、讨论等;加强师生的交流,促进学生的深入思考。

(二)何以实现好的课堂提问

好的课堂提问必须以设计好的问题为前提。好的问题亦即优质的问题,而优质的问题是有目的性的。因此,在设计一个优质问题之前我们教师应先问问自己,在这个时候问这样一个问题,我的目的究竟是什么?其次,优质问题具有清晰的内容关注点,这一关注点既可以用"逆向设计过程"设计,也可以用韦恩图的重叠方式聚焦。其三,高质量的问题能够使学生参与多种认知水平的互动。其四,优质问题是清晰并且简明的,当我们给学生提问题时,我们需要从学生的角度思考我们的问题:学生理解了问题的意思吗?他们能够将问题转化成自己的语言吗?

学生对于该问题所希望的答案有一个普遍的认识吗？①如果我们把优质问题视为课堂教学的"肌肉"，那么当我们锻炼这些"肌肉"的时候，我们也增长了将学生的学习和思考提高到新高度的力量。

好的课堂提问还必须充分利用课堂提问的技术和艺术要素。这些技术和艺术要素包括：在设计问题上，要根据教学需要，在重要处设置关键问题；要提出各种水平的问题；要使问题适合学生的能力水平；清楚地、详细而精确地表述问题；组成简明合理的问题结构；问题难度与坡度要合理；要善于提探究性问题。在发问上，发问对象既要面向全体，又要区别对待学生的个别差异；学生回答问题的机会要均等，鼓励全体学生参与；问题难度要由浅入深、由易入难、循序渐进；发问方式要灵活多变，丰富多样；要抓住学生注意力集中、思维活跃的时机发问。在候答理答方面，需要给学生一定的思考与回答时间；教师要注意倾听，对学生表示尊重；学生不能回答知识性问题的时候，教师宜直接给予答案；处理低层次单一答案的问题，教师宜对个别学生的答案直接评论，而处理高层次的问题宜延迟评论，学生发表意见之后，再归纳答案；处理高层次的问题需要容纳异见；给学生答问以积极强化；紧随学生回答继续发问。在反馈方面，要给予有效的教师反馈，并给学生持续改进的机会。

实现好的课堂提问需要从三个方面努力：设计和选择好的问题，充分利用提问的技术和艺术要素，注重学生回答问题的反馈。为此，结合课堂提问的具体阶段，教师需要在备课时从情感、体验的角度和提升拓展学生等角度设计高效的问题，引导学生进入问题情境。认真分析教材内容，了解学生水平，明确教学目标导向；设计问题应逻辑严密、环环相扣，以深化学生的认识水平；提供问题思考方向，点燃学生思维火花，引领学生触及"最近发展区"；问题的设计要以课文中的知识为依据，力求新颖、有趣；教师要精心设计一系列由浅入深、从易到难的问题，要避免那些答案过于简单的问题。在讲完课文以后，教师可以设计一些简单的、在课文当中就可以找到答案的问题，这样不会一下子把学生给难住，可以帮助学生理解课文内容，然后教师可以试着再提问一些有深度的问题。在讲课时，课堂提问要讲究一些策略，例如：分层提问，确保每个学生参与思考，培养学生乐于回答的习惯；注意发挥教学机智，利用生成性课程资源，实现非预期的目标；提问的内容也可随时变换，或激发学生的兴趣，使学生深思，或铺桥架路，顺藤摸瓜，在不知不觉中加深内容。课堂提问的方式也要变换，可以根据不同的内容和对象，不同阶段和不同的教学要求，采取不同的教学方法，采用课堂讨论、辩论、游戏等课堂形式。在提问后，要注意评价与反馈，既要善于发现学生回答中的"闪光点"，给予肯定和表扬，也要发现学生存在的问题，通过补救措施提高问题的实效性。需要说明的是，前面论述的基于情境的课堂提问、追求理解的课堂提问、促进应用的课堂提问、助益发展的课堂提问，更多是从课堂提问的目的与追求来分类的，其中涉及的每一个课堂提问案例都是好的问题、提问的技术和艺术要素、注重学生回答问题反馈等方面的有机结合。

---

① ［美］沃尔什，萨特斯. 优质提问教学法——让每个学生都参与其中［M］. 刘彦，译. 北京：中国轻工业出版社，2009：21-44.

（三）课堂提问需要注意的问题

1. 走向学生提问的课堂

传统课堂以"师问生答"为课堂师生交流的主要模式，学生往往仅能通过回答教师的问题而参与课堂。师生课堂交流的主要方式是"教师提问—学生回答—教师再问—学生再答"。"师问生答"这一单向提问模式极易导致以下的结果：一方面，学生习惯回答而不是提问，对所学习的知识似乎没有疑问，习惯了随声附和而不是独立质疑，学生的问题意识渐趋淡薄，而另一方面教师似乎掌握了课堂的所有话语权，学生要做的只是回答教师有标准答案预设的问题。学生在认知过程中提出问题、解决问题的能力如何提高，学生的自主学习能力，创新、创造能力如何培养，对话式课堂教学从何体现，自然都成为我们不可回避的问题。倡导走向学生提问的课堂不仅有助于增强学生的主体性，培养学生的问题意识，有助于学生思维的发展，而且有益于班集体的共同发展。我们也不得不承认："学生提问是学生课堂参与形式中比回答问题、参与讨论等层次更高的认知卷入。"[①]而一旦一个学生能够懂得去问问题，懂得怎样去掌握知识，就等于给了他一把钥匙，能打开各式各样的大门。从某种意义上讲，教育的真正目的就是让人学会不断提出问题，进而思考问题和解决问题。

2. 注重学生回答问题的过程

问题的结果重要，但是问题的解决过程更为重要。在回答封闭性提问时，虽然最终的结果只有一个，但是学生解答问题的思维过程却是大不相同的。有些可能是自己随意猜出的答案，有些可能是找到了某些新的好的解题方法，而有些可能由于在解题的过程中遇到了一定的困难或是出现了理解上的错误而导致他们没能回答正确。在回答开放性提问时，由于没有固定的答案，那么教师就更应该多注意学生回答问题的过程，了解他们是如何得出自己的结论的。如果教师能够关注学生的思维过程，他们就可以及时地对学生的错误进行指导和纠正，分析和了解学生回答正确或是错误的原因，针对好的解题方法教师要予以提倡和表扬，针对不当的解题方法除了要及时纠正外，还要找出其出错的原因，从根本上解决问题。

3. 对于课堂提问理答环节的重视

对课堂提问的理答环节的重视源于课堂提问主体从教师转向学生的课堂互动组织理念。理答环节是引起、保持或促进学生课堂学习的一种重要手段，有经验的教师通常把学生的回答作为重要的课程资源，以此引出下一步的教学决策。所有这些决策的生成，对课堂学习的有效性、教学对话的流畅性都起到重要作用。也只有这样，课堂提问才有更深远的意义。

对于课堂提问的理答环节，教师应当从四个层面进行管理。第一是在知识层面，教师需要具体指出回答中的对或错的内容，并且避免低层次的机械重复；第二是在方法层面，教师要根据学生的实际选择课堂提问的理答策略；第三是在情感层面，理答是教师对学生回答的一种即时评价，应该在基于尊重学生的基础上满足学生的情感需要并且激励学生；第四是在智慧层面，教师要思考学生如何内化知识，要立足于学生发展的层面，多层面激发学生思考，让学生思维

---

① 宋振韶. 课堂提问基本模式以及学生提问的研究（上）[J]. 学科教育，2003（1）：22-25.

向高层次递进发展。

4. 对学生的情感性问题的关注

允许学生表达自己真实而纯粹的情感状态下的感觉和情绪，它比征求意见的层次更深，重在真实感受和情绪。例如："哪些事情会让你高兴？""当某人冲着你大吼时，你有什么样的感觉？""当你看到被石油包裹住濒临死亡的鸟时，你有什么样的感觉？"关注学生的情感性问题，旨在让学生开始能够意识到自己真实的情感世界，并学会尊重他人的感情。当然，关注学生情感性问题的课堂提问，其目的或是了解学生对所学知识的掌握情况和激发学生的思维，或是为了学生的非认知性发展（包括社会性发展等），绝非用来惩罚学生不认真听讲的"帮凶"。这是千万要注意的。

第五章　学科思维的教学艺术

有研究者认为，人类思维最重要的三种方式是：理性思维、创造性思维和洞察性思维。[①] 在这三种思维中，理性思维是根本，它使我们明辨是非，分清真假；创造性思维和洞察性思维所产生的结果最终也需要理性的批判和检验。对于创造性思维和洞察性思维，我们无法建立一套行之有效的方法和原则，但对于理性思维，却可以有严格的方法和原则，那就是逻辑方法。虽然我们不能说学科思维就是逻辑思维，但逻辑思维是所有学科思维的基础这一点却是毫无疑问的。正是基于这一理由，学科思维的教学艺术更应该关注对逻辑思维的构成要素的教学问题，亦即关注学生的比较与判断、推理与论证、模型建构、宏观与微观联系的学科思维能力培养。

一、比较与判断的教学艺术

逻辑思维是人们在认识过程中借助于概念、判断、推理等思维形式能动地反映客观现实的理性认识方式。只有经过逻辑思维，人们才能达到对具体对象本质规律的把握，进而认识客观世界。与形象思维不同，逻辑思维通过对感性材料的分析思考，撇开事物的具体形象和个别属性，揭示出物质的本质特征，形成概念并运用概念进行判断和推理来概括地、间接地反映现实，因而表现出一定的抽象性。逻辑思维是人脑对客观事物间接概括的反映，它凭借科学的抽象揭示事物的本质，具有自觉性、过程性、间接性和必然性的特点。逻辑思维的基本形式是概念、判断、推理。逻辑思维方法主要有比较与分类、归纳和演绎、分析和综合，以及从抽象上升到具体等。我们来看下面的教学片段。

[①] 张海澎. 分析逻辑：理性思维的基石[M]. 香港：青年书屋，2004. 这里需要说明的是，对于这一思维分类（三分法）结果，我们也需要或者说更应该去质疑乃至批判。此处引用这一结果，只是想以此强调逻辑思维的基础地位。

【典型案例 5.1】①

师：边草、胡笳、山、雪、明月，将这简单的意象分两类的话，你怎么分？

生1：我将边草、山、雪、明月一类，胡笳一类。前面是自然的，后面是人文的，所以我分为两类。

师：说得很好。说前四个是自然的意象，胡笳是人工的意象。因为这个世界分地籁、人籁、天籁。你有没有不同意见呢？

生2：我分的跟他有不一样的。我分的是边草、山、雪、胡笳是一类，明月是另外一类。因为边草、山、雪、胡笳都是边塞特有的景物，明月是哪里都可以见到的，代表他思乡的情感。

师：明月，"何处春江无月明"。明月高悬，在世界各个角落都会看到，其他意象是只有边关才会有的。角度很特殊。你有没有不同意见？都认同吗？

生3：我不太同意刚刚的意见。如果按照哪里有，哪里没有，我觉得应该分为边草、胡笳是一类，山、雪、明月是一类。

师：山在中国大地上无论南中国还是北中国，无论江南还是塞北都会有的，这绵延的山、巍峨的山。又一个新的划分标准了！你有没有不同意见？就说你的意见，他们说的都有道理。

生4：我认为边草、山、雪为一类，明月和胡笳为一类。胡笳是一种比较特别的乐器，声音是以悲清凄凉为最大特点，因此我觉得明月和胡笳都有一种思乡的感觉在里面。剩下的是另一类。

师：另一类又是哪一类呢？这个划分标准好像一语说不清，再探讨。

比较与分类是逻辑思维最为基本的方法。在乡愁诗歌的鉴赏教学过程中，教师抛出一个看似简单却又不简单的问题，"边草、胡笳、山、雪、明月，将这简单的意象分两类的话，你怎么分？"教师没有直接将划分标准呈现给学生，而是悬置自己的观点，帮助学生在新旧知识的碰撞、对比、理解中主动建构自己的知识。当有学生表达自己的观点后，教师充分肯定，承认并尊重学生在教学过程中的主体地位，同时不断引导学生思考是否还有其他分类办法。让学生的思维在原有基础上得到进一步发展，让每个回答所涉及的分类标准与依据都能引发学生的深度思考。培养学生敢于质疑并善于质疑的思维品质，鼓励学生对所判断的现象和事物有其独立的、综合的、有建设意义的见解。

学习不单局限于知识的背诵与辨别，更强调学习者积极主动地参与其中，批判性地接受新知识，不断丰富原有的认知结构。在阅读理解过程中，无论是初步感知、语言赏析还是综合评价，都离不开学生的深入思考与批判，也离不开思维的分析与比较。我们来看下面的教学片段。

---

① 该教学片段选自董一菲老师执教的"乡愁诗鉴赏（1）"。

【典型案例5.2】[①]

师：土色！作者在这里写到："一切都披上了土色的忧郁"。那土色是什么颜色呢？为什么用土色？能不能用别的颜色来描绘这个背景？

（课堂分外安静，学生静心思考）

师：什么是表示忧郁的颜色，比较现代化的颜色？

生：蓝色。

师：对，蓝色！蓝色为什么不行？作者为什么选择土色？

生：土色更加的阴暗吧，更能体现出忧郁。

师：这位同学说得都对，但是理由比较牵强。

生：蓝色是现代人的忧郁，比较注重心情的忧郁。而这里的土色比较大气，把这种忧郁扩展到了民族危机层面。而蓝色只是个人心情。

师：整个北方都是土色，似乎更加大气？这位同学讲到大气，可是也不是特别合适。再思考。

（课堂安静）

师：北方的土地？描写的对象和抒发的感情二者要……？我们平时讲诗歌常常讲什么？

生：（齐）统一。

（教师板书"意象"二字）

师："意"就是作者要表达的感情，"象"就是物象，用来寄托这个"意"的。这个土色就是"象"，要融为一体才能表达作者的这种思想感情。我们平素所讲的本体和喻体，用什么样的喻体来表达本体是有讲究的。不是说新奇一点就可以了，别致一点就可以了，在选择上一定要注意本体和喻体二者之间的统一！

在理解诗歌为什么选用"土色"作为其主要色调时，学生没有很好地抓住精髓，不能将"土色"与其背后的深刻寓意联系起来。教师引导学生对比蓝色与土色之间的差异，以批判的态度看土色超越蓝色的独到之处，进而更加深刻地把握所描写的对象与所抒发的情感之间的内在联系。在这一过程中，教师没有匆忙表达自己的观点，也没有为完成预先设计好的教学设计而反驳学生的问题，而是耐心等待、引导并以此为契机分析诗歌的情感内涵，鼓励学生批判地看待问题，掌握知识获得的有效方式，让思维的触角在自由的空间里探索伸展。

有比较才会有鉴别，有比较才会有甄别。在历史教学中，通过史料的媒介作用，让学生能更清晰、更真实地掌握历史知识；通过对史料内涵的解读、对史料的甄别以及对史料教学活动的设计，培养和提升学生的证据意识，锻炼学生的历史思维能力。与其他学科相比，历史学科

[①] 该教学片段选自张新强老师执教的"北方"。

有一个非常重要的特点,那就是它研究的是先前发生的现象。所以为了确保研究的准确性和科学性,研究者需要将史料作为证据来进行研究。那么,什么是史料呢?梁启超在《中国历史研究法》中这样写道:"史料者何?过去人类思想行事所留之痕迹,有证据传留至今日者也。"[①] 史料是指自然界以及我们人类社会在发展过程中遗留下来的各种痕迹,如实物和文字资料等。它是我们了解过去、研究过去不可或缺的证据,它能真实地反映历史的本来面貌。历史的过去性,决定了我们了解、研究历史必须依托于史料,史料是研究和学习历史的基础。但是,史料并不等于历史,只有通过对收集的史料进行甄别、比较、整理、归纳、分析,才能够准确地还原历史事实,得出正确的历史结论,同时得出的历史结论也可以进一步用史料去加以论证,最终做到"论从史出,史论结合"。在历史教学中,教师将文本和搜集的史料引入学习,通过史料的媒介作用,让学生能更清晰、更真实地掌握历史知识,并在对史料的分析归纳理性化的过程中张扬学生的人格个性,发展历史思维能力,培养正确的历史观。[②] 其中,历史思维能力是人们用以认识和再现历史事实,解释和理解历史现象,把握历史发展进程,分析和评价历史客体的一种素养,是一种历史认识活动。[③] 对收集的史料进行甄别、比较、整理、归纳、分析都离不开学生的历史思维能力,都必须以学生的历史思维能力为前提。

在史料教学中,除了通过对史料内涵的解读(亦即史料说了什么)来使学生获得历史知识提升历史思维能力外,对同一历史现象的同一史料的不同表述的甄别也能提升学生历史思维能力。史料,尤其是文字史料,在流传的过程中,由于种种原因会出现差异。比如《十二铜表法》,它在公布后的60年,即公元前390年,由于高卢人入侵罗马,连同建筑物被占领军焚毁,既未保存残片,也无抄本传世。但罗马人对《十二铜表法》的内容印象深刻,据说后来又公布过一次,不过没有确切历史资料佐证。现在所知的《十二铜表法》,是后世许多学者从各种文献中收集、整理而成的。[④] 因此,其条文的编次和内容不尽相同。这种情况下,在合乎历史事实的基础上,选择适宜的史料进行教学显得尤为重要。在史料的甄别中发挥作用的主要是教师,当然学生亦能发现史料的不同,通过史料之间的甄别,找出能准确反映和解释历史现象的史料,发挥学生自身的主体作用。因此,学生亦能在史料甄别中获得准确而全面的历史知识,更好地提升其历史思维能力。我们来看有关《十二铜表法》的内涵和影响的教学片段。

【典型案例5.3】[⑤]

《十二铜表法》的内容有:传唤、审理、执行、家长权、继承和监护权、所有权和占有权、土地和房屋、私法、公法、宗教法、前五表的补充、后五表的补充。

---

① 梁启超.中国历史研究法[M].上海:上海古籍出版社,1998:40.
② 谢波.史料教学与其他教学方法的整合[J].上海教育科研,2005(2):36.
③ 赵恒烈.历史思维能力研究[M].北京:人民教育出版社,2007:15.
④ 周枏,等.罗马法原论[M].北京:商务印书馆,1994:36.
⑤ 陈红.新课程"罗马法的起源与发展"教学案例[J].历史教学,2006(12):39-40.

幻灯片:《十二铜表法》

第 5 表　凡以遗嘱处分自己的财产,或对其家属指定监护人的,具有法律上的效力。

第 8 表　毁伤他人肢体而不能和解的,他人亦得以同态复仇而"毁伤其肢体"。

第 9 表　不得为了任何个人的利益,制定特别的法律。

第 11 表　禁止贵族与平民通婚。

——摘自《十二铜表法》[①]

师:从材料中可以发现哪些信息?它的公布在当时会产生什么影响?

生 1:第 5 表是说明遗嘱有法律效力,财产归属由遗嘱人的意志决定,不能因为他死了就随意处置。这是私有财产的体现。

生 2:犯了罪是要负刑事责任的。

生 3:第 8 表是"以牙还牙,以眼还眼",积极方面是平民与贵族在这一点上是平等的,但我觉得消极方面是它还带有一些传统色彩。

生 4:第 9 表是公共意志的表现,不能因个人利益改变。

生 5:从第 11 表来看,贵族还是有些特权的。

生 6:我认为这个法律既抑制了贵族权力,也保障了贵族的利益。

生 7:它既保障了贵族利益,也保护了平民利益,因为大家都有法可依。

师:虽然《十二铜表法》是以往罗马习惯法的汇编,其中也掺杂着原始的、落后的古老习俗,保留了某些维护贵族特权的不合理法规,但是,作为第一部有章可循的成文法,《十二铜表法》把一向由贵族垄断而自由掌握的法律用直白的文字公布出来,这本身也是一个巨大的进步。"令行禁止"在一定程度限制了贵族官吏的专横。除增补禁止贵族与平民通婚外,平民在私法上争得和贵族平等的地位,审判、量刑皆有法可依,这也保护了平民利益。

《十二铜表法》开启了罗马制定、完善成文法的传统,是罗马近千年的法律经典,历代统治者都没有明文废止它。它深入人心,在西塞罗时代,青少年都把它作为教本来背诵。

以后罗马就经常用立法的方法来解决一些社会矛盾。出现什么问题了就立个法,如官职、土地、婚姻,等等,这样就逐渐形成了罗马的法治文化。后来不仅内部矛盾用立法的形式来解决,罗马公民群体之外的矛盾也用立法的形式来解决。

　　教师在教学中并没有选用教材中已有的史料,而是根据教学目标摘编更加具体、丰富的史料。由于《十二铜表法》内容非常丰富,因此,在教学中必须对其进行摘编,选择能够体现其特色的、更加符合教学目标的史料。由于不同的摘编角度,可以得出不同的结论,因此,在具体的

---

① 周枏,等.罗马法原论[M].北京:商务印书馆,1994:931-942.

教学中,需要教师根据教学目标对史料进行甄别。教师通过甄别史料,选择适宜的史料,使学生能够运用史料去论证历史知识,从而对教学内容有更加全面而准确的认识。比如,教师选择《十二铜表法》第9表中"不得为了任何个人的利益,制定特别的法律"这一条史料来更好地体现贵族对法律的随意解释受到限制的特点,这是教材中引用的史料所不能表达的。因此,教师需甄别史料,以使学生能运用史料论证历史知识,培养其"论从史出,史论结合"的历史思维,提升其历史思维能力。此外,学生在阅读的时候,会不自觉地将阅读时获得的史料与教材中已有的相关的史料进行对比分析,明确其内涵与两者之间的异同,了解由于不同的摘编角度,读者可以从中得出不同的结论,在甄别中强化"论从史出,史论结合"的思维,提升自身的历史思维能力。

比较、判断以及进一步的抽象、概括等思维基本活动,有助于形成学科思维中最为基本的要素——学科概念。下面我们来看一个运用要素分析方法围绕核心概念的教学片段。

【典型案例5.4】[①]

(了解细胞增殖的意义后,对细胞增殖的方式进行学习,播放有丝分裂动画)

师:有丝分裂是真核细胞进行细胞分裂的主要方式。连续分裂的细胞一般都会出现上述周而复始的变化,即细胞体积先长大然后细胞一分为二。我们把细胞这种连续的变化称之为细胞周期。从上述动画看,你觉得一个细胞周期应该可以划分为哪些大的阶段?细胞周期有起点与终点吗?

生:从动画上看,我觉得细胞周期划分为细胞长大与细胞分裂两个大的阶段。对于细胞周期的起点与终点我不能肯定。

师:请同学们阅读教材中细胞周期的定义,找出定义中的关键词。

生:上一次分裂结束开始到这一次分裂结束为止,是一个细胞周期,包括分裂间期和分裂期。

生:我觉得细胞周期有一个前提,要连续分裂的细胞才有细胞周期。

(教师呈现下图)

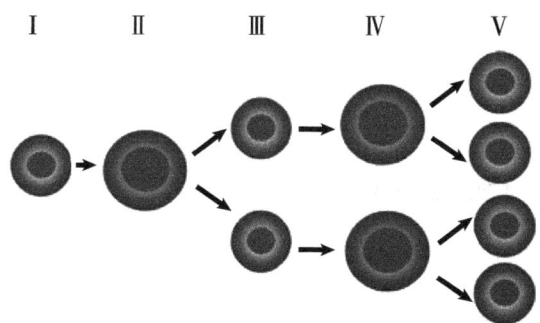

---
① 该教学片段选自任小文老师执教的"细胞增殖(一)"。

生1：我觉得Ⅱ+Ⅲ不是一个细胞周期。

师：的确，一个细胞周期开始于上一次细胞分裂结束，终止于这一次细胞分裂结束。细胞周期是有起止点的，这一点与数学中的周期存在着不同，尽管也是周期。

要素分析是从概念的定义出发，通过解析概念要素来掌握概念的方法。这种学习活动的基本程序是：① 把握一个概念的要素组成，② 从概念定义的陈述句中抽出其本质属性，③ 领悟课文或有关资料中对概念属性的解说，④ 从概念外延中揭示其应用的范围。要素分析法多用言语讲授和有意义教学法进行教学，所谓言语讲授和有意义的教学法是教师通过口头语言，辅以板书等手段系统地向学生传授学科知识，传播思想观念，发展学生的智力和思维能力的教学方法。因为要素分析法多无需借助其他教学手段和教学设施，因此在生物学教学中经常被教师采用，但是，许多教师误认为概念解析只是简单讲解概念中的重要名词，甚至有的教师在教学中只是让学生圈出重要名词，认为这种教学方式便是概念教学。而且教师对生物学概念的本身研究更少，几乎没有涉及概念发展的过程、负载的方法和蕴含的价值等，这也导致概念教学效率低下。

在"细胞增殖（一）"这一节教学中，其核心概念为细胞周期、有丝分裂、细胞增殖等。了解核心概念有哪些，才能围绕其组织教学。教师首先根据动画总结：连续分裂的细胞一般都会出现上述周而复始的变化，即细胞体积先长大然后细胞一分为二。我们把细胞这种连续的变化称之为细胞周期。此时，学生观看动画后对于细胞周期只是有大概的了解，并未深入。接着，教师从整体出发，循序渐进地抛出两个问题：你觉得一个细胞周期应该可以划分为哪些大的阶段？细胞周期有起点与终点吗？这两个问题的提出可以帮助学生从对细胞周期模糊的认识中理出思绪，从宏观角度把握细胞周期的两个大阶段。同时可以暴露出学生存在的问题——不清楚细胞周期是否有终点和起点。此时，教师让学生阅读有关细胞周期的定义并且找出其中的关键词（该阶段是对概念中的要素进行初步分析和把握），让学生带着问题阅读，大大地提高了阅读效果。此时学生提出想法——连续分裂的细胞才有细胞周期，这说明学生不仅把握了概念要素的组成，而且还从概念定义的陈述句中抽离出其本质属性，概念教学初见成效。

在学生对细胞周期有了比较详细的了解后，教师展示图片，通过实例对概念中的要素进行进一步的分析，以突出核心，加强学生对核心概念的理解，使其领悟课文或有关资料中对概念属性的解说。在该过程中，学生将自己所掌握的有关概念知识运用到具体的情境中对问题进行解释，通过质疑、释疑的过程，进一步理解概念中的要素——分裂间期和分裂期，并且对二者在细胞分裂过程中的顺序有了实质性认识，比较牢固地掌握了"细胞周期"这一核心概念。

我们再来看一则化学教学片段。

【典型案例5.5】[①]

问题1：4种物质$Ba(OH)_2$、HCl、H_2SO_4、Na_2SO_4都属于电解质（这是前一节已形成的概念），它们的溶液两两混合，可能有哪些反应发生？

学生能写出三个反应：

$Ba(OH)_2 + 2HCl = BaCl_2 + H_2O$；

$Ba(OH)_2 + H_2SO_4 = BaSO_4\downarrow + 2H_2O$；

$Ba(OH)_2 + Na_2SO_4 = BaSO_4\downarrow + 2NaOH$。

然后请他们动手实验，验证一下这三个反应的发生。

学生在做实验时发现，除了两个实验中有白色$BaSO_4$沉淀可以观察到，$Ba(OH)_2$和HCl溶液没有可观察的明显现象，但从理论上知道反应在发生。

问题2：怎样让这个不易观察的反应看得见？

学生想到用酚酞指示剂可判断酸碱反应的发生，于是请他们再次进行实验验证：先在$Ba(OH)_2$溶液中滴入酚酞，重新验证刚才三个实验，实验完成后填写下表。

滴有酚酞的$Ba(OH)_2$溶液分别与HCl、H_2SO_4、Na_2SO_4溶液的反应情况表

反应物质	溶液颜色	沉淀情况
HCl		
H_2SO_4		
Na_2SO_4		

在这个教学片段中，将三个简单的复分解反应试管实验做两遍，通过这样的前后对比，具体物质逐渐退场，特定离子逐渐登台，慢慢进入学生视野。当然，在这个过程中教师的启发性问题不可或缺。例如酚酞的红色让我们"看到"了溶液中的氢氧根离子，那怎么理解红色褪去这一现象呢？如何用化学语言表达？从元素的来源看，如何理解$BaSO_4$白色沉淀的生成？如何用化学语言表达？$Ba(OH)_2$和Na_2SO_4溶液的反应中，氢氧根离子没有变化，那么钠离子会有变化吗？通过这些问题，教师带着学生从实验观察的表象出发，引导学生进行富有逻辑性、条理性的思维，形成科学的化学概念。

费斯汀格指出，当观念、事实间产生了认知矛盾后，人们的心理会出现不和谐的状态，这种不和谐会使儿童产生去协调这一状态的动机，因而会出现协调这种状态的行为。学生对事物的好奇，对真实世界的求知欲，具有稳定和持久的特点，是促进学生进行化学思维的必备条件之一，也是使学生进行创造性思维的必要前提条件之一。化学实验给学生直接地展示了科学世界的真

---

① 保志明.运用实验体现概念的建构过程——"离子反应"的教学与思考[J].中学化学教学参考，2012(3)：16-17.

面目，与他们预测相吻合的，他们的求知欲会得到暂时满足；与他们的预测不符的，他们会进行相应的调整，直到他们的愿望得到满足。在不断的调整、探求中，他们的思维能力会不断提高。

二、推理与论证的教学艺术

从认识论视角看，推理与论证对于人类认识世界具有重要的意义。推理能力涉及人的推理意识、寻找证据的能力以及推理方法的掌握。其中，推理意识是熟练掌握各种推理方法，利用合适的推理方法和丰富的推理证据进行正确推理的基本前提。

推理与论证的过程是训练学生逻辑思维的过程，对日常思维尤其是语言沟通交流具有指导作用。著名语言学家王力先生曾指出，文章写不好，并不是由于他写了几个错别字，也不是因为他不懂语法，主要是逻辑思维问题。由此可见，在语文教学过程中，尤其是高中语文教学中，推理与论证教学对培养学生的逻辑思维能力，增强阅读和写作素养具有重要作用。

【典型案例5.6】[1]

师：请同学们对录音的诵读和我的诵读作一个比较和评价，说说你认为谁读得更好。哪位同学先说？

生：我更喜欢老师您的诵读，因为我感觉这是魏徵对太宗说的话，您的诵读体现了他对太宗所作所为的着急以及他激动的心情。

师：激动的心情，很着急，愿望很迫切？

生：对。

师：谢谢。其他同学呢，有没有不同意见？

生：我也认为黄老师您读得比较好，因为您抑扬顿挫比较明显，而录音读的时候，感觉读起来比较平，比较柔。（学生笑）

师：谢谢同学们的肯定。不过，我还想听听不同的意见。

生：我觉得还是温柔一点比较好。如果他怕掉脑袋的话，他应该温柔一点吧。

师：我想，这是一个很重要的问题。这篇课文，应该是什么样的感情基调呢？是"柔"一点还是"刚"一点？（板书：基调）或者说，如果魏徵上书要当朝读这篇奏议，他诵读时的感情应该是怎样的？

生：应该很着急，希望能说服唐太宗。

师：对，这是他的目的。其实，我倒觉得我和录音的诵读，对文章感情基调的把握还是比较一致的。有些同学也已经体会出来了。（转向一位学生）你体会出这篇文章感情基调是什么样的？

---

[1] 该教学片段选自黄厚江老师的"谏太宗十思疏"。

生：我觉得应该有一种"天将降大任于斯人"的感觉。

师：强烈的责任感？是不是说"以天下为己任"更好？刚才一位同学分析得不错——"如果他怕掉脑袋的话，他应该温柔一点"，可是作者怕掉脑袋吗？不怕。唐太宗才开始执政时，非常勤政，也很体恤百姓，可随着国力的强盛，政治的安定，他开始大兴土木，广造宫殿，大臣们屡次进谏，他就是不听。魏徵屡屡上奏，惹得他非常不满，扬言要杀了他。可是魏徵就是不怕。大家想一想，在这样的背景下进谏，可能"温柔"吗？

生：不可能。

师：对，不可能温柔。我们是否可以说这篇文章的感情基调是"诚恳"？（板书：忠诚、恳切）要做一个诤臣，首先要有满腔的忠诚，对国君的，对国家的；同时，又要特别恳切，才容易被接受。

《谏太宗十思疏》选自苏教版高二语文必修三。在此教学案例中，教师通过询问学生喜欢的诵读方式来引发学生对整篇文章感情基调的把握。在此过程中，教师和学生有一个基本的假设：如果魏徵怕掉脑袋的话，他说话的语气应该会温柔一点。这个假设就是推理与论证的起点。接着，教师以唐太宗执政时大臣们频繁上奏、奏言屡屡被拒、魏徵面临砍头危险的背景为论据，论证出魏徵在此种情况下仍坚持上奏是不可能害怕死亡的，再进一步论证出此时魏徵的语气不可能是温柔的。由此得出最后的结论，这篇文章的感情基调应该是忠诚恳切的。推理与论证是一个提出假设、分析论据、进行论证、得出结论的过程，教师并没有将答案与结论直接告知学生，而是引导学生自己思考，正应了那句"授人以鱼不如授人以渔"的古话，推理论证便是"渔"。

我们再转而看"罗马法对世界产生重要影响的原因及表现"的历史教学片段。

【典型案例5.7】[①]

师：为什么罗马法能对世界产生重要影响？

生1：因为它是古代社会法治的范式。

生2：它倡导的"人人平等"易于被后来的资产阶级接受。

师：对世界产生重要影响的原因大致有这样几个方面。

（1）法理思想适应了欧洲近代资本主义兴起后发展的需要。首先，"人人平等"成为资产阶级反封建专制、封建等级制度的思想武器；其次，罗马法是调整私有制条件下商品经济的各种关系的法律，能适应资本主义生产关系和新兴市民阶层的需要。如"私有财产不可侵犯"。

（2）（罗马法）是一种法治成功的模式。罗马帝国的行政人员很少，如公元1世纪

---

① 陈红. 新课程"罗马法的起源与发展"教学案例[J]. 历史教学. 2006（12）：42.

初只有百人左右的官员，但国家治理得很好。这就成为近代欧美国家纷纷仿效的模式。

（3）体系完整。不同阶段都可以从中找到可利用的成分，如宣扬君权神授："没有东西比皇帝陛下更高贵更神圣。"皇帝敕令具有法律的效力，符合英、法专制王权的需要。再如，反对君主制的政治制度，雅典的民主、罗马的法制，符合资产阶级反封建的需要。

（让学生阅读以下资料）

幻灯片：

"没有东西比皇帝陛下更高贵更神圣"，皇帝敕令具有法律的效力。

———《民法大全》

凡享有权利能力的人，就具有法律上的人格，但要具备完全的人格，必须有自由权、市民权和家族权。

———《民法大全》

我们认为下面这些真理是不言而喻的：一切人生来就是平等的，他们被造物主赋予他们固有的、不可转让的权利，其中有生命、自由和追求幸福的权利。

———美国《独立宣言》

私有财产是神圣不可侵犯的权利。除非由于合法认定的公共需要的明显要求，并且在事先公平补偿的条件下，任何人的财产不能被剥夺。

———《人权宣言》

师：对中国有影响吗？也有一定影响。

幻灯片：

中华民国主权属于国民全体；国内各民族一律平等；公民有人身、居住、财产、言论、出版、集会、结社、宗教信仰等自由……

———《中华民国临时约法》

在历史史料教学中，教师可以通过不同的史料呈现形式，在吸引学生兴趣的同时，引导学生分析史料，培养学生处理信息的能力、获取新知识的能力、分析和解决问题的能力，从而使学生获得历史思维能力的提升。在上述"罗马法对世界产生重要影响的原因及其表现"的教学片段中，教师提出了"为什么能对世界产生重要影响"的问题让学生思考，在学生回答的基础上进行总结，从法理思想、国家治理手段以及法律体系三个角度阐述了罗马法被近代资产阶级效仿的原因，并以《民法大全》、美国《独立宣言》以及《人权宣言》史料节选为例，来说明罗马法对世界产生重要影响的表现。最后，联系中国的法律，通过《中华民国临时约法》中的史料节选，来阐述罗马法对近代中国法律的影响。教师通过史料，将历史知识化抽象为具体，使学生更加容易理解。同时，这也为学生解释历史现象、得出历史结论提供了史料证据。此外，整个教学过程富有层次性，从提问到学生思考再到教师总结，最后用史料来对结论进行具体的说明。在这一教学过程中,从古代罗马至近代西方,时间维度长,从西方到东方,空间范围广,而教师通过广泛的史料实现了这一过渡,使学生在对史料的分析中明确古罗马的罗马法对近代西方,乃至对近代中国都产生了重要影响。当然,在明确这一历史结论的同时,学生也在运用史料来解释这一结论,学生的证据意识,"论从史出,史论结合"的历史思维能力在思考、对比、联系中不断地得到拓展和提升。

我们再转而分析数学公式的引入教学。公式教学从属于命题教学,是数学教学中十分常见而又重要的课堂类型。一般地,我们把用数学符号或文字表示各个数量之间关系的式子叫做公式。数学公式可分为定义型公式和结论型公式两类,初等数学涉及的大多是结论型公式。大多数教师在进行公式教学时受教学时间限制,较多地关注知识与技能维度的教学目标是否达成,对过程与方法的维度关注较少,或者不知如何在教学过程中体现这一维度。传统的代数公式引入多采用归纳推理的方法,即让学生先从一系列的特殊案例入手,观察数字特征后提出猜想假设,再进行公式的推导或证明。殷伟康老师在"点到直线距离公式"这一节课中同样采用了"从特殊到一般"的数学思想,但他又将这种思想与其他数学思想融合在一起,使得这一节课别有风味。

【典型案例 5.8】[①]

师:某供电局计划解决本地区一个村庄的用电问题。经过测量,若按部门内部设计好的坐标图(如图1,以供电局为原点,正东方向为 x 轴的正半轴,正北方向为 y 轴的正半轴,长度单位为 km),则这个村庄的坐标是 $P(4,2)$,它附近只有一条输电线路通过,其方程为 $l: 2x-y+2=0$,问:要完成任务,至少需要多长的电线?

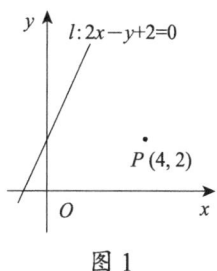

图 1

生1:原问题实际上就是求点 P 到直线 l 的距离。

师:点 P 到直线 l 的距离是怎样定义的?

生2:过点 P 作直线 l 的垂线,垂足为 Q 点,线段 PQ 的长度叫作点 P 到直线 l 的距离。

师:如何来求线段 PQ 的长度呢?

学生通过独立思考,很快得到了如下解决的方法。

生3:如图2,过点 P 作 l 的垂线 PQ,设垂足为 Q。因为 $l: 2x-y+2=0$,$P(4,2)$,所以 $PQ: y-2=-\frac{1}{2}(x-4)$。由 $\begin{cases} y=2x+2, \\ y=-\frac{1}{2}x+4, \end{cases}$ 得 $\begin{cases} x=\frac{4}{5}, \\ y=\frac{18}{5}, \end{cases}$ 故 $Q(\frac{4}{5}, \frac{18}{5})$,从而 $PQ=\sqrt{(\frac{4}{5}-4)^2+(\frac{18}{5}-2)^2}=\frac{8\sqrt{5}}{5}$。

---

① 该教学片段选自殷伟康老师执教的"点到直线距离公式"。

师：这种方法的实质是将点到直线的距离转化为点到点的距离，可以称为"定义法"。上面的推导方法清晰自然，思路简单，大家都能想得到，但运算有点烦琐。能否从几何角度考虑，"简化"运算过程呢？同学们，"两点间的距离"公式是怎样推导的？

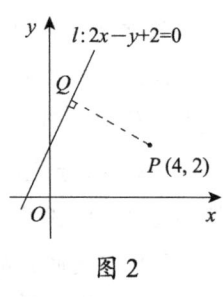

图 2

生4：过已知两点分别作坐标轴的垂线，两垂线的交点与这两点构成直角三角形，算出两条直角边的长度，利用勾股定理再算出斜边的长度，即为两点间的距离。

师：这种方法实质上是将"斜线段"转化"横线段、竖线段"，构造直角三角形进行求解的。能否从中得到启示呢？

生5：我们容易发现垂直于坐标轴的垂线段的长易求，构造一个直角三角形，其中一条直角边为 PQ，斜边垂直于坐标轴，其长度易求。现在，只知道斜边，PQ 不知如何求。

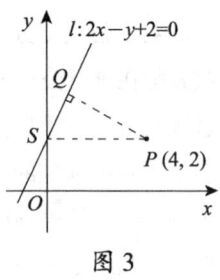

图 3

师：仅有边边关系，还不能解决问题，谁来帮助生5呢？

生6：应该再考虑边角关系，如果作垂直于 y 轴的垂线 PS，则 $\angle PSQ$ 就是直线倾斜角。利用同角三角函数关系，计算出其正弦值，线段 PQ 长度即可求出。

生7：如图3，过点 P 作 l 的垂线 PQ，设垂足为 Q，直线 l 与 y 轴的交点为 $S(0, 2)$。因 $PS = 4$，$\tan \angle QSP = 2$，所以 $\sin \angle QSP = \dfrac{2\sqrt{5}}{5}$，故 $PQ = SP \cdot \sin \angle QSP = 4 \times \dfrac{2\sqrt{5}}{5} = \dfrac{8\sqrt{5}}{5}$。

师：很好！以上解法简洁明了。我们知道了直线方程后，可以利用斜率来计算正弦值，借助三角函数知识，易得 PQ，这样得到了一种求距离的极好方法——三角函数法。

师：有类似的处理方法吗？

（学生思维再次被点燃，陷入深思，不久有学生露出喜悦的神情。）

生8：过点 P 分别作坐标轴的垂线，其两条垂线段长（即直角边长）易求，视 PQ 为斜边上的高，利用直角三角形面积公式求出 PQ 即可。

生8：如图4，过点 P 分别作 l、x 轴、y 轴的垂线 PQ、PR 和 PS，与直线 l 的交点分别为点 Q、R、S。因为 $l: 2x - y + 2 = 0$，$P(4, 2)$，所以 $R(4, 10)$，$S(0, 2)$，故 $SP = 4$，$PR = 8$。根据直角三角形面积公式，知 $SR \cdot PQ = SP \cdot PR$，所以 $4\sqrt{5} \times PQ = 4 \times 8$，故 $PQ = \dfrac{8\sqrt{5}}{5}$。

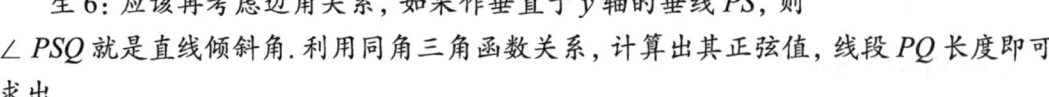

图 4

师：通过构造直角三角形，运用等积方法，把三角形底边上的高转化为点到直线的距离。这种运用等积方法的计算量比前面几种方法少,其实质是变换角度思考同一问题。

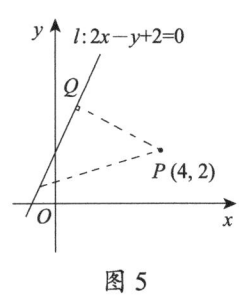

图 5

师:求点到直线距离的实质是什么?

生 9:点 $Q(x_0, y_0)$ 在直线 l 上运动时,求 PQ 的最小值。

师:怎样求 PQ 的最小值呢?

生 9:在直线上任取一点 $Q(x_0, y_0)$,利用两点间的距离公式求得线段 PQ 关于 x_0 的函数的关系式,再求出此函数的最小值即可。

生 9:如图 5,设点 $Q(x_0, y_0)$ 在直线上,则 $2x_0 - y_0 + 2 = 0$。

$PQ = \sqrt{(x_0-4)^2+(y_0-2)^2} = \sqrt{5x_0^2-8x_0+16} = \sqrt{5(x_0-\frac{4}{5})^2+\frac{64}{5}} \geq \frac{8\sqrt{5}}{5}$。当 $x_0 = \frac{4}{5}$ 时,取得等号,即点 $Q(\frac{4}{5}, \frac{18}{5})$。

师:很好!这种方法的实质是将点到直线的距离问题转化为二次函数的最小值问题,这样我们又得到了一个求距离的新方法——函数法。

大多数教师不会花过多的时间去讲"点到直线的距离公式"这节课,如果从应试的角度来看,学生只需要记忆公式,能够在解题时直接运用公式即可,甚至不需要知道公式的推导过程,但这样的做法无疑错失了渗透数学思想的大好良机。殷伟康老师在本节课中花了大量的时间来引入公式,从实际教学情况来看是十分有回报的。他引导学生运用化归的思想,把点到直线的距离问题转化为学生已经掌握和熟悉的多个问题,从多种角度来引入距离公式。

教学首先考虑的是定义法——把点到直线的距离问题转化为两点间的距离是学生最容易想到的,但此种方法对于"形"的利用率不高,仍然停留在代数运算,因此思路虽然简单,但是运算烦琐。于是,教师启发学生能否在几何图形上做文章。由于此题中线段 PS 恰好和 x 轴平行,构造直角三角形就显得水到渠成了,这样一来将"数"与"形"充分结合起来,找到求点到直线距离的一种极好方法——三角函数法,由此还衍生出了用"等积法"求距离。最后又跳出了"数"与"形"的束缚,用函数与方程的思想方法研究点到直线的距离公式,将点到直线的距离问题转化为二次函数的最小值问题。在这份教学设计中,尽管在引入结束后学生还没有看到点到直线距离公式的影子,但由于在引入过程中充分运用了大量的数学思想,实际上学生对于公式的获得已经是胸有成竹了。在下面的教学中教师就引导学生将刚才情境中的特殊值一般化,类比特殊值时的思路来求点到直线的距离,其实就是推导一般化的公式的过程。学生可以自由地选择不同的角度来推导公式,可以说数学思想的渗透在公式教学中是"磨刀不误砍柴工"。

我们来看贾广善老师的物理"向心加速度"一课的教学片段。

【典型案例 5.9】[①]

师：本节在研究向心加速度方向和大小时，应用了什么思维方法？

生：极限的思维方法。

师：以前用过没有？

生：用过。

师：在哪里用过？

答：在求即时速度时。

师：应用极限概念求即时速度的基本程序，你能说出来吗？

生：先求该点附近的平均速度，再令 Δt 趋近于零，此时平均速度就趋近一确定的值——极限值。这就是该点的即时速度。

师：从以上同学们的回答可以看出，同学们通过自学已能初步掌握本节内容，这说明我们的自学能力在提高。但这仅仅是跨出了可喜的一步，今后须向更高的自学层次前进。譬如，注意推导过程，推导时用了哪些条件，这样我们就能明确导出公式的适用范围。若再进一步，在弄清课本上推导的同时，鼓励自己另辟蹊径作一点论证和推导的尝试，这不仅对培养我们应用已学知识解决问题的能力有好处，而且对培养我们勇于探索的心理素质也大有好处，以后经常注意这一点，以本节为例也可尝试一下。

"向心加速度"选自人教版高中物理必修2，这节课需要先让学生认识到匀速圆周运动的匀速是指速率不变而不是速度不变，所以匀速圆周运动是有加速度的。然后再让学生探究向心加速的特点。这节课教师往往会让学生自行推导，待学生发现困难后再告诉学生要利用极限法进行推导，或是直接在黑板上进行推导演算，学生被动接受。但是，在上面的教学片段中，教师采取了不同的教学策略。他先让学生对本节要学习的内容进行预习，让学生对向心加速度特征的整个探究过程有一个了解，然后再通过课堂提问的方式引导学生回忆曾在求即时速度时运用过的极限的思维方法，再迁移到向心加速度的概念上来。让学生有意识地利用同种推理方法进行推理，增强学生的推理意识。另外，教师在对学生回答课前预习内容的反馈中指出，学生可以在弄清课本上的推导过程的同时，另辟蹊径作一点更深入的论证和推导的尝试，即在学习书本推理方法的同时，有意识地强化自己对推理的掌握。直接从语言上鼓励学生进行推理，让学生有意识地自行提高推理能力，能够从根本上解决学生推理意识不足的问题。

科学推理在物理学中有着举足轻重的地位，得到一个物理规律常用的方法包括理论推导和实验验证。理论推导是物理推理的一个典型应用，它是人们通过思维活动得到客观结论的过程。在这个过程中，人们需要有意识地利用推理方法在推理前提和结论中间架起一道桥梁，数学中"因为……所以……"的格式就是一个典型的体现。实验验证同样蕴含了科学推理，设计实验以及

[①] 该教学片段选自贾广善老师执教的"向心加速度"。

实验结果的分析都需要用到科学推理。实验开始之前，需要我们对实验方案进行设计，设计的原则是要达到利用该实验的实验结论，可以证明需要验证的理论的效果，而要实现这一原则，就需要我们有意识地先利用推理，将实验条件和预期结果作为前提，看是否能够推导出实验结论。因此，培养学生的推理意识应当比提高学生实际推理的能力更亟需教师们的重视。

推理是思维的基本形式之一，是由一个或几个已知的判断推出未知新判断的过程。除了推理的意识和寻找推理证据能力之外，还需要用到一定的逻辑方法，即推理方法。从推理前提和推理结论所处的地位来看，推理方法可分为两类，一类为归纳推理，另一类为演绎推理。归纳推理是由特殊到一般的过程，是从一些个别的情况中找到共性从而推理出一个更大的、包含更多情况的一般性结论，其结论包括前提中的情况。而演绎推理是由一般到特殊的过程，是在一个一般性结论中增加一些小前提，从而推出某些特殊的结论，其前提包括结论中的情况。这两类推理看似背道而驰，实际上却是相辅相成的。随着研究的逐步深入，科学推理方法被分为守恒推理、比例推理、概率推理、控制变量、相关性推理以及假设演绎推理六个维度，这是如今心理学领域学者们的共识。

要使一次推理成功地进行，得到正确的有意义的结果，需要满足推理的一致性。这个一致性不仅包括推理证据与推理结论的一致性，并且包括推理方法与推理过程的一致性，只有两者皆得到满足时，推理才能正确进行。因此，在推理中选择正确的推理方法显得尤为重要。为了提高学生对推理方法的应用能力，教师在平时的教学中不仅要经常示范各种推理方法的运用，让学生自主进行推理，将各种推理方法吸收内化为自己的知识，还要注意培养学生的择优意识。下面是"抛体运动的规律"一课中教师引导学生对平抛运动特点进行总结的教学片段。

【典型案例5.10】[①]

（通过飞越黄河奇迹引发学生思考后，教师引导学生总结什么是抛体运动）

师：用手抛出的小钢球做什么运动？用手抛出的纸飞机又做什么运动？

生：抛体运动。

师：用手抛出的小钢球受什么力的作用，加速度是多少？用手抛出的纸飞机受什么力的作用，加速度又是多少？

生：都只受重力作用，加速度为重力加速度g，方向竖直向下。

师：这两者的初速度方向和加速度方向一致吗？

生：不一致。

师：始终不一致吗？

生：始终不一致。

师：那么平抛运动的运动规律又是怎样的呢？

---

① 该教学片段选自赵新华老师执教的"抛体运动的规律"。

生：初速度水平的抛体运动就是平抛运动。

"抛体运动的规律"一课选自人教版高中物理必修2，本节内容需要学生先了解抛体运动的概念，然后对抛体运动可以分解为竖直方向的自由落体运动和水平方向的匀速直线运动进行理解。还需要对从抛体运动中衍生出来的一种特殊情况——平抛运动进行相应的了解，为下一节探究平抛运动的规律做铺垫。

在对抛体运动下定义的时候，直接利用讲授法将抛体运动的定义抛给学生虽然方便直观，但对学生的科学推理能力没有任何的帮助，反而会造成学生"死读书"，对物理失去兴趣。在上面的教学片段中，教师首先举了几个生活中常见的抛体运动的例子，引导学生思考这些运动的共性是什么，从而推导出一个普遍的、广泛的定义来描述这一类型的所有运动的特征。这种推理方法就是归纳推理：找出一些特殊情况中的共性加以概括，得到一个新的定义。如此处理对抛体运动下定义的环节，将主动权完全交给了学生，这个定义不是教师告诉学生的，而是学生自己通过推理归纳总结出来的。这样的教学方式能够有效地提高学生的归纳推理能力，并且解决了直接给出物理概念而使课程变得枯燥的问题。

归纳推理和演绎推理相辅相成，在学生利用归纳推理得出抛体运动的定义之后，教师趁热打铁，立即让学生在抛体运动的基础上增加一些限制条件，即初速度水平，由此得到的抛体运动即为平抛运动。平抛运动是抛体运动中的一种特殊情况，顾名思义，学生可以较为容易地利用演绎推理得到平抛运动的定义。当遇到一些比较复杂的情况时，教师也可适当给出一些推理前提，直接巩固学生推理方法的应用。

化学学科也十分重视发展学生的证据推理与模型认知能力，要求学生能初步学会收集各种证据，对物质的性质及其变化提出可能的假设；基于证据进行分析推理，证实或证伪假设；能解释证据与结论之间的关系，确定形成科学结论所需要的证据和寻找证据的途径；能认识化学现象与模型之间的联系，能运用多种模型来描述和解释化学现象，预测物质及其变化的可能结果；能依据物质及其变化的信息建构模型，建立解决复杂化学问题的思维框架。我们来看"认识金属钠的性质"的教学片段。

【典型案例5.11】①

师：钠为什么会变成小球？
生：因为它与水反应，钠慢慢地被消耗了。
师：钠被消耗只会变小啊，怎么会变成球的呢？
生1：均匀地被消耗呗！
生2：钠在水面上不停滚动，就像滚雪球那样，只不过它是越滚越小。

---

① 该教学片段选自保志明老师执教的"认识金属钠的性质"。

师：我分别切了一小块立方体状的钠，一小块三角锥状的钠，一小块金字塔状的钠投入水中，大家继续仔细地观察实验现象。

（结果都一样，三块不同形状的钠都迅速变成小圆球在水面游动。学生们十分惊奇，但仍努力自圆其说）

生1：是尖角处消耗得多，所以最后被"削"成小球了。

（这时候学生中起内讧了）

生2：好像不是被"削"出来的吧？似乎特别圆特别光滑。

师：不是被"削"出来的话，会不会是自己"撑"出来的？荷叶上的露珠为什么是个小球？

生1：是表面张力！

生2：液体才有表面张力。（说完，他愣了愣，继续回答）难道，难道钠变成液体了？

（话音刚落，即刻有学生兴奋地拍着桌子站起来说）

生3：是熔化成液体啦！我用手指捏它了，又热又黏！钠熔化了？

（学生们相当开心，一边纷纷用戴着乳胶手套的手去触摸那个逐渐变小的小钠球，一边惊叹着金属钠的熔点是如此之低）

钠与水反应这个实验的现象比较奇特，钠与水一接触就十分剧烈地反应，固体钠熔化成一个闪亮的小球，浮在水面上，不停地无规则游动，并且"嘶嘶"作响，同时原先滴有指示剂酚酞的水变成了红色。许多教辅书都喜欢将实验现象小结为"浮、熔、游、红、响"这五个字。其实五字诀中的"熔"却是不能通过感官直接观察来的，是要经过理性思维的。果然，在实验刚结束总结实验现象时，学生讲不出"熔"字，因为这是反常识的。平时，几乎很少见过金属放在水里就熔化成液体的。因此，如果学生真正地发现钠熔化了，会多么惊叹物质世界的丰富性，会惊讶居然有熔点这么低的金属，这是化学很有意思的地方。所以，保老师是打定主意要让学生自己讲出"熔"字来，所以才有了上述师生的对话和实验。

这是一段看上去闹哄哄、乱糟糟的课堂。大约花了十分钟时间，保老师才让学生认识到这个"熔"字。细想平常教师一般都是直接告诉学生"五字诀"，直接跳过对"熔"这一实验观察到的现象深入探究（但其实有学生是会产生疑问的），那么这个过程肯定大大缩短，差不多只需要十秒钟。可是，在保老师的表面上"乱哄哄"的十分钟里，学生由一开始对问题不屑，头脑中固定不变，理所当然认为是钠被均匀消耗变成小球的想法，在教师"不依不饶"的问题链追问下产生认知冲突，以致实在不能说服自己原来所认定的正确答案的时候，学生开始重新思考问题，并且认真地想要获得问题的答案。这时全班同学参与课堂，学生在教师的引导下经历了"假说""证伪""观察""思考""逻辑分析"，最后通过"推理"收获了自己的发现，得出了自己的结论。这是十秒钟的"高效传授"给予不了的。这样的过程，就是想让学习者知道：科学结论并不是冰冷地存在于课本中的，它是有温度的，可以触摸的。科学课堂只有靠事实说话，基于证据进行推理，在科学推理的过程中，才能培养学生的理性思维。

在讨论推理问题时，我们不能不提及类比推理方式，尽管其结果带有一定的或然性。类比是运用十分广泛且非常重要的一种方法，它是根据两个对象之间存在某些方面的相似或相同，而推出它们在其他方面也可能相似或相同的一种推理方法。按照性质分，类比可以分为两类：形式类比和实质类比。形式类比中又包括同构类比和数学类比，实质类比中还包括因果类比、功能类比和模型类比。

模型类比就是根据不同物理模型在某些属性或关系上的相似而推导出它们在另一属性或关系上也可能相似的一种类比形式。科学发现的最初阶段，研究者在解释新领域的现象时，常常依据概念上的相似性从别的领域借用概念以及直观模型。例如法拉第在解释静电和电流的区别时，就依据力学、电学势能概念的相似性，借用了落差概念及重力势能的公式得到了电压的概念以及电流的瀑布模型和公式 $E = qV$。[①] 模型类比常常用于研究我们无法感知的事物，在旧知识与新知识之间建立一座桥梁，把抽象的问题具体化，促进新知识的学习，唤起学生的思考，激发学生的思维。请看以下"磁感应强度"中"试探磁极"和"试探电流元"之间取舍的模型类比教学。

【典型案例5.12】[②]

问题1：在"试探磁极"和"试探电流元"之间的取舍缘由？

师：阅读时存质疑的意识，结果读出了困惑、读出了问题。接下来该怎么办呢？

生：接下来就该请老师为我们解惑了。

师：别把事情推给我一个人，还是大家一起来思考。老师率先针对问题1说几句话：第一，磁极N不能单独存在，一小段通电导线也不能单独存在；第二，磁极N未能被量化，而一小段通电导线已经被量化（IL）；第三，欲想量化双方的作用，须先量化作用的双方。

生：……

师：我说完了，该轮到大家了。

生：哦！我知道了，在定义磁感应强度B的大小时我们舍弃"试探磁极"而选取"试探电流元"，其原因并不是因为磁极N不能单独存在而无法测其受力，而是因为磁极N未能够被量化。这就好像两个运动员分别举起两块未被量化的大石头，我们将无法确定谁是冠军，但如果他们分别举起的是已经被量化的两副杠铃，我们就能够判断冠军应该授予谁了。

师：哎呀，说得太好了！为了了解谁的力气大，我们舍弃的是未被量化的"试探石头"而选择的是已被量化了的"试探杠铃"。干脆，你把剩下的几个问题都解决了得了。

[①] 王瑞旦，宋善炎. 物理方法论[M]. 长沙：中南大学出版社，2002：255-261.

[②] 该教学片段选自朱建廉老师执教的"磁感应强度"。参见朱建廉. 关于"磁感应强度"的教学案例与评析[J]. 物理教师，2013，34(4)：12-15.

在这个教学片段中，学生用模型类比的方法解释为什么不能用"试探磁极"来研究磁场的强弱。"试探磁极"，这就是一种模型类比思想。在学习电场的强弱时，我们用"试探电荷"在电场中所受力的大小和方向来探究源电荷产生的电场强度，到研究磁场强度时，自然而然想到可以用磁场的"试探磁极"。但"试探磁极"无法量化，学生通过两种模型的类比来说明，把它分别称作"举重"模型和"举石头"模型。举重运动员"举重"模型，根据"量化"的杠铃片千克数就可以比较成绩，即"试探电荷"的大小是可以量化的，最终可以计算比较电场强度。但是"试探磁极"不行，这就与"举石头"模型一样，石头大小质量不一，最终无法比较，"试探磁极"的磁场强度就无法比较，也就无法用来比较磁场的强度。

一个小小的类比思想，可以给我们的物理课堂带来很多的乐趣，有时候似乎再多的解释说理都是苍白的，而一个简单的生活中的类比却能使得抽象、复杂的问题变得丰富有趣起来，激发学生的学习兴趣，让学生学会融会贯通。学生也许很快就忘了这节课的内容，但只要再提及这个类比思想，学生一点点地就能找到这节课的重点知识。此外，通过在物理教学中渗透类比思想的意识以及培养学生运用类比思想的能力，教师提高了学生的科学思维，以及核心素养中的想象素养、推理素养、分析素养等。

三、模型建构的教学艺术

模型及其建构思想已经引起了人们越来越多的重视，并且在生物、化学、物理及数学等学科得到了广泛的应用。一般而言，模型是指人们通过主观意识，借助实体或者虚拟来表现、构成客观阐述形态及结构的一种表达目的的物件（物件并不等于物体）。按照构成形式，模型可以分为实体模型（拥有体积及重量的物理形态）及虚拟模型（用电子数据通过数字表现形式构成的形体以及其他实效性表现）；按照模型的表现形式，模型可以分为生物模型、化学模型、物理模型、数学模型、结构模型和仿真模型等。作为一种崭新的教学理念，注重学生建模能力培养的建模教学——抽象出主要因素，忽略次要因素，搭建问题模型借以解决问题的建模过程教学，也在高中各个学科教学中受到重视并得以实践。

高中生物学建模的研究类型主要有实物替代建模、抽象思维建模、实证建模和数学建模等。实物替代建模就是在生物学教学及其研究过程中，有许多情况下原物无法找到或直接用对象来进行实验研究非常困难或者根本不可能，此时就可以用实物模型来替代。例如很多物质内部的分子结构是学生看不见摸不着的，这个时候用模型就能很直观地呈现出来。最典型的就是DNA双螺旋结构，可以在课堂上让学生动手搭建DNA实物模型，以利于学生理解DNA的结构特点。实物模型在教学中应用非常广泛，包括图片、挂图、结构模型等，因此不再赘述。

我们来看抽象思维建模。所谓抽象思维建模，就是用想象的抽象物来代替原型以再现某种生物实体的内部功能[①]。这种方法是人们抽象出生物原型某些方面的本质属性而构思出来的，使对象

---

① 袁宇宏. 试论生物学建模在教学中的作用[J]. 生物学杂志, 2008（3）: 79-80.

简化以便于研究。例如,物质出入细胞的模型、细胞分裂过程模型、光合作用过程模型、激素分泌调节模型、动物个体发育过程模型、生物系统结构与功能模型等。在教学中恰当、灵活地运用抽象思维建模,不仅创设了从具体过渡到抽象的认知水平训练的教学情境,而且寓科学研究于学习过程之中,培养了学生的科学精神。以下是高中生物"细胞膜——系统的边界",以实证建构模型教学片段。

【典型案例5.13】[①]

("细胞膜——系统的边界"是人教版高中生物必修1第3章第1节的内容,是学生认识细胞结构的开篇。类比推理得出的结论没有逻辑的必然性,只有通过实验从细胞中得到了细胞膜才能证明其存在,正所谓"眼见为实")

(一)用什么材料能得到细胞膜?

师:合适的材料是实验成功的关键,用什么材料能得到细胞膜呢?

(教材中"体验制备细胞膜的方法"的实验提供的材料是哺乳动物的血液。教师展示哺乳动物放大的血液涂片)

师:图中最大的细胞是白细胞,白细胞有细胞核和多种具有膜结构的细胞器。制备细胞膜能用白细胞吗?为什么?

生:不能,因为白细胞内有多种膜,从白细胞中得到的膜,不一定是细胞膜。

(教师展示放大的红细胞模型)

师:红细胞虽然小,但在血细胞中数量大。从模型可以看到,成熟的红细胞呈双凹面圆饼状,使细胞膜与体积的比更大,红细胞没有细胞核和各种具有膜结构的细胞器。

生:用哺乳动物成熟的红细胞可制备细胞膜。

(二)怎样得到哺乳动物的红细胞?

师:血液好比一锅煮熟的元宵,血浆是汤,血细胞是汤里的元宵。元宵中个头最大的是白细胞,最小的是血小板,数量最多且呈红色的是红细胞。红细胞的密度最大。用什么方法能将中等大小的元宵(红细胞)取出?

生:用静置分层的方法让密度大的红细胞沉降,然后取出红细胞。

(教师展示给血液中加入抗凝剂柠檬酸钠后,血液在量筒中分层的结果,证明了学生的设想可行)

师:加抗凝剂让血液分层耗时太长,怎样才能快速分离出红细胞?

(教师为学生构建模型:回忆杂技表演上的水火流星场景或体育比赛中链球运动员抛球前的旋转动作,引发学生的思考和讨论)

生:可采用离心法将红细胞快速分离出来。

[①] 孙国华.在实证与建模过程中探究细胞边界问题——高中生物"细胞膜——系统的边界"教学实录与解读[J].教育科学论坛,2013(2):35-39.

（离心技术的引入，不只是提供一种快速分离红细胞的方法，也为后面采用离心法分离细胞膜做铺垫。得到红细胞后，用生理盐水制成等渗的红细胞稀释液备用。等渗溶液及生理盐水概念的引入，是为下一步获取细胞膜做铺垫）

（三）怎样得到红细胞的细胞膜？

师：能用针扎或用镊子撕的方法取下红细胞的膜吗？

生：不能，因为红细胞太小了。

师：能否用一种方法让红细胞自己破裂？

生：红细胞在等渗溶液中形态不变，如果让红细胞处于清水中，红细胞可能会吸收水涨破，从而得到细胞膜。

师：这种方法真的可行吗？

（教师展示生理盐水中人正常红细胞光镜照片、低渗或清水中红细胞吸水膨胀的光镜照片及红细胞在清水中的形态变化图）

生：用蒸馏水处理，红细胞会自己吸水涨破。

师：研究细胞膜的化学成分需要较多的细胞膜，怎样得到大量的细胞膜？又怎样将细胞膜分离出来呢？

（教师及时提示：细胞膜比血红蛋白的密度大。引导学生把离心法分离红细胞的技术迁移过来）

生：将离心得到的红细胞加入试管中，通过向试管中加入蒸馏水的方法让红细胞破裂，再通过离心技术将细胞膜离心出来，得到较纯净的细胞膜。

（教师展示离心机、离心管和离心原理图片）

问题驱动才能激发学生学习的欲望。将问题设计成串，层层深入地引发学生的思考。通过模型建构，将微观事物放大，将陌生事物与生活中最熟悉的东西建立起联系，再发动学生讨论。教师在学生发表意见之前，做好必要的知识和技能铺垫，达到了"跳一跳摘桃子"的效果。教师给学生提供更多的参与教学的机会，通过适当的引导，使学生把握正确的思维方向。教师用实验佐证假说，强调了生命科学的实验验证性。

与实证建构模型比较，数学建构模型（数学建模）更注重把现实世界中的实际问题加以提炼，抽象为数学模型，求出模型的解，验证模型的合理性，并用该数学模型所提供的解答来解释现实问题。我们把这一应用数学知识的过程称之为数学建模。在生物学教学中，数学建模是对生物学规律的高度概括和抽象，要引导学生利用生物学基本概念和原理去理解数学符号、公式、图表、函数图象等数学语言表现出来的生物学现象、本质特征和量变关系。教师还可以通过函数曲线图表的变化，结合相应的生理过程建立模型，让学生形成对问题的解释、判断和预测，使其理解更加深刻。我们来看"理想条件下的种群数量变化"的模型建构教学案例。

【典型案例 5.14】[①]

以细菌为例,构建理想条件下种群数量变化的数学模型。首先,请学生推测理论上细菌随时间的数量变化,并绘制其增长曲线:若细菌初始个体数量为 N_0,理想条件下细菌每 20 min 繁殖一代,则繁殖 t 代后,种群数量为 $N_t = N_0 2^t$,绘制其种群增长曲线,表现为"J"增长(如图)。

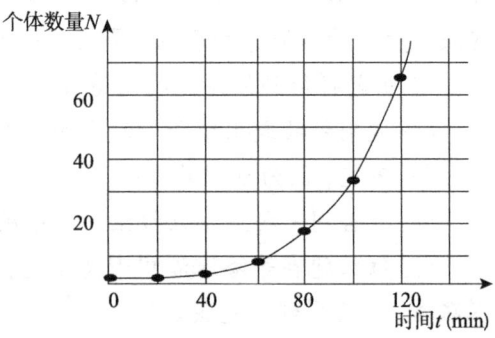

上述教学过程后,提出质疑并请学生分析细菌表现"J"增长的理想条件,即:资源无限,空间无限,气候适宜,不受其他生物制约(如无天敌、竞争,无个体迁入和迁出)。在这一理想条件下,个体具有最大生殖潜力。

在细菌增长实例的基础上,教师引导学生概括出理想条件下种群数量呈现指数增长的数学公式为: $N_t = N_0 \lambda^t$(λ 表示一定时间内种群数量为初始数量的倍数),即种群按照 λ 的指数倍增长,从而建立了指数增长的数学模型。

分析种群指数增长的特点,使学生理解种群指数增长的生物学意义。

师:理想条件下,种群增长率如何变化?

生:理想条件下种群能以最大增殖潜力繁殖,出生率、死亡率不变,因此自然增长率不变,即每一代(或每单位时间)按照稳定的增长率增长。如上述实例中,细菌每一代的自然增长率为 1。

师:种群增长速度(即单位时间内增长的个体数量)的变化趋势是什么?

对于学生来说,该问题有一定的难度,教师可通过以下分析过程引导学生计算细菌的增长速度,从而获得结论:2 个细菌每小时繁殖 3 代,变成 16 个,增长速度为每小时 14 个,而 200 个细菌每小时后变成 1 600 个,增长速度为每小时 1 400 个,可见种群增长的速度表现为加速增长,随个体数量的增加而增加。对于基础较好的学生,教师可适当拓展该内容,引导学生建立指数增长的增长速度模型:若用 G 表示增长速度,r 表示增长率,N 表示种群数量,则某个时刻单位时间内种群增长的数量为 $G = rN$,即种群个体数量越多,增长速度越快。

需要特别指出的有两点。① 用于解释现象和用于预测现象的模型,其评价标准和构建过程是不同的。用于解释现象的模型需要有足够的组成成分,以及成分间的因果关系,还有形成一些可以观察到的结果或现象;而用于预测现象的模型,着重关注模型从初始条件开始的预测性。② 针对一个复杂的现象,模型的 5 种作用可以联合使用。例如:首先通过模型的简化得到

---

① 陈月艳."种群的增长模型"的教学组织[J]. 生物学通报,2013(3):18—22.

最主要的模型构成要素,之后构建各要素之间的相互关系,探究现象发生的原因;基于此构建模型的探究可以引发研究者新的思考,形成新的观点;基于新的观点,进一步修改模型,最终解释现象或预测现象。

从上面的案例可以看出,高中生物学教学中注重模型的建构过程,不仅能帮助学生形成学科概念,更能引导他们探究生命活动中的规律,认识现象背后的本质。在建模活动的过程中,学生不仅掌握了生物学研究的方法,更拓展了自身的潜能,提高了学科素养和创新能力。

化学教学也特别重视培养学生的模型思维能力,使学生能够运用模型描述化学研究对象(如分子、原子等)、解释化学现象和规律、预测可能的结果,并能够亲自建构模型展示自己的理解和解释的能力。由于化学模型不但反映了事物的本质特征,而且使研究过程大大简化,所以在化学建模教学过程中,要给学生提供充足的时空进行思维活动,使他们的思维灵感得以由想象转化为现实。下面来看化学模型建构的教学片段。

【典型案例5.15】[①]

教师:同学们都知道甲烷分子吧?甲烷的分子结构如何?
学生:甲烷分子呈正四面体构型。
教师:请问人们曾经用怎样的方法获知甲烷四面体形分子?
学生:甲烷的二氯(二元)取代物不存在同分异构体。
教师追问:甲烷为什么会采取正四面体的构型而不是平面正方形的构型?
(学生们在思考中)
……

教学从一问一答中开始,但是最后一个问题显然是学生之前不曾想过的。此时,教师拿出四个气球,很自然地将其缠绕在一起,然后松开四个气球任其自然形成正四面体的形状,轻轻一抖动,又转化为四面体形。重复,气球再次从平面四边形变成立体的正四面体。这是一个有趣的过程,在以往的教学中,大多数教师在向学生传授甲烷正四面体分子构型时,都是利用已有的实物正四面体甲烷分子模型或者是PPT投影展示,虽然这是从微观角度帮助学生理解分子构型,但是仍有灌输知识的感觉。因为这些都是事先准备好的,目的就是告诉学生:"你们看,甲烷分子构型就是这个样子,是四面体。"但这真的不是学生想上的化学课。江敏老师对于分子构型知识的处理方式方法显得十分聪明和巧妙。能量最低的原理是 CH_4 分子采取正四面体结构形式的本质原因,也就是学生们看到无论怎么弄成平面四边形,四个气球(代表四个氢原子)最终都会变成立体的正四面体现象。这样直观地将原子构型过程展示出来,是多么巧妙多么有意思的教学实践啊!这样认知模型的方式是新颖的、有趣的,是学生乐于接受的,也是有利于

---

① 该教学片段选自江敏老师执教的"甲烷"。

学生核心素养培养和发展的。

在物理教学中,模型是物理系统或物理过程概念化的表征,建模的目的在于正确地表征物理情境,并有助于物理问题的解决。实践中已有很多优秀物理教师践行建模的教学思想,并取得了一定的教学成效。北京八十中物理特级教师姜连国老师在"带电粒子在电场中的运动"的教学中就完整呈现了一个物理建模及其应用的过程,即建立模型、完善模型、评价模型、应用模型,从而使学生能够对物理建模有一个整体性的理解。

【典型案例5.16】[①]

(学生自主学习)

问题1:本节涉及的带电粒子通常有两种:一种是微观粒子,如_____等,一般不计重力;另一种是带电质点,如_____等,一般考虑重力。

问题2:若带电粒子在电场中所受合力为零时,粒子将保持_____状态或_____状态。

问题3:利用电场来改变或控制带电粒子的运动,最简单的情况有两种:利用电场使带电粒子_____;利用电场使带电粒子_____。

问题4:若带电粒子只受电场力作用且与初速度方向相同,带电粒子将做_____运动。

问题5:若带电粒子只受到恒定的电场力作用且与初速度方向垂直,带电粒子将做_____运动。

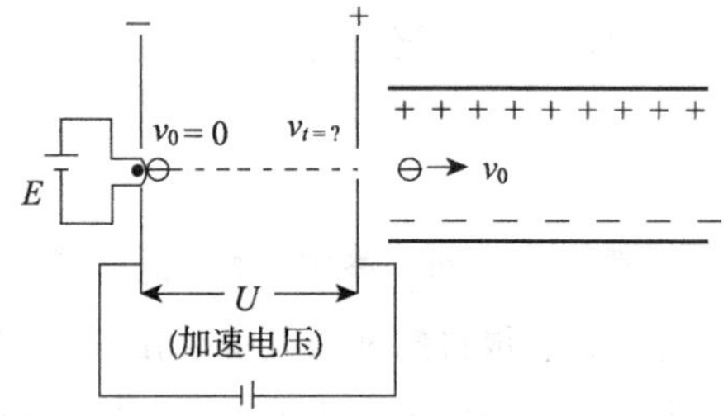

(课堂讨论)带电粒子在电场中的平衡问题。
……

拓展1:课堂探究带电粒子在电场中的加速。
……

拓展2:课堂探究带电粒子在电场中的偏转。
……

拓展3:课堂探究带电粒子在电场中的"加速+偏转"。

问题6:如图1所示,电子从静止开始经加速电压 U_1 加速后,沿垂直于电场线方向射入两平行板中央,如何处理这种先加速后偏转的问题?

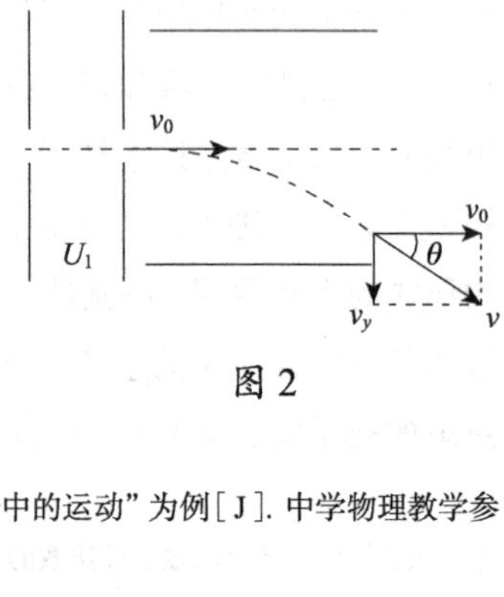

拓展4:如图2所示,离子发生器发射出一束质量为

图1

图2

---

① 姜连国,郭玉英.基于建模的学习进阶指导教学设计——以"带电粒子在电场中的运动"为例[J].中学物理教学参考,2015(10):2-5.

m、电荷量为 q 的离子,从静止经加速电压 U_1 加速后,沿垂直于电场线方向射入两平行板中央,受偏转电压 U_2 的作用后从平行板右侧离开电场。已知平行板长为 l,两板间距为 d,求:

（1）求离子加速后获得的速度 v_0 的大小;

（2）离子在偏转电场中的运动时间 t;

（3）离子在偏转电场中受到的电场力的大小 F;

（4）离子在偏转电场中的加速度;

（5）离子在离开偏转电场时的横向偏移量 y;

（6）离子在离开偏转电场时的横向速度 v_y;

（7）离子在离开偏转电场时的速度大小;

（8）离子在离开偏转电场时的速度偏转角 θ 的正切 $\tan\theta$。

（师生活动设计）

组织学生总结问题 6 的处理方法,稍作准备后点名回答,其他同学补充。

布置学生通读拓展 4,引导学生提出思路上的困惑并组织讨论解决。

学情预设中强调多个运动过程的衔接,前一段运动的末速度同时也是后一段运动的初速度。提醒学生模型的数学化处理。

（教学内容及师生活动设计）

展示示波器实物,简单演示示波器的屏幕信号,指出示波器就是上述模型的应用实例。

高中物理中带电粒子在电场中的运动主要分为加速和偏转两个阶段,也是学生学习加速运动和平抛运动等相关知识点的进阶,实际应用涉及示波器的构造原理及使用。对于刚刚接触静电场学习的学生来说,将力学中的动力学与运动原理迁移到电场中来有一定难度。怎样使学生平稳过渡是这节课的关键所在。姜老师采取了逐步建模的方式,为学生搭建一个个新的脚手架,最终帮助学生完成"带电粒子在电场中的运动模型的建构与应用"这一内容的学习。

在本节课教学中,姜老师首先设计了问题情境作为教学起点,揭示学生已有知识。通过对旧知识的回忆以及通过类比方法建立的相关新知,帮助学生找到了建模的起点,从而为建构"带电粒子在电场中的加速"子模型做好了准备。在这个教学过程中,姜老师改变传统课堂教师讲授方式,采取组内异质、组间同质的小组合作,建立学习共同体,教师充当指导者和参与者,给予学生引导和帮助,避免了生生之间单一的交流形式。特别是,在每一个模型建立之后都有一个模型的必要拓展,用新建的模型解决实际问题,使模型在问题情境中得到巩固和强化,不仅能培养学生的迁移能力,也有助于学生在已有模型的基础上延伸,建构新的模型。接下来,姜老师又以同样的思想建立了"带电粒子在电场中偏转"的子模型。由于这个子模型建立需要学生的深层思维加工和较高的迁移水平,故在子模型的建立过程中教师给予了学生较大的帮助,细化思维过程,帮助学生独立建模。在两个子模型建立完成后,开始对两个子模型进行整合。上述问题 6 和拓展 4 是模型的整合过程,注重思路的总结和方法上的提升,课堂上淡化问题的具体求解过程,目的是提升思维的层次,使学生对"带电粒子在匀强电场中的加速和偏转模型"形成清晰的认识,课后的求解过程则是在解题应用中对模型的巩固和强化。最后是模型的拓展阶段,在这个阶段帮助学生发展迁移的技巧,用建立模型来解释新情境,在已建立模型的基础上进行延伸,进而建构新的模型。

从整体的设计可以看出,姜老师在对教材深入了解及全面分析的基础上,以系统建模思想完成了本节课的教学设计。本节课共涉及两个子模型的建立和一个大模型的整合,每个模型的建立都是通过步步进阶小任务来完成的。在姜老师的设计中,任务能吸引学生的注意力,任务可以被分解成更小的学习单元,任务会有一个可以理解的结果,任务通向新的学习内容,一项任务生成一件作品,任务会为教师和学生提供提问的机会。这是我们需要加以学习和借鉴的。

我们再看一则地理课的教学片段,内容涉及的是地理学科思维方式。

【典型案例 5.17】[①]

师:我们地理思维的建模有多种方式,知识的学习是有它的规律的。老师给大家介绍第一个思维建模的方式——为地理认知方式建模。

〔幻灯片上呈现地理认知模式图,包括发生时间(When)、形成原因(Why)、具体特征(What)、地域分布(Where)、解决措施(How)〕

师:请大家思考一下,我为什么把这个图归纳为"5W"原则呢?

生:当我们拿到一个地理知识的时候,要从它的发生时间、形成原因、具体特征、地域分布与解决措施来考虑,这样就能比较全面地理解这个地理知识。

师:这位同学已经明白了老师的意思。老师把一个地理事件或现象看成一个整体并分成五个部分,每个部分都可以用一个英文单词来表达,即"5W"。也就是说,对每一个地理事件或现象的分析,我们都可以从发生的时间(When)、形成原因(Why)、具体特征(What)、地域分布(Where)、解决措施(How)来分析,这就是"5W"原则。下面我们结合案例来应用一下这个认知模式。

(呈现案例:第 41 届世博会于 2010 年 5 月 1 日至 10 月 31 日在上海市举行。上海世博园区位于南浦大桥与卢浦大桥之间,沿着上海区域黄浦江两岸进行布局。2010 年世博会是在中国这个世界人口最多、历史最悠久、文化底蕴最深厚,正在经历巨大和史无前例的城市革命的国家举办。今后全球大部分人口将迁入城市)

师:阅读该案例,请几位同学说出自己的认知成果。

(学生思考片刻)

---

① 该教学片段选自朱雪梅老师执教的"地理思维建模"。

生1：时间在2010年5月1日至10月31日；地点位于南浦大桥与卢浦大桥之间；在上海举办的原因是上海是大城市，中国人口最多、历史最悠久、文化底蕴最深厚等。

师：这位同学说得很好，说了3个W，还有2个W，再请位同学补充一下。

生2：具体特征是世博会规模大，影响广，参展国家多等。

师：说得很好，我相信每个同学自己心里面都有自己的认知方式，有比较好的认知方式，将对我们的地理学习有很大的帮助。

上述教学片段是关于构建地理认知模式的教学过程。为地理认知方式建模是地理思维建模的一种。关于认知模式的教学，教师先把模式图呈现给学生，并归纳出"5W"原则，询问学生关于认知原则的理解情况，结合反馈对认知模式及原则进行一定的解释与补充。其中，把认知模式图的五个部分用五个英文单词进行归纳，归纳出"5W"原则，教师在教学过程中着重进行了解释以加深理解。这样的归纳方式，将中文表述归纳为简单的五个英文单词，利于学生认知模式的建构，体现教师模型建构的教学艺术。模型的建构不能只停留在理论的传授，还应注重实际的应用。在教学片段中的体现是教师引导学生运用地理认知模式来分析实际案例，并请学生回答。这样的教学设计充分将理论与实际应用相结合，这一点对于模型或模式在学生思维中的建构尤为重要。一方面，学生通过解决案例进一步巩固了大脑中的认知模式，另一方面，教师也能了解学生对该模式的实际掌握情况。思维建模课对教师的要求高，需要教师拥有一定模型建构的教学智慧。

四、宏观与微观联系的教学艺术

宏观辨识是指能通过观察辨识一定条件下物质的形态及变化的宏观现象，初步掌握物质及其变化的分类方法，并能运用符号表征物质及其变化；微观探析是指能从物质的微观层面理解其组成、结构和性质的联系，形成"结构决定性质，性质决定应用"的观念，能根据物质的微观结构预测物质在特定条件下可能具有的性质和可能发生的变化。为此，明确宏观表征和微观表征的含义，建立起宏观和微观联系的观念，便有着特别重要的意义。

宏观表征是指宏观知识或信息在大脑中记载和呈现的方式，它主要是指物质所呈现的外在的、可观察的现象在学习者头脑中的反映。化学学科中可以直接观察到的现象主要是指物质的物理性质和化学性质的外在表现，学生通过观察物质的形状、颜色，或是通过与其他物质发生反应所产生的一系列可观察的现象如光、热等来感知事物，在头脑中形成图像（如暗紫色的粉末状的高锰酸钾），形成声像（如点燃氢气所发出的"噗"的响声），形成动作（如用小刀切割石蜡）等对物质的多重感知反映，从而形成对物质宏观事实的一种认识。宏观表征是初期刚接触化学学科的学生最易接受的表征形式，是一种丰富的感性认识，为以后进行微观领域的表征学习打下基础。

与宏观表征不同，微观表征则是指微观知识或信息在大脑中记载和呈现的方式，它主要是指不能直接观察到的微粒（如原子、分子、离子、原子团等）的运动和相互作用、物质的微观组成和结构、反应机理等微观领域的属性在学习者头脑中的反映。在化学中，微观表征的内容主要有反映物质微观组成和结构的基本概念和原理知识，如物质组成上的原子、分子、元素等概念，物质结构上的离子键、共价键、共价电子等概念。微观表征的形成需要学生丰富的想象力，通过想象力来理解看不见摸不着的微观世界。例如，老师在讲解水分子的结构时，借助模型学生能想象出一个氧原子通过共用电子对结合氢原子形成水分子的结构。学生通过教师的讲解、模型展示或借助一定的多媒体，想象微观水平上物质的内部结构、组成及变化运动来感知事物。

从认识论上来说，从宏观表征到微观表征是学习者对物质从感性认识到理性认识的一次飞跃。要实现这一认识上的飞跃，形成宏观和微观的联系观念至关重要。我们来看下面的教学片段。

【典型案例 5.18】[①]

（观察与思考：观察 NaCl 溶液和 $AgNO_3$ 溶液反应的形态，如果以上述溶液为基础制备 AgCl 胶体，应采用怎样的措施？）

师：在 NaCl 溶液中滴加 $AgNO_3$ 溶液，有大量的白色沉淀，你觉得这个白色沉淀能成为胶体吗？

生：可以。

师：如果我用激光笔照射，会发生什么现象？这个沉淀的颗粒是不是太大了？为什么会形成这么大的沉淀？

生：无丁达尔现象。银离子和氯离子聚集在一起。

师：它形成这么大的颗粒，说明在一瞬间有多少银离子和氯离子聚集在一起呢？

生：很多的离子。

师：我想要形成胶体该怎么办呢？是不是要让它聚集得变少一点。其中比较有效的方法是什么？要怎么办？

生：稀释。

师：但是已经形成的沉淀再加水，能不能让颗粒变小？

生：不行。

师：所以要把溶液稀释。所以利用沉淀反应制备胶体，请大家注意看，我用这样的操作来稀释。我取一点 NaCl 溶液于第一个试管，加适量的蒸馏水，震荡混合均匀。再取一点这个第一次稀释过的 NaCl 溶液于第二个试管，继续再加适量蒸馏水。再取第三个试管，同上，再取第二次稀释过的 NaCl 溶液，然后再加水。这三个试管里 NaCl 溶

---

① 该教学片段选自江敏老师执教的"胶体"。

液的浓度在逐渐减小。同样取第四个试管，稀释 NaCl 溶液。往四个试管中滴加硝酸银溶液，注意观察试管内的现象。有同学说第四个试管中没现象，有吗？

生：有现象。

师：把四个试管并排放置，我再用激光笔照射，第四和第三个试管内是胶体，第二和第一个试管内是悬浊液。说明一个沉淀反应，在适当的控制条件的情况下，就可以如愿地制得胶体。

化学是一门以实验为基础的学科，实验是化学的精妙所在。实验是学生直观接触化学物质、探索化学世界的重要手段，是不可替代的化学学习方式。作为实验的下位概念，演示实验是指为配合教学内容由教师操作表演示范的实验，是深受学生欢迎的实验形式，是教师施展教学艺术的独特方法。它能化抽象为具体，变枯燥为生动，把要研究的现象清楚地展示在学生面前。能引导学生观察和思考，激发他们的求知和探索规律的欲望，能配合教师的生动、形象的讲授使学生认识达到"事半功倍"的效果。作为直观教学的一种形式，教师通过演示向学生展示实验过程和实验现象，引导学生观察、思考、分析实验，得出结论。在这一实验教学中，学生将逐渐体会到宏观和微观的联系。

宏观和微观的联系也体现在物理课程与教学中。我们来看"磁场对运动电荷的作用"的教学片段。

【典型案例 5.19】[①]

师：……这说明，我们仍然可以用左手定则来判断受力方向，但我们一定要记住这时候四指方向是什么电荷运动方向？如果是负电荷的话，则应该怎么样？有的人说我不相反，我就这样用，那怎么办？大拇指反过来，这本身就像是工具一样，我们在判断安培力方向的时候有个特点，安培力一定垂直于什么？

生：磁场。

师：一定垂直于……？

生：电流……

师：现在我再画出某一点的切向速度。此时受到的力的方向是什么？垂直于什么？在这里力是不是仍垂直向上？要垂直于速度方向，是不是仍垂直于磁场方向？

生：……

师：那我们来总结一下，这个力一定是垂直于……？

生：磁场。

师：一定垂直于……？

---

① 该教学片段选自徐锐老师执教的"磁场对运动电荷的作用"。

生：速度。

师：一定垂直于……？

生：速度与磁场组的的面。

师：那我们是不是可以用这样一个词——始终，可不可以？

生：可以。

师：速度的方向在变，这个力的方向就在变，始终跟速度的方向呈90°。很好！那下面我们来研究大小。

师：我认为，电场对电荷的作用是因为这个物体的电，因为这个电而受到的力，那你讲跟质量有没有关系？所以与质量没有关系。假如说我来研究地球对物体的作用力和质量有没有关系，能不能说因为物体有质量，所以地球才对它有作用力？不能，对不对？那么磁场对什么作用的？对运动电荷的作用力，因为它带电而受到的作用力，所以跟它的质量有没有关系？

生：没有关系。

师：首先我们要来分析它跟这三个量有关系。有一点可以肯定，速度越大，力越大，因为没有速度，力为0。B越大，速度也是越大，因为没有磁场，速度为0。电量呢？当它带电有力，不带电没有力。那么它们之间到底是什么关系？接下来我们进行推导。怎么推导？并不是盲目地推。

师：首先考虑到安培力是力，里面有磁场B，电流I，导线长度L，$f=qvB$，这里面有了一个量B，我不需要I、L。如果我把I、L跟qv发生联系，桥梁$I=nqsv$，代进去，$nsL=N$，表示整个导体棒里的自由电荷数，所以我们有理由相信$F=Nf$，是不是每个电荷受到的力？所以$f=qvB$。

大家要注意是怎么推导的，这也是推理过程，大家再酝酿一遍，看看你自己是不是这样做的。

…………

想要上好一节课，首先要有良好的设计思想。徐老师的课堂十分强调学生学习的自主性，而课堂的自主性学习与课外的自主性学习不同，有教师的问题引导，有教师组织课堂活动，有教师的及时评价。目前，学生的学习行为更多的是依赖性行为，没有积极思考、主动探索的习惯。由此，教学设计要考虑给学生更多思考的空间与思考的环境，使每一个学生能参与对问题的思考和讨论，从而逐渐培养学生自主学习的习惯。在这一节课教学中，洛伦兹力共识的建立过程是用问题引导的方式，是通过对安培力的掌握来构建洛伦兹力的大小方向，也就是通过宏观表征来建构微观表征的过程。整个教学过程，通过已有的磁场对电流的作用力分析推导新的物理规律——磁场对电荷的作用力，因此，物理规律的教学并不一定都通过实验，可以直接提出问题，以问题为纽带，化结果为过程，引导学生积极主动地进行一些探究学习，在已经掌握安培力的基础上,依据宏观与微观有机联系的观点,主动构建洛伦兹力这个知识点,让学生形成一个知识网络,从而促进学生的发展。教学很好地体现了新课改的理念,在知识学习过程中体验物理学研究问题的一般过程,从而充分体现了学生的主体性,实现真正意义上的课堂的有效教学。而整个课堂节奏紧凑,氛围民主自由,体现了徐老师的人格魅力。

事实上,宏观与微观的联系在语言、艺术等课程中也都有所表现。语文作为研究语言应用并通过各种言语活动培养学生语感及语言能力的一门基础课程,既关注文本宏观层面的背景主旨,也研究文本微观上的意向和语言,而且文本的主旨思想又通过意象和语言展示出来。这就需要引导学生透过微观结构来研究文本的宏观性质,在学习的过程中形成宏观思维、微观思维以及二者的有机结合。

【典型案例 5.20】[①]

(在系统介绍和分析《祖国土》作者阿合马托娃的生平经历后)

师:在了解阿合马托娃之后,我们进入下一个环节——悉心地品味。品味诗歌,刚才通过知人论世(在黑板上板书),这样了解到的诗歌主旨只能说是宏观的,大体上是这个样子。一首诗歌,真正读懂,读到它的细微之处,还需要悉心地品味。品味什么呢? 读诗歌的时候我们需要品味什么呢?

生:意象。

师:要做意象分析。(在黑板上板书)仅仅是意象吗? 除了意象就没有别的了吗? 那些没有意象的地方还有些……?

生:语言。

师:还要做语言分析。(顺势板书)在这个分析中,我要做到对文本的细读。

板书:

    知人论世 宏观

    意象 ⎫
        ⎬ 细读
    语言 ⎭

《祖国土》选自苏教版语文教材第三册。教师在执教中安排了三个环节:深情地朗读、悉心地品味和自主地学习。通过第一个环节的学习,帮助学生了解阿合马托娃的生平事迹,知道是在一个什么样的背景下作者创作了这样一首诗歌,从而形成对整首诗的一个宏观感知,即教师的板书"知人论世"。之后,引导学生分析文本的意象和语言,从两个微观层面进行细细品味,读懂诗歌的细微之处。然后,再通过意象和语言的分析,更进一步地帮助学生理解文章主旨。

---

① 该教学片段选自吴涛老师执教的"祖国土"。

微观可以丰富和细化宏观的学习，而宏观则有利于对微观的理解。宏观思维与微观思维及二者相结合的思维方式，为我们重新审视语文学习提供了多样的视角与有效的方法。

知识链接

在教学系统诸多构成要素中，教学内容及其表现形式的具体学科知识、学科技能、学科思维要素，无疑是教学理论与实践中的一个重要问题。每一门学科都有特定的研究对象、研究范围、研究方式和专门理论，每一门学科教学也都有其特定的价值、目标与教学追求，因此，在具体学科教学中，如何使得学科教学更有学科味道，也就是语文课更有语文味道，数学课更有数学味道，学科思维及其教学问题是一个绕不开的问题。

（一）学科思维的教育价值

逻辑是理性思维的典范，它具有无与伦比的严格性和精确性，它是思维的最高法则；诗是创造性思维的典范，诗人通过语言创造了无数个世界；形而上学是洞察性思维的典范，它试图对宇宙和人生的终极问题作出最深刻的洞见。逻辑是通过规范语言的用法而为思维制定法则，诗是通过打破语言的规范来创造一个诗意的世界，形而上学则是通过对语言的超越以达到某种形而上的领悟。[1]从这一层面来说，学科思维应该具有更丰富的内涵，因而也具有更为重要的价值。就前面特级教师的教学片段分析而言，学科思维还仅仅从逻辑思维层面来分析[2]，而这恰恰构成了理性思维能力的基础。

从更为微观的层面来看，学科思维教学重视学科概念以及学科观念的形成。我们知道，常见的问题有事实问题、价值问题、规范问题、概念问题等几种。有些问题不是单纯的事实问题或价值问题或概念问题，而是一个复合的问题。例如"胎儿有知觉吗？"，这个问题表面上看起来是一个事实问题，其实隐含着概念问题，因为"知觉"这个词的使用范围没有明确的界线。遇到这样的问题，我们应该将概念问题抽出来，先解决概念问题，然后才能解决其他问题。我们要先问清楚怎样才算有知觉、怎样才算没有知觉这个概念问题，然后才能解决胎儿有没有知觉这个事实问题。因此，学科思维教学也必须关注学科概念的形成，以及在学科概念基础上的学科观念教学问题，唯此才有后来的学科判断、学科推理，进而生成学科关键能力及学科核心素养。

（二）学科思维的教学途径

学科思维的教学，在根本上坚持活动是人的能力生成根本的指导思想。在游泳中学会如何游泳，在思维活动中学会学科思维，这是学科思维教学的指导原则。思维是人对客观事物本质特征和内在规律性联系的间接的、概括的反映。思维力是学生智力活动的核心，也是个体智力结构的核心，要让学生更聪明、更胜人一筹，我们就应在各门学科教学中培养学生的学科思维

---

[1] 张海澎. 分析逻辑：理性思维的基石[M]. 香港：青年书屋，2004.
[2] 学科思维如何反映不同学科的学科特色，还是一个有待更多人共同深入研究的问题。特此说明。

能力,在学生的比较、判断、分类、分析、综合、抽象、概括、质疑、批判、创造和审美等思维活动中,有意识地去培养学生的各种学科思维能力,这也是更快地提高学生思维水平和思维品质的根本途径。

坚持知识与学科思维的辩证统一关系。活动是能力生成之根本,但活动并不是一种毫无内容的虚妄,更不是宝贵生命的空耗与浪费。因此,在知识获得与应用中学会学科思维,在创造活动与实践活动中学会学科思维,这是开展学科思维教学的操作思路,也是能力与知识关系在学科思维教学上的具体表现。当然,思维基于知识但又不限于知识。知识是对某种已经存在、已经决定过的事情的了解和"知道",因而知识是没有自由的,而思维是自由的。而且,知识和思维之间并非完全对等的关系,知识经验的积累对思维能力所起的作用并不全是积极的,过分地依赖知识,则又会限制和阻碍思维能力的发展。因此,走出形式教育和实质教育之争,并非要采用非此即彼的办法,知识的掌握与思维的发展同等重要且并不矛盾,是相互制约、相互促进、共同发展的。

除了在学科当中渗透思维教学,开设单独的思维课程也是十分必要的。就教育的目的而言,真正重要的不在于知识量的多少,而在于能否让学生获得真正有用的知识,并且善于运用这些知识生成智慧。教育工作者应当认识到,每个学生都有智慧的潜质,亦即通过知识的获取、思维的培养,人人都能发展智慧。尽管思维基于知识,但是它更产生于问题,并因为问题而得到持续不断的、深入的发展。思维的最终目的不囿于知识,而在于使问题得以解决,并不断创新和发现。作为一种"程序性知识",思维教学是另一种高效而有价值的智育形式。[①] 因此,只有构建一个两种课程共存的课程体系,实现两种课程的整合与互补,才能达到最终的思维能力培养的目标。

通过改变教师的"心智模式"发展学生的学科思维。教师通常以两种方式展开自己的生活,要么生活在"假设—检验"的反思性思维中,要么生活在"无检验"的习惯性思维中。处于习惯性思维中的教师往往不知不觉,且在不知不觉中形成了个人化的教学理论和管理经验。"无检验"的习惯性思维最大的危害就在于总是片面地或偏激地认定教育的某一方面的意义,而不能以整体的教育观念和教育策略完整地发展学生的思维。因此,我们可以不断地反问自己:我是否戴着有色眼镜看待我的学生?我是否愿意宽容所有学生的错误?我是否打算过多地"控制"学生?我是否害怕学生个性的思考?……我们有理由相信,当教师的"心智模式"改变了,学生的"心智模式"也一定会发生质的变化,学生的学科思维能力也一定会得到更好发展,教育教学一定会成为一种充满智慧的活动。

(三)学科思维教学需要注意的问题

1. 学科思维教学更加强调认识论知识教学

在充斥着海量信息的今天,学生如何理性地寻找和判断证据从而得出结论并解决实际问题,如何诗性地表达自己的观点以及富有洞察力地思考问题本质,将是这一时代需要具备的

---

① 郅庭瑾.为思维而教[J].教育研究,2007(10):44-48.

重要能力。换言之，即是如何能够在关注学生掌握内容性知识和过程性知识的同时，在学科思维教学中关注认识论知识（认识性知识）教学，①让学生做到"知其然"和"知其如何做"的同时，也能够懂得"知其所以然"和"知其所以这么做"的道理。这一问题的本质是学生是否有能力识别科学问题，以及如何解决科学问题，能否"像科学家一样思考""像诗人和艺术家一样表达""像哲学家一样洞察事物本质"。事实上，认识论知识已经在PISA 2015科学素养测评中被专门提及和测量，而中国学生在这一方面不容乐观的表现对学科思维教学提出了新的挑战。

2. 学科思维教学更关注理性思考与情绪感觉（情感体验）的交织

20世纪末，情感现象及其与其他认知过程的相互作用构成了当代认知科学研究的前沿领域。作为进化遗产的一部分，情绪优化了人的互动方式，并起到动机和知觉的作用。情绪在心理功能与神经机制两个层面影响推理：在心理功能层面，情绪把人引向需要优先关注的方面，从而使记忆、注意、言语、决策等认知过程变得更具选择性，并规定了认知的策略与风格；在神经机制层面，认知脑与情绪脑分离的假设被大量研究证据所否定，即使被视为情感中心的"边缘系统"也参与认知加工过程。②如何关注理性思考与情绪感觉的协同作用，学科思维的教学艺术也许在这一层面更有生命力。

3. 学科思维教学更关注感性思维和理性思维的统一

以理性为特征的科学思维活动，集中表现为概念的逻辑思维和符号的数理思维，它提高了人类认知活动和创造物质财富的效率，但常常会留下远离自然、背离人性的劣迹；以感性为特征的艺术思维活动，集中表现为直觉的形式思维和动作的形体思维，它强调视觉性和实践性，同时融入人类情感和想象，主导着思维方向，引发了思维动力。一个人完整的思维意识是两种类型的思维活动交织，两者相互依存不可或缺，只有两者密切配合，个人意识活动才具有可能性（见下图）。这或预示着我们的学科思维教学需要从整体性角度加以思考，需要消除"重理轻文""重文轻艺"的偏见，走向学科思维教学的澄明境界。

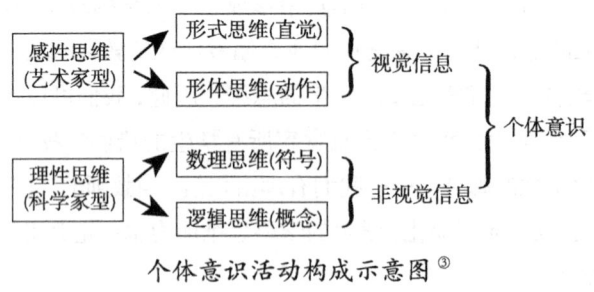

个体意识活动构成示意图③

---

① 朱颖婕，姜澎. PISA应让中国教育变得更国际化[N]. 文汇报，2016-12-23.
② 费多益. 认知视野中的情感依赖与理性、推理[J]. 中国社会科学，2012（8）：31-47.
③ 尹少淳. 当代美术教育研究（第1辑）[M]. 北京：首都师范大学出版社，2013：29-38.

4. 学科思维教学中更关注学科语言发展

思维离不开语言。语言是思维最主要的工具，也是最重要的工具。没有语言也就没有绝大部分的思维，语言是思想得以实现的基础。当然，某些形象思维或直觉思维可能不依赖于语言，某些原始的思维也可以不需要语言。然而，思维越抽象、越高级，就越需要语言。可以认为，没有语言就根本不可能进行严格、精确、深刻和复杂的思维，只能有一些简单和初级的思维。既然语言是思想得以实现的工具和基础，那么通过对语言的考察，从厘清关键词语的意义到厘清一个句子的意义再到厘清整个理论的意义，才可以把握思维的特质。因此，学科思维教学中更关注学科语言的形成。

此外，学科思维教学也将从关注逻辑转到关注"逻辑＋非逻辑"，从关注理性转到关注"理性＋非理性"，从关注理性的人转到关注一个整体的人，这也是我们开展学科思维教学需要注意的问题。

第六章　学习指导的教学艺术

学习指导,亦即教学生学会学习,它是教师在教学过程中引导、控制和创造影响学生学习的内部因素和外部因素,促进学生基于学习的内在规律和采用科学的学习方法进行学习,从而形成良好的学习能力和学习习惯,以利于其当下和今后的学习与发展。[1]学习指导也是帮助学生懂学习、爱学习、会学习,形成学习观、学习动力、学习方法等学习素质的过程。学习指导涉及的内容非常丰富,例如学习观指导、学习动力指导、学习方法(策略)指导、学习环境创设指导与调节、元认知监控指导等。以下主要结合具体的高中课堂教学片段,从文本阅读、质疑批判、意义建构和问题解决(包括元认知监控)等视角探究特级教师如何指导学生学习。

一、文本阅读的学习指导

自学能力是每一个人社会生存必备的能力。联合国教科文组织在《学会生存——教育世界的今天和明天》中指出:"未来的文盲,不再是不识字的人,而是没有学会怎样学习的人。"[2]因此,我们的学校教育要面向未来,不仅要帮助学生打好基础知识,还要教给学生自学的方法,使他们获得终身的本领。而阅读能力是自学能力的一个重要组成部分,阅读不仅可以提高人的修养,而且还是人们获得和积聚知识的重要途径之一。一谈及阅读,人们联想到的往往是语文阅读,然而,随着社会的发展和科技的进步,仅有语文阅读能力的人已经明显暴露出不足,如看不懂产品使用说明书,看不懂股市走势图等。此即表明现代及未来社会要求人们具有以语文阅读

---

[1] 钟祖荣.学习指导的理论与实践[M].北京:教育科学出版社,2001:63.
[2] 联合国教科文组织国际教育发展委员会.学会生存——教育世界的今天和明天[M].华东师范大学比较教育研究所,译.北京:教育科学出版社,1996:4-7.

能力为基础,包括外语阅读能力、数学阅读能力、科技阅读能力等在内的综合阅读能力[1]。因此,在当今学校教育中加强学科阅读教育研究,探索学科阅读教学的特殊性及教育功能,认识学科阅读能力培养的重要性,就显得尤其重要。

数学阅读是一种从书面数学语言中获得意义的心理过程,是包括观察、感知、理解、记忆等一系列心理活动以及分析、综合、推理、判断、归纳、演绎、想象等一系列思维活动的总和,是一种复杂的智力活动,需要动机、兴趣、情感、意志等各种活动来调节和促进。数学阅读是一种包括建立目标、选择策略、监控过程的认知与元认知活动。事实上,对数学材料的阅读要经过从局部到整体的加工过程,即先对局部的信息进行内化,然后找出各信息之间的联系,对信息进行整体的加工。[2]

一般说来,数学课本是以严谨的面貌出现的,学生阅读数学课本不会像阅读文艺小说那样轻松。因此,要使学生愿意阅读数学课本,就要动员学生参与阅读,使学生对需要阅读的内容产生兴趣,从而使他们为探究问题、发现知识去阅读数学课本,激发起他们读书的动机。我们来看下面的教学片段。

【典型案例6.1】[3]

师:从今天开始我们学习新的一章,排列、组合与二项式定理。(板书:排列、组合和二项式定理)首先我们要学习排列、组合的有关内容,很快大家将会发现,学习排列、组合这一新的内容时,在分析和解题方法方面与学习高中数学的其他章节的内容相比差别很大,可谓"风格独特"。在这一阶段,计算过程简单,恒等变形不多,运算量不大,解题主要侧重于分析问题。为了学习排列、组合的有关内容,我们今天首先学习两个原理,它们是解答排列、组合问题的重要依据。

(板书)

基本原理

加法原理

乘法原理

师:现在请同学们翻开教科书,我们今天阅读的内容是教科书的第42页至第44页例2之前,阅读的时间是10分钟。

(同学们开始阅读,教师在课堂巡视,有时小声与同学交谈,了解阅读进行情况,收集学生提出的问题)

要想提高学生的数学阅读能力,首先应该让学生对数学阅读产生兴趣,有主动阅读的欲望,

---

[1] 邵光华.数学阅读——现代数学教育不容忽视的课题[J].数学通报,1999(10):16-18.
[2] 喻平.数学教育心理学[M].南宁:广西教育出版社,2004:191-209.
[3] 该教学片段选自刘国材老师执教的"加法原理和乘法原理"。

进而才能有意识地进行自我监控，最后找到适合自己认知风格的阅读习惯。这里，刘国材老师提到"在分析和解题方法方面与学习高中数学的其他章节的内容相比差别很大，可谓'风格独特'"，充分引起了学生学习的兴趣。

在阅读过程中，学生能不能积极提出问题，能不能提出好的质疑，是反映学生参与程度和评价阅读质量的重要方面，也是确定下一个教学环节所需要讨论问题的重要前提。学生对待提问的态度有以下几种：① 不敢发问；② 不会发问；③ 不善发问；④ 不愿发问。这些思想障碍或方法问题通过教师的工作和学生的实践都可以得到解决，从而向好的方向转化。教师应注意保护学生提问题的积极性，通过多种方式收集问题（如对学习有困难的、性格内向的学生，可以在巡视过程中，主动到学生的身边，小声询问并及时给予肯定或鼓励等）。

学生一旦被发动起来，提出的问题会比较多，这些问题的质量、水平差别很大，有的根本不成问题，有的书中有答案，其中也有出乎教师的意料之外的高质量问题。对这些问题必须进行筛选，枝节问题不纠缠，典型问题不放过（有时典型问题学生没有提出来，可由教师提出）。我们来看下面的教学片段。

【典型案例6.2】[①]

师：现在阅读的时间已到10分钟，请没有读完有关内容的同学举一下手（同学无人举手，表示在规定的时间内，将规定的内容都已阅读了一遍）。好！现在请同学们提出问题。

生1：我们今天学习的是两个原理：加法原理和乘法原理。原理和公理是不是一样的？如果不一样，它们的区别在哪儿？

师：还有没有其他的问题？请大家继续提问。（同学们表示没有其他的问题了，下面有的同学在交头接耳小声议论，显然是研究学生1提出的问题）

师：既然大家没有其他的问题，现在我们来回答刚才的提问。因为这个问题不是我们今天学习的主要内容，对同学们而言，又比较难以回答，我们在课堂上不可能深入地讨论，也没有必要深入地讨论这个问题，所以我就这个问题简单地发表些意见。首先我认为，原理和公理是不能划等号的。同学们对公理是不陌生的，在平面几何和立体几何的教学中都曾接触过公理，公理的真实性在本学科内是不需要证明的，用它们来判定本学科其他一些命题的真实性，也就是作为证明依据的一些命题。公理和基本概念等可构造成一个公理系统。关于原理的解释不是一种，其中一种解释是最基本的，可以作为其他规律的基础的规律。原理的真实性，在有些学科里是被实践证明了的。有趣的是在立体几何教科书中，一个著名的命题过去曾被称为原理，现在则被称为公理。这个著名的命题就是祖暅原理（亦名祖氏原理）。由于时间的关系，这个问题的讨

---

① 该教学片段选自刘国材老师执教的"加法原理和乘法原理"。

论就到此为止。××同学（指生1）能在阅读中提出这样一个问题，足见他阅读得比较细致、深入，能提出这样的问题还是应该给予肯定和鼓励的。如果大家没有其他问题，我们就进行下一个教学环节，请同学来复述加法原理和乘法原理。

……

师：在刚才的阅读中，介绍加法原理和乘法原理之前，以及后面的例1都列举出了具体的问题，你们对这些问题的解答都看懂了吗？有什么问题没有？

生4：看懂了，没有什么问题。

师：你能不能说一说，应用两个基本原理解答问题时，应该注意什么？

生4：……应该注意区分……哪些问题是用加法原理解答的，哪些问题是用乘法原理解答的。

师：能不能谈得更深入、细致一些？

生4：……

师：就我刚才提出的问题，请其他同学发表意见。

生5：我认为应用两个基本原理解题时，首先应该弄清楚原理中所提到的"做一件事"在问题中具体是指什么。然后看完成"这件事"是不是需要分成几个步骤，不需要分成几个步骤的用加法原理，否则就用乘法原理。

师：结合教科书中的几个问题，按书中的顺序请你说明一下"做一件事"都分别是指什么？完成"这件事"是不是要分成几个步骤？

生5：在课本第42页上边这个问题中，"做一件事"是指乘坐一种交通工具，或火车，或汽车，或轮船由甲地到乙地的一种走法，完成"这件事"不必分成几个步骤。

师：好，你先请坐下。同学们，对他（指生5）的发言有什么纠正或补充意见吗？（同学们表示没有意见）现在哪一位同学继续回答我刚才提出的问题？

生6：在课本第43页的问题，也就是按顺序的第二个问题中，"做一件事"是指从A村经过B村到C村的一种走法。根据题意，完成从A村必经B村到达C村这件事需要分成两个步骤，第一步要由A村到达B村，第二步再由B村到达C村，因此解答本题应使用乘法原理。

对学生所提问题，教师应区别情况——回复，这样做有利于保护和调动学生的积极性。个别问题作个别答复或解释，普遍存在疑问的问题或典型问题供师生讨论。教师应选择讨论问题的机会，发挥主导作用。就像上述实录中，学生第一次提出的问题——原理和公理是不是一样的，这个问题显然是无法让学生们讨论的，它不是教学内容的重点，属于枝节问题，处理这个问题，刘国材老师只用了很少的时间，三言两语简单做了说明就结束了。而对加法原理和乘法原理中的"做一件事"具体指什么，学生虽然无人注意，刘老师却没有放过，创造条件引导学生将这个典型问题提出，让学生充分发表意见，在讨论中确定"做一件事"的内涵。在讨论问题或回答问题时，能有学生发言的机会一定让学生们发言，在强调重点和做总结时，能由学生去讲的教师尽量不要去讲，总之，教师要尽量创造条件让学生多"活动"。

数学阅读不仅需要全神贯注地思索、不断地尝试，也需要经常性地交流所思、所疑、所得。教师要根据教材内容特点以及学生的知识水平、理解能力处理好讲解与阅读的关系。课堂讲授不能和阅读脱节，教师可采取提问、做题、互相讨论等方式来检查阅读效果，了解学生还有哪些没有读懂，是个别问题还是普遍存在的问题。根据反馈信息，适当调整讲授重点和关键，使讲授更具针对性。师生共同探讨交流，去伪存真，使学生了解、掌握解决问题的各种思路、方法[①]。探讨中，教师引导学生对解决问题的过程和问题本身进行反思、评析，审视求解过程，总结经验，揭示规律，提炼思想方法。在这篇教学实录中，经过阅读与提问，刘老师点名学生起来复述加法原理和乘法原理，并让其他同学进行补充或纠正，来检查学生的阅读效果，了解学生有没有读懂加法原理和乘法原理。根据反馈的信息，虽然学生因刚接触加法原理和乘法原理，复述时不够熟练，但是复述内容正确，说明学生阅读效果不错。所以，教师没有在这里多加讲解。后面学生提问时，提到原理与公理的区别，因为这个问题是枝节问题，所以教师进行了简短的讲解。而"做一件事"这个问题，在教师引导下，学生进行思考，并穿插了教师的讲解，引导学生揭示规律，提炼知识点。所以，数学阅读教学，不仅要进行深入的阅读，还需要提问与讲解的结合，才能收获最大。

数学阅读对于提高学生的自学能力和阅读能力是很有必要的，也是很重要的。养成良好的数学阅读习惯，有利于培养学生对数学知识的敏感性、思考性和理解性，也有利于培养学生的自学能力和逻辑思维能力。在数学教学中，数学阅读的培养既不是单独的学习内容，也不是独立的学习环节，而是要贯穿数学学习的始终。

相对于数学学科的阅读而言，历史学科的阅读量不仅更大，而且更强调史料的阅读与理解。史料是我们揭示历史真相不可或缺的证据，也是我们评析历史人物、历史现象与历史事件的基石。高中历史教学中，教师对于史料的真实性、史料类型的选择、史料搜集工作中学生参与度的重视，能够促进历史理解能力的提高，培养学生的历史实证精神，增加探究历史事件的兴趣和能力。

历史学作为一门人文科学，揭示了人类历史活动的轨迹，真实而又客观地记录了人类文明进程中的重大历史事件。历史课程的学习不仅需要对历史知识有客观的认识，更需要的是学生获取、提炼相关历史信息的能力。高中历史学科知识点多，要求学生理解记忆的多，对学生历史学习能力要求高，而教学课时又少，受重视程度低。如果仅仅依靠课堂中教科书内容式的死记硬背，难以使学生掌握分析历史事件的方法以及形成相应的历史理解。在历史课堂教学中合理地利用相关史料，是提高学生分析历史问题能力的重要方式。通过真实的、不同类型史料的呈现，有助于学生们进一步还原历史事件，产生自己对于历史事实的看法，促进学生的历史实

---

① 邵光华. 数学课堂阅读指导策略[J]. 课程·教材·教法, 1998(3): 3-5.

证精神以及历史理解能力的培养,增加探究历史事件的兴趣,提高探究历史事件的能力。李稚勇先生就曾做出"'史料教学'是历史教学发展的必然趋势"的推断。① 因此,教师如何选择运用史料进行教学就显得尤为重要了。当然,如果能够让学生参与到相关史料,或历史人物的史料整理工作中去,那么学生对于史料的阅读将变得更为积极、主动和深入,对历史的理解也将达到更高的层次和境界。下面是人教版高中历史必修1"抗日战争"就如何理解战争的正义性以及理性爱国的教学片段。

【典型案例6.3】②

提问:就抗日战争的"正义性"设问:日本军国主义者否认这场战争的侵略性,认为这是"确保东方的和平,为世界人类的安宁和福利作出贡献"(《国策基准》),也有人否认南京大屠杀的真实性(日本右翼势力田中正明著《虚构的南京大屠杀》)。为此,你将选用哪些证据驳斥这些反动论调,揭示怎样的历史真相?

唯欲征服支那,必先征服满蒙。如欲征服世界,必先征服支那。倘支那完全可被我国征服,则其他如小中亚细亚及印度南洋等,异服之民族必畏我敬我而降于我,是世界知东亚为我国之东亚,永不敢向我侵犯。

——1927年7月25日日本首相田中义一呈给昭和天皇的《田中奏折》

……应充实所必要的国防军备。扩充……陆军军备,以对抗苏联于远东所能使用的兵力为目标,特别应充实在满洲与朝鲜的兵力,使在开战初期即能对其远东兵力加以一击……应配备和充实兵力(海军军备),足以对抗美国海军,确保西太平洋制海权。

——《国策基准》(1936年8月7日广田弘毅内阁通过)

日本学者中野胜也在《东北史地》2004年第10期发表了《秘密战基地"陆军登户研究所"》一文,其中有下列内容:"在日本国内曾更有系统地更大规模地进行过包括生化武器等特殊武器的研究。其基地就是我这里所提的'陆军登户研究所'……制造假币可以说是经济谋略。主要是中国币,制造总额达45亿元以上,相当于当时中国币印行量总额的0.7%。1942年夏季送到上海每月1亿到2亿元,其途径如下:①民华公司,②广州的松林堂,③杭州的梅机关,④对日本海军的贷款。"

(还有《日军残杀中国居民照片》、西原一策《作战日志》《东史郎日记》以及《拉贝日记》和《远东军事法庭的判决书》等,以下省略)

抗日战争是近代中国人民反抗列强侵略的重要组成部分,是中华民族从危亡走向振兴的历史转折点,同时也为世界反法西斯战争的胜利作出了重要贡献,是世界反法西斯战争的重要组成部分,中国的国际地位由此大大提高。它是中国人民百余年来反对帝国主义侵略斗争中规模

---

① 李稚勇.论史料教学的价值——兼论中学历史教学发展趋势[J].课程·教材·教法,2006(9):61-66.
② 王生.《伟大的抗日战争》教学设计及说明[J].历史教学(上半月刊),2014(3):44-49.

空前并第一次取得完全胜利的民族抗战。本课,对学生加深对于战争残酷性以及中华民族顽强抗战、自强不息的民族精神的理解,了解抗日战争在中国近现代史所具有的特别突出的意义、地位和作用,同时对于警惕日本军国主义和法西斯主义的复活很有现实意义,有助于学生更好地把握近代中国"反侵略"这一时代潮流,其地位很重要。本节课教师运用了多种史料,力求让学生明白日本右翼妄图篡改历史真相的行径,帮助学生树立危机意识,并且坚决反对破坏我国主权以及领土完整的一切势力,因而有重要的历史意义和现实意义。然而,高中学生对历史事实的理解极易受各种因素困扰,情绪波动大,因此需要让同学们了解和平的重要性以及理性爱国的重要性。除了教师提供的相应历史材料外,现实中的可靠资料也可以被引入课堂教学中。例如:反对日本购买钓鱼岛期间,国内民众发生了抗议活动。再如:中国公民自发上街游行抗议日本购岛。通过对两种不同材料的分析,让同学们先以小组为单位进行讨论,之后派代表发言,说明他们认为哪一种方式更为合理。经过一系列的分析与讨论之后,学生树立了正确的历史观以及价值观,明白爱国行为应在合法的范围内采用合理的方式进行。

课后,学生可以自己收集材料并开展小组活动。如:去采访自己身边或者街道社区内的抗战老兵或者老兵亲属,以形成自己对抗日战争意义以及残酷性的一系列认识,真正让学生参与到资料的收集中。以口述史的收集作为学生的课后作业,下一节课向同学们讲述何谓"口述史",并由同学自行发表自己的看法。作为学生,让他们进行一手史料或者相关专业史料的收集难度较大,因此以口述史作为一种课后作业,既可以调动学生的兴趣,又可以让学生真正参与到教学中去;既培养了学生的历史理解,又使学生树立了正确的历史价值观(爱国主义的内涵及其正确途径)。学生只有在心灵上产生共鸣,才能从内心感悟历史的魅力和增强学生学习历史的兴趣。这样,历史课就能充分发挥学生的主动性,提高学生获得和处理信息的能力、历史思维能力、合作交流能力等,最终培养学生的自主学习能力和探究学习能力,变被动学习为主动学习。

阅读过程是一个推理过程,反省贯彻整个阅读过程,只有经过不断的反省,才可能对材料深入理解。对于学生而言,阅读教材是学生最为基本的任务,如何指导学生阅读教材,也便成为摆在每一位教师面前的问题。作为一种重要的学习资源,教材确实发挥着重要的作用,但是教材不是圣经,其中也存在某些不合理之处,所以,带着欣赏同时也带着质疑的态度阅读教材(包括教师自己阅读和引导学生阅读),或许才是我们应该采取的态度。我们来看一个高中物理的教学片段。

【典型案例6.4】[1]

在《动能 势能 机械能》的5节课中,教材呈现了如下文本:

---

[1] 该教学片段选自朱建廉老师2016年12月8日在江苏省第四届名师论坛上的报告,题目为《从"核心素养"说开去——基于"教育行为者"的视野中的"核心素养"解读》。

大量的实验和研究表明：物体重力势能的大小与其质量和高度有关，质量越大，高度越高，物体所具有的重力势能就越大。

就教材的表述可以提出这些问题：当高度为零时，质量较大的物体其重力势能还是较多吗？

被举高的物体具有重力势能。疑问1："没被举高"，甚至"被压低"的物体呢？

高度一定，质量越大则重力势能越大。疑问2：高度"等于零"，甚至"小于零"呢？

重力势能与质量和高度有关。疑问3：与"重力"有关吗？

物体被举高而具有重力势能，没被举高则……疑问4："重力势能"甚至"能量"可以没有吗？

教材作为重要的课程资源，是教师上课的一个基本依据，教师应当对教材进行深入研究，对教材进行个性化的二次开发，对素材进行有效的整合，并用好教材上的每一个素材。但教材并不是真理，它是教育专家经过长时间讨论和研究，综合考虑多方面的因素所编制而成的，其中难免有不合理的成分存在。教师在分析教材内容的时候，对任何的内容都应该抱着怀疑的态度，对于自己有疑问的部分不应放任不管，而应该紧紧抓住疑问点，理性而又深入地思考，坚持科学的信念，进行较真的探究，不错过、不放过每一个模糊或说不通的地方。在这里，朱老师只是对教材文本教学处置有自己的看法，教师心中应该有数。势能的大小是由地球和地面上的物体的相对位置决定的，物体质量越大、相对位置越高、做的功越多，从而使得物体具有的重力势能越大。又例如下面的教学片段。

【典型案例6.5】[①]

在《光的反射》的4节课中，教材呈现了如下文本。

光射到物体表面上时，有一部分光会被物体表面反射回来，这种现象叫作光的反射（reflection）。

思考1：有一部分光被反射，那其他的光去哪儿了呢？其他的光被折射到介质中去了。

思考2：原教材上将光的反射和reflection都加粗了，意思就是这两个词是对应的，可是光的反射的英文翻译为reflection of light或者light reflection，reflection的意思只是反射。这里是不严谨的。

思考3：表述中说明了光是被物体表面所反射。要知道物体是有上表面和下表面的，那光到底是被谁反射呢？光应该是在两种介质的分界面上改变了传播方向。若是光从空气传播到水面或玻璃上发生反射，就是在水或玻璃的上表面上光发生了反射。

---

① 该教学片段选自朱建廉老师2016年12月8日在江苏省第四届名师论坛上的报告，题目为《从"核心素养"说开去——基于"教育行为者"的视野中的"核心素养"解读》。

思考4：表述中说明有一部分光被反射回来。什么叫作反射回来？一般的人都会认为是按着原来的路径反射回来，可事实上光并不是原路返回，而只是又返回到原介质中去。光的反射应该是当光在两种物质分界面上改变传播方向又返回到原来物质中的现象。

思考5：定义中的表述是"……反射回来，……叫作光的反射"，如何理解这种反射叫作反射的表述。这并没有讲清到底什么是光的反射。

在以上案例中，朱老师原则上同意教材的文本表述，但还是对教材上的表述做出了自己的思考，这种思考是建立在客观理性的态度之上的，在解决了自己的疑问的同时，也能够在教学中帮助学生更深刻地掌握知识。这或正是我们对待文本阅读及其教学应该采取的态度。

与数学阅读、历史阅读和科学阅读相比，语文阅读则是一种更为基础性的阅读。语文阅读教学肩负着培养学生语文能力与素养的任务，其最大的忌讳是教师的"灌输"和"教条"，因为灌输或绝对化阻碍了自由思考的空间和个体经验参与的道路，使与存在经验密切关联的人文知识变成一个个僵化的结论[1]，最终彻底摧毁阅读教学。学生的学习并非是机械的、被动的客观事实的再现与反映，而是一个主动建构的过程。当课堂冷下来，学生沉浸其中独立思考，其内心是在进行有意义的学习建构，这样的教与学才是真正符合学习规律的。

文本阅读是每一个人所应具备的基本素养，从学生的课业学习角度来看，文本阅读是各科学习的基础；从人的发展来看，文本阅读既是日常生活的工具，也是享受文学艺术作品的基本前提。语文作为其他人文学科学习的基础，是重要的交际工具，是人类文化的重要组成部分，教师负有不可推卸的指导学生进行文本阅读的责任。教材中的文本虽然不能作为学生学习的唯一路径，但是这些经过严格挑选的文本是师生最直接的教学资源。教师应当充分利用教材中的文本阅读教学的过程，为学生的自主独立阅读开辟途径。我们来看《阿房宫赋》课中阅读理解指导的教学片段。

【典型案例6.6】[2]

（在此之前，教师已经带领学生分析理解过了文中的重点词句，并概括了文章的主要内容、划分了层次）

师：现在同学们根据要求，再读课文，画出相关的句子。第一组同学看看课文中哪些句子是写阿房宫其形的雄伟壮丽，规模的庞大；第二组看看哪些句子具体地写出宫中之女的众，宫中之宝的多；第三组找一找"其费可谓靡矣"体现在哪里；最后一个组找"其奢可谓极矣"体现在哪里。如果自己的任务完成得很快，可以把所有这些和课文

---

[1] 石中英. 知识转型与教育改革[M]. 北京：教育科学出版社，2001：315.
[2] 该教学片段选自黄厚江老师执教的"阿房宫赋"。

中相对应的句子想一想。有些同学比较慢,也可以集中找一两处。

(学生看书)

师:好,有没有找好?下面我们来交流交流。先请第一组说说课文中哪些内容、哪些句子描写了阿房宫其形的雄伟壮丽,规模的极为庞大。(指名)你找到的是哪里?

生7:我找的是第一小节。

师:你把句子读一读,好吗?

生7:"覆压三百余里,隔离天日",是写规模庞大;"二川溶溶,流入宫墙。五步一楼,十步一阁",是写阿房宫很雄伟;然后"盘盘焉,囷囷焉,蜂房水涡,矗不知乎几千万落",写规模很大;"一日之内,一宫之间,而气候不齐",也是写规模很大。

师:好的。这位同学抓住课文第一部分,既读了有关句子,还作了简要分析。我们再看看后面。哪些句子写宫中之女的众,宫中之宝的多,第二组哪位同学来说说?(指名)你找到了?

生8:第二节,"妃嫔媵嫱"一直到"焚椒兰也",都是写宫女的"众"。

师:你能简要分析一下,作者是怎样写出宫女的"众"的吗?

生8:他是从侧面来写的,比如"渭流涨腻,弃脂水也"。

师:对。在这里有同学提出一个问题,不知你能不能解答。"绿云扰扰,梳晓鬟也",这个"绿云扰扰"是指什么东西?你有没有想过这个问题?(生摇头)没有?好,请坐。其他同学有没有想过"绿云扰扰,梳晓鬟也"是写什么?

生全体:头发。

师:对,是头发,这也表现了宫女的多。刚才那位同学说,主要是从侧面间接地写,其实作者用了多种方法,夸张、排比、比喻等等,都有。"绿"在这里可以理解为黑,我们在日常生活里有没有注意到,有人说"他眼睛黑得发绿",也有人说"这衣服的颜色绿得发黑",说明这黑色和绿色到了一定程度以后,相互之间是难以区分的,所以这里其实就是说"黑云"。"扰扰"是说飘飘的样子,说明宫女的确很多。那么写"宫中之宝可谓多"的在哪里?哪个同学说说?

生9:"燕、赵之收藏,韩、魏之经营,齐、楚之精英,几世几年,剽掠其人,倚叠如山。一旦不能有,输来其间",表现了宫中宝物的多。

师:好。这里想请你解决一个问题,有同学问"韩、魏之经营"的"经营"是什么意思,你能回答吗?

生9:都是指金玉珠宝等物。

师:好,请坐。我们这里要注意一个问题,就是文言文理解的方法。理解这个"经营",可以从哪些词语中寻得启发和门径?就是可以从哪些词语入手?

生全体:收藏,精英。

师:对。这三个句子虽然从修辞来讲,不能算是互文。比如说"朝歌夜弦"就是典型的互文，你不能说早上就唱歌，晚上就弹乐器，应该是早晚唱歌弹乐器，这叫互文，互文不"合而见义"，就不能"解其义"。但是像这一种排列的句子，可以互相参照，是一种反复，同时又避免词语单调简单地重复。所以"经营""精英"，都是六国费尽心思从其他国家争抢、抢夺来的宝物。第三组同学说说"其费可谓靡矣"。

有人曾经调侃道，语文学习有"三怕"，其中一"怕"就是"文言文"。文言文之所以令人望而生畏，主要原因可能是由于晦涩的古代汉语语法表达和生僻的字词句。教师如果不得文言教学之法，不仅令"教"变得吃力，学生会更加苦不堪言。同时，文言文教学又容易陷入两种误区，一是逐字逐句翻译串讲，令课堂极其枯燥乏味；一是脱离文言字句、脱离文本的文章句法修辞情感，空洞教学。

黄厚江老师的教学，很好地将文言文本结构脉络的梳理与字词篇章的分析进行了有机整合，粗读与精读相结合，质疑与解疑相呼应。教师带领学生将重难点的字词句解决后，文章的层次脉络对于学生来说就比较清晰了。在整体把握文本结构的基础上，对文本的内在细节进行梳理，使文本阅读有理有据。紧接着，从文意的把握中再次引起对重点词语的解释："'韩、魏之经营'的'经营'是什么意思？……理解这个'经营'，可以从哪些词语中寻得启发和门径？"逐步引导学生通过对比"互文"的典型语法结构（朝歌夜弦）对文本中反复强调的"经营、收藏、精英"这一句式结构的深入认识。指导学生通过回顾已有的知识经验，对新的知识学习产生正迁移，这种阅读方法的指导，是渗透在教师的教学过程中的。

教师带领学生疏通了重难点的字词句、概括了文本的主要内容，再让学生找出文中与这些点相对应的内容，这样条理清晰、层次递进的阅读教学过程本身就是一种指导学生进行文本阅读的好方法。在过程中，还注意对学生直接的学法指导——"（这位同学）既读了有关句子，还作了简要分析"，这既是对回答问题同学的针对性评价，也是对其他同学文本阅读的指导。在这样反复打磨咀嚼的基础上，学生才能够深入地了解文本的内容，才能有创造和生成。

二、质疑批判的学习指导

"质疑"是我们耳熟能详的一个词语，意思是"心有所疑，提出以求得解答"。"质疑"中的"质"为动词，指"询问""责问"，有时有"反诘""反问"之意；"疑"即"疑问""疑惑"。我们也把能够揭示事实和原有认识之间的矛盾或疑问的行为叫作质疑。质疑能力指人对所看到的现象或已有结论的真实性、准确性提出疑问，对做什么和相信什么作出合理决策的能力，是指人对现存事物敢于和善于提出疑问，并对现存传统理念进行辩争的能力。质疑能力既是个体拥有良好思维品质的体现，也是个体有所发现、有所创造的前提，因而也是各门课程的重要培养目标之一。当然，质疑能力的培养不应该只表现于教案的教学目标设计中，而应该切实地落实在教学过程中的每一个环节。我们来看人教版高中物理必修2"万有引力定律应用"的教学片段。

【典型案例6.7】[①]

（在讲解"万有引力定律的应用"时，对月亮绕地球的运动，在建立理想化运动模型后，自然地列出动力学方程：$G\dfrac{Mm}{r^2}=m\dfrac{v^2}{r}$，式中 M 表示地球质量，m 表示月球质量，r 为轨道半径，v 为月球绕地球的运行速度。由该方程求出来月球绕地球的运行速度）

师：对于刚才的分析与计算，难道你们就没有疑问吗？

（课堂沉默，静悄悄的）

生 A：我觉得 $G\dfrac{Mm}{r^2}=m\dfrac{v^2}{r}$ 这个方程不正确。

生 B：为什么不正确？

师：你做出来一个大胆的判断，你能够帮助我们理解你的判断吗？

生 A：在月球绕地球运动的时候，地球也在绕太阳运动啊！地球有加速度，牛顿第二定律不能用。

（该生通过对牛顿第二定律的应用范围的考虑提出了质疑，这是一个精彩的质疑。对学生的质疑给予高度的评价）

师：你们能从教材中给出的数据计算出地球绕太阳运动的向心加速度的大小吗？我想你们能够解决的。

（学生们求知的积极性顿时被调动起来了。经过计算，地球绕太阳公转的加速度约为 5.9×10^{-3} m/s²。至此，学生们明白了，在这个模型中，地球可以看成一个近似的惯性参考系）

学生本来就具有质疑的意识，但是随着知识的增长，学生们的质疑意识不但没有增加反而逐渐被磨灭了。在上述教学片段中，教师首先为学生创造出来一片自由的"天空"，鼓励学生们质疑，并在学生提出质疑之后细心地聆听学生的理由并且给予高度的评价，最终引导全班同学一并解决学生给出的疑问。由这一教学片段不难看出，教师以一种多鼓励、少批评的方式进行课堂教学[②]，而学生们在解决自己提出的问题的时候，求知的积极性完全被调动起来了。因而在课堂上鼓励学生提出质疑，不仅有助于学生质疑能力的培养，也有助于课堂氛围的提升。

提起"质疑"，人们往往将它与"批判"一词联系起来。这固然有其一定的合理性——"质疑"就是对旧的事物的"批判""挑毛病"乃至"否定"，但这也是对"批判"一词的某种误解，或者说至少是并不全面的理解。其实，"批判"不仅本身包含着建设性向度，更与人们的"审慎"思考有着特别紧密的联系。这里的"批判"主要是指"批判性思维"（也有学者将其翻译为"审辨

[①] 该教学片段选自周久璘老师执教的"万有引力定律应用"。参见周久璘. 为丰富学生的智慧而教——周久璘论教育教学[M]. 南京：南京师范大学出版社，2013：121.

[②] 沈海平. 高中物理教学中质疑能力的培养[J]. 物理教学探讨，2008，32(8)：9-11, 15.

性思维"),而运用"批判性思维"的能力正是促进学生深度学习的高阶教学目标。

关于批判性思维,美国哲学学会将其界定为"有目的、自我校准的判断,这种判断导致解释、分析、评估、推论以及对判断赖以存在的证据、概念、方法、标准或语境的说明"。① 钟启泉教授引用《认知心理学家谈教育》中的界定,认为批判性思维是指"对于某种事物、现象和主张,发现问题所在,同时根据自身思考,逻辑地作出主张的思考"②。总体上说,批判性思维就是个体以概念、判断、推理等形式,在独立思考的基础上,通过大脑的认知加工,对某一思想、言论、观点的性质、价值、精确性和真实性等方面作出个人判断的理性思维过程,同时也是一种思维技能和思维品质。高中阶段是对学生进行理性思维培养的重要时期,历史教育教学所承载的不仅仅是历史事实本身,更重要的是基于重大历史事件、历史现象的学习而形成的历史思维、价值判断,尤其是批判性思维。我们来看以下"大萧条与罗斯福新政"中有关罗斯福新政不利影响的教学片段。

【典型案例 6.8】③

材料:1934 年秋,他们的公司被国家工业复兴总署(简称 NRA)告上了法庭,理由是违犯了《纽约市都市区和周围地区活禽行业公平竞争法规》的相关规定——"价格管制""直接屠宰"(即客户无权挑选单只家禽,拿到哪只算哪只)等。

师:请思考,"价格"的标准是什么?

生:政府规定的,大部分人接受的,市场均衡价……

师:政府规定的一定是市场均衡价吗!(学生疑惑)其实政府是按照该行业中大企业的价格来制定标准的,这个价格对中小企业而言是不利的。另外,故事中还有"直接屠宰",这违背了什么原则?

生:自由的市场竞争……

师:当国家由"什么都不管"转变为"什么都要管"的"保姆",小企业经营者谢克特兄弟便不能忍受国家的深度干预,冲突就产生了。所以,这场冲突事实上是干预与自由之间的冲突。

欧阳旭老师从人物故事切入,通过小人物谢克特兄弟的经历,认识罗斯福新政国家干预和市场自由之间的矛盾,让学生在对比中形成观念冲突。从批判性思维培养的视角看,这一教学立意有两方面的升华:其一,即使是"高大上"的改革也可能触犯很多社会成员的个体利益,用一种"眼光向下"的历史意识,通过小人物的衣食住行等生活变迁触摸历史演进的脉动,改革不都是"高大上";其二,即使改革的成效显著,总统的权威也需要在法律允许的范围内施展,罗

---

① 武宏志,刘春杰. 批判性思维——以论证逻辑为工具[M]. 西安:陕西人民教育出版社,2005:2.
② 钟启泉."批判性思维"及其教学[J]. 全球教育展望,2002(1):34-38.
③ 该教学片段选自欧阳旭老师执教的"大萧条与罗斯福新政"。

斯福新政作为资本主义制度自我调整和完善的典型案例,其背后不乏谢克特兄弟们的斗争、博弈、妥协和创新,人类历史正是在这种不断的冲突、妥协和创新中发展、进步的。教师让学生从主流观点与现实史实的价值冲突中,实现自我解构,结合现实思考,通过案例分析完成关键问题的认识重构,从而逐步形成批判性思维,并使学生收获对历史上改革这一现象的思辨。

挖掘教学立意,需要教师有一双慧眼。挖掘教学立意,就是挖掘核心概念,就是能够透过历史知识的表象去剖析历史的本质,找到历史知识的一般性规律;挖掘历史线索,找到链接历史的内在"灵魂"。挖掘教学立意,需要教师引导学生对教材内容认真研读,思考单元与单元之间、课与课之间、目与目之间的内在联系及变化规律,找到贯穿知识链的"绳",找到单元的"魂"、课的"魂"。挖掘教学立意,需要教师引导学生对教学内容进行深度思考,要学会透过现象看本质。挖掘教学立意,还需要教师多关注学术成果,将学术成果转化为教学立意,并将教学立意进一步转化为教学内容的选择与组织、教学的实施与评价等教学行为、教学活动上来。

"质疑"与"批判性思维"有着紧密的联系,是促进学生深度学习的高阶教学目标。换言之,深度学习强调学习者对所学知识进行深入的理解和批判性的思考,并敢于表达个人见解。在阅读理解过程中,无论是初步感知、语言赏析,还是综合评价,都离不开学生的深入思考。因此,语文阅读教学不能仅仅停留在帮助学生理解文本的基础之上,而是要引导学生积极探索、思考与质疑。下面我们来看另一个教学片段。

【典型案例 6.9】[①]

师:中心商务区与经济因素紧密相连,往往容易形成同心圆结构,把商业改成了商务,看来项目怎么样?

学生一起回答:项目变多了。

师:这就是我们通常讲的 CBD,大家有没有听说过?

学生(一起回答):有。

师:刚才我们看到的美国曼哈顿就是一种,我用了五颜六色的文字在幻灯片上表达它的功能,我们教材也有这段文字,我们课后再阅读。接下来的问题,是不是所有大城市的中心由于经济因素都形成了商业区或中心商务区?是不是呢?(请学生回答)

生:不是。

师:那你说说哪些城市不是?

生:北京就不是。

师:你怎么知道北京不是呢?

生:北京的中心是天安门。

师:讲得非常好,北京的中心就是天安门广场,交通便捷却没有高楼大厦。这位同

---

① 该教学片段选自孙小红老师执教的"城市空间结构"。

学可能去过北京,没有去过的同学没关系,看到书本其中一个图例就是天安门。那么北京的中心商务区在哪里呢?从书本内容中找。(请学生回答)

生:在北京的东部与西部。

师:很好。在王府井大街附近吧,图上有很多商场的名字,说明这是北京的中心商务区。

在教学开始阶段,教师先抛出曼哈顿的例子,紧接着向学生提问:是不是所有城市的中心都是中心商务区?学生的回答是否定的,接下来教师通过一连串的问题,让学生举出具体的案例。这一教学实际上体现的是教师引导学生开展质疑与批判的过程,学生可以质疑教师所抛出的问题,教师也可以质疑学生的答案,师生一起寻求问题的答案。教师给予学生质疑与批判的学习指导,希望通过这种方式培养学生的批判性思维以及形成敢于质疑的学习态度。

亚里士多德曾说过,"思维从疑问和惊奇开始。"作为一种科学的态度与方法,质疑对思维的提升发挥着重要作用。它内含着探索的欲望、批判的态度和追求真理的勇气。培养学生的质疑批判能力,使学生具有敢于质疑的习惯和勇于质疑的气魄是当下教育的必然追求。我们来看《阿房宫赋》的一个教学片段。

【典型案例6.10】[①]

师:《阿房宫赋》这篇文章黄老师读了几十年,读着读着,就把这篇文章读短了,请看屏幕:

阿房之宫,其形可谓____矣,

其制可谓____矣,

宫中之女可谓____矣,

宫中之宝可谓____矣,

其费可谓____矣,

其奢可谓____矣。

其亡亦可谓____矣!

嗟乎!后人哀之而不鉴之,亦可____矣。

请大家再次仔细阅读全文,结合文章内容,在横线处填上合适的一个字!

(学生默读课文、沉思)

师:想好的请举手。

(无人举手,学生依然在思考)

师:这样吧,你们想好了哪一空就说哪一空,怎么样?

---

① 该教学片段选自黄厚江老师执教的"阿房宫赋"。

生1：老师，我填前三空，第一空是"壮"，第二空是"大"，第三空是"多"，其他空我还没想好。

生2：我说最后一空，应该是"哀"。

师：很好，还有四空，谁来说说？

生3：老师，我来试试吧，但没把握。

师：没关系，至少你认真思考了。

生3：第四空我填的是"多"，第五空是"靡"，第六空是"奇"，第七空是"快"。

师：同学们，你们觉得刚才这三位同学填得怎么样？

生4：老师，我不赞成他的意见，第二空如果填的是"大"，显然口语化色彩太浓，应该改"宏"更好，第三空和第四空都填"多"显得重复，第三空改为"众"字更好。

师：很好，还有几空呢？

生5：我觉得第六空改为"极"字，第七空改为"速"字更好，其余的我赞同。

师：好，请坐。刚才几位同学的思考结果充分说明他们肯动脑筋，他们所填的和黄老师所想的几乎一致，请看屏幕。

《阿房宫赋》生动形象地总结了秦朝统治者骄奢亡国的历史，全文错落有致，朗朗上口，运用了大量的比喻与夸张的手法。教师为了帮助学生把握整节课内容，别出心裁地设计了八个短句，以"游戏填词"的方式引导学生总结课文内容。在三位同学填完所有词语之后，教师没有急于评价并公布正确答案，而是请同学们思考"填得怎么样"，以一种批判的态度审视已有的答案。生4与生5在已回答同学的基础之上，进一步思考与批判，促使填词所表达的内容更加完整具体。这样的设计，不仅帮助学生更好地理解课文内容，而且给予了学生进一步思考与质疑的空间，鼓励学生大胆质疑，勇于批判，唤醒并强化学生的质疑意识。

目前，不论是在理论研究领域还是在一线教学领域，"质疑"及"批判性思维"都备受推崇。培养学会学习、学会生存的人，发展学生的实践创新能力，是目前核心素养的基本内容。一些研究者或者是教师仍然对批判性思维教学持保留态度，认为真正在教学中实现批判性思维的培养是十分困难的。其实，我们完全可以从优秀教师的教学过程中体会蕴含在其中的思维培养的方法。下面是"叙事类材料立意作文"——基于批判性思维的教学的一个片段。

【典型案例6.11】[①]

（PPT呈现："养牛人和养鸡人赶往一年一度的集市去卖一头牛和一只鸡，需要乘舟渡河。渡口无舟，恰逢苏格拉底的船经过）

猜一猜：养牛人会怎么办？"

---

① 该教学片段选自谭嗣极老师执教的"叙事材料立意作文"。参见2017年10月20日在中华中学举办的全国高中批判性思维教学展示研讨会。

师：（几秒钟后）现在就可以随便说了！要说的同学举手示意一下。

生1：我觉得养牛人会赶着他的牛继续往前走。

师：继续往前走？骑在牛身上过河？

（学生都呵呵笑了起来）

你要知道啊，他必须要过河，必须要乘船过河，这个时候没有船了，恰好有苏格拉底的船经过，这个时候是赶回家还是过河？水牛是可以过河的。

生1：骑着牛过河。

师：好，厉害。还有吗？你说！

生2：他可以乘苏格拉底的船过河，让牛自己过河。

（同学们又哈哈地笑了起来）

师：好，这也是个方法。还有吗？

生3：我觉得他可能会向苏格拉底推销他的牛，将牛作为乘船的费用……然后就把牛卖给苏格拉底了。

师：就把牛卖给苏格拉底？

生3：对。

师：那这里有个问题。

生3：他就没必要过去了。

师：苏格拉底一定会要他的牛吗？

生3：也不一定。那他可以借苏格拉底的船过一下。

师：借？好，还有没有其他同学？

生4：我觉得可以跟养鸡人讲好，让养鸡人把鸡卖给苏格拉底，作为乘船的报酬，给他（养鸡人）一点好处，然后一起过去。

师：这是用鸡作为过河的费用，然后一起过去。这也是一种方法啊。还有吗？没有我们就看看人家是怎么做的。

（呈现PPT内容：养牛人呼喊："苏格拉底！今天是集市最末一天，我们必须卖出我们的牛和鸡，求您改变行进方向送我们渡河。我将和您平分卖牛的钱！"苏格拉底应允。你猜到了吗？）

"随便说"的机会很重要。不论是学生还是老师，其实都具有强烈的表达的愿望。有的教师或许会抱怨学生不愿意积极主动地回答问题，而这大部分的原因来自于教师没能提供给学生一个自由表达的平台，久而久之，会使学生降低自我表达的能力和愿望。谢老师在上课伊始就告诉学生"随便说"，这种"随便说"，贯穿在他的整个教学过程中；这种"随便说"，是让学生有理有据地说；这种"随便说"，是不偏离主题的师生对话交流；这种"随便说"，会碰撞出意想不到的智慧火花。只有具备这样的机会，学生才会放心大胆地将自己看似不成熟的观点表达出来，教师才能针对性地帮助其形成更加理性的认知。"骑着牛过河""让牛自己过河""将牛卖给苏格拉底"……只有在他们说出来之后，教师才能带领学生质疑"苏格拉底一定会要他的牛吗？"

"标准答案"有时是桎梏。这篇叙事类材料的立意写作教学，一般的程序是先完整地呈现故事，再与学生讨论材料所表达的主题，进而选取角度进行写作。但是，谢老师在这里打破常规：首先，让学生猜故事的未知情节，激发了学生的兴趣，在这过程中不断促使学生思维发散；其次，未明说的材料目的（写作文），师生在思维的碰撞过程中（猜测—质疑—讨论—再质疑）学会了从不同的视角看待问题和解决问题的方法。即使教师没有告诉学生怎样写作文，相信学生也能够凭借自己的思考下笔成文。先把所谓的"标准答案"隐藏起来，会给学生质疑"标准答案"的勇气，从而培养学生自主思考和批判质疑的习惯，发展批判质疑的能力。

教师的优质课不是授人以鱼，而是授人以渔。我们要学习的精髓在于其引发学生思考的方式、答问学生的方法、对待学生的态度。有老师也提到，一节课上，别说是培养学生的批判性思维，只要学生在"思"，那么这节课就是有价值、有意义的。

三、意义建构的学习指导

建构主义学习观认为，学习不仅仅是刺激和反应的联结，也不是简单顿悟的过程，而是在个体与学习环境相互作用中，认知结构形成、改造和精致的过程。学习的结果不只是知道对某种特定刺激作出特定反应，而是头脑中认知结构的重建。因此，研究学生的学习机制，探究知识的理解过程，自然需要探讨学生的意义建构及其教学指导问题，亦即需要探讨事实性知识、概念性（观念性）知识、程序性知识等的意义建构以及学生的个人意义建构、合作意义建构方式等问题。我们还是结合具体学科来深入讨论意义建构这一问题。

语文阅读教学肩负着培养学生语文能力与素养的任务，其最大的忌讳是教师的"灌输"和"教条"。学生的学习并非是机械的、被动的客观事实的再现与反应，而是一个主动建构的过程。当学生沉浸其中独立思考，其内心是在进行有意义的知识建构，这样的教与学才是真正符合学习规律的。我们来看《寡人之于国也》教学中对于"失"与"夺"的意义建构教学片段。

【典型案例6.12】[①]

师：下面有两个字大家要注意，鸡豚狗彘之畜，无失其时，用了一个"失"；百亩之田，勿夺其时，用了一个"夺"。这个"失"和"夺"有什么区别？

（教师环顾四周，在学生片刻思考后，挑选学生回答）

生：无失其时，"失"是指繁殖的意思。勿夺其时，"夺"是指……（在书上寻找答

---

① 该教学片段选自张必锟老师执教的"寡人之于国也"。

案，一筹莫展）

师：好，你先坐下。你们别看这就两个字，这是当时统治者和劳动人民之间的关系。一个是"失"，一个是"夺"，区别大了呢。你不要光看注解，还要品味它的意思。

师：这位同学，你来说说？

生：嗯……嗯……

师：从这里看出，孟子对统治者的要求是什么呢？

生：很严格？

师：很严格。无失其时呢？

生：不要错过繁殖的时间。

师：哎，对，不要错过繁殖的时间。这是说统治阶级要去提醒这个老百姓，稻子熟了，该去干什么了。那勿夺其时呢？

生：不要提前去做。

师：你把他的时间给他抢过来，这是什么意思呢？

生：没有抓住时机。

师：没有抓住时机！这有点21世纪的味道了。你坐下。因为历代统治者有什么劳役，比如修建宫殿、派人出去打仗都要从老百姓里面征夫。这一征夫就把耕田的时间给抢走了。就是老百姓在耕田的时候，不要给他派劳役。

该课文选自人教版高中语文第三册。教师通过引导学生分析"失"和"夺"的深层含义来了解孟子的仁政思想。在分析理解的过程中，学生未能抓住文本的深层含义，停留在课下注释上，师生的对话交流遇到了障碍。可是教师并没有直接将答案呈现给学生，而是通过一步步引导促使学生运用以往的知识经验来推断和深入思考，主动地自我建构。叶澜教授认为一堂好课其标准之一就是要有生成性；建构主义学习理论主张知识不是独立于学生个体之外并由学生被动接受的过程，而是一个主动建构的过程。意义建构的学习就是引发学生对问题更加全面而深入的思考，并在意义建构的过程中提高文本的综合理解能力。

就各种类型知识的学习来看，概念的意义建构是最为基本的学习。为此，我们来看"运动"这一物理概念的认知建构教学片段。

【典型案例6.13】[①]

布置学生阅读《运动学基本概念》相关教材（约3分钟）后提出问题：

什么是运动？——使学生对"运动"概念形成初步认识。

重复问题：什么是运动？——并启发学生尽可能给出简洁的回答，在此基础上引出

[①] 该教学片段选自朱建廉老师执教的"运动学基本概念"。

"位移"与"路程"概念的教学。

再次重复提出问题:什么是运动?——在此基础上引出"参考系"概念的教学。

继续重复提出问题:什么是运动?——注意启发学生对"变化"的相关要素进行思考。在此基础上引出"时间"与"时刻"概念的教学。同时使学生初步体会引入"速度"概念描述运动的必要性。

坚持重复提出问题:什么是运动?——注意引导学生体会"变化"的复杂性,允许学生的答案是发散的。在此基础上引导学生从"变化"的复杂性去体会"运动"的复杂性,并引出简化"运动"的模型方法,实施"质点"概念的教学。

在完成基本教学任务的基础上,根据教学现场的状况,还可以继续追问同一个基本问题:什么是运动?——让学生在自主性探究和相互间讨论的基础上初步领悟人类对运动(位置变化)、对运动的变化(位置变化情况的变化)等问题的研究思路与研究方法。

如果把学习物理比喻成盖一座大楼,那么学习物理概念就是在给这座大楼打下坚实的根基,根基如果不牢,大楼再高也岌岌可危。学生只有把物理概念学好,才能继续学习物理规律,解决各种物理问题。传统的物理概念教学模式是教师讲解加大量习题训练,概念的教学大部分都依赖教师的课堂讲授。这种传统的教学模式的优点在于教师可以面向所有学生讲清楚每个物理概念的形成过程、内涵、适用条件或范围,有利于学生理解概念并在短时间内学会使用,在大量训练后便可熟练运用。但这种教学模式的劣势也是显而易见的,学生被动地接受知识,这样形成的知识网络不稳定而且很可能内部结构混乱,缺乏对于所有概念的一个系统认知。虽然短时间内效果显著,但根据艾宾浩斯遗忘曲线,随着新课的结束,一旦对概念的训练水平下降,学生可能就遗忘了大部分概念。

事实上,学生在进入课堂学习之前,一定对将要学习的物理概念有了一些原始的认知,或来自于生活的经验,或来自于此前的物理学习,教师在教学之前要充分分析学生的前概念,在教学过程中把握学生认知发展的思维过程,善于发现前概念和要建立的新概念有何关联,[1]充分利用已有的认知结构,将一些本质性的特征添加到新的认知结构中,完善对于某一部分物理概念的整体认知。

在上述教学片段中,教师每一次重复"什么是运动"这个问题时,都设想好了学生可能的回答,并在此基础上一步步完善与运动有关的所有概念。不知不觉中,物理概念的网络结构就一层层清晰地显现了出来。

---

[1] 王文清,郭玉英,贾永.促进科学认知发展的高中物理探究教学模型[J].课程.教材.教法,2013(10):75—79.

【典型案例 6.14】[①]

师：什么是运动？

生：相对位置随时间的变化叫运动。

师：（指着黑板上的"运动"定义）有"时间"这两个字吗？

生：没有。

师：（仍指着黑板上的"运动"定义）有时间（加重语气）吗？

生：……有！

师：在哪里？

生：在"变化"里。

师：太好了！……

正是在这些一问一答的过程中，教师运用自身的语气和动作，比如上面这个例子中教师两次提问"时间"一词的语气不同，引导学生对问题进行深入思考，在思考中学生对于概念中每部分的内涵都有了更明确的理解，最终给出了教师预期的回答"变化一词中就包含了时间"，循序渐进地完成认知的建构。教师设计的问题在此过程中起到了非常重要的驱动引领作用，正是这一连串层层递进的问题，让学生触摸到了运动学中这些概念的本质内涵，在以后的学习中对这些物理量也有了更加明确的认识。

与物理概念教学相比，物理规律（涉及观念性知识）的教学更是物理教学的重中之重。物理规律反映了物理现象发生、变化的规律和联系，在学习规律的过程中，学生能更好地发展物理规律的科学认知，掌握探究事物本质的方法和进行探究的能力，这个过程也需要教师考虑如何科学、合理地帮助学生进行独立自主的认知建构。例如，在"法拉第电磁感应定律"教学中，教学样例的选择非常重要。样例的选择既可以是相似的，也可以是相反的。教师如果提供的是相似的样例，学生能从中寻找共同点，进而摸索出物理规律的一般表述；如果教师提供的样例是相反的，通过反面样例与正面样例的关键特征的不同，学生对某一规律的内涵或者适用条件也能更加明确。限于篇幅，笔者不再举例分析。

知识的建构性不仅体现在理科的课堂上，也充分反映在文科课程的教学过程中。政治课教学也要启发学生运用自己已有的知识积极思考，使他们自己作出结论，自觉地形成观点。只有"道而弗牵，强而弗抑，开而弗达"，亦即引导学生而不牵着学生走，策励学生而不推着学生走，启发学生而不代替学生达成结论，才能使学生积极主动地接受知识的熏陶，从而收到寓思想教育于课堂教学之中的效果。下面是"实践是检验真理的唯一标准"的教学片段。

---

① 该教学片段选自朱建廉老师执教的"运动学基本概念"。

【典型案例 6.15】[①]

师：检验真理的标准问题，指的是根据什么来判明认识究竟是真理还是谬误的问题。关于这个问题，长期以来在哲学界争论不休，众说纷纭，莫衷一是。有的说，"上帝的命令、神的启示"可以作为检验真理的标准；有人认为，"圣人、伟人的话"可以作为检验真理的标准；有人主张，"多数人的意见"可以作为检验真理的标准；有人认为，"有用就是真理"，也就是"是否对人们有用"可以作为检验真理的标准。以上这些能否充当检验真理的标准？为什么？请同学们思考一下回答。

生：世界上根本没有上帝和神，当然也就没有上帝的命令、神的启示；真理有时候为少数人所掌握，像马克思和恩格斯在创立科学共产主义的时候，只是少数，但实践证明科学共产主义理论是真理；"有用就是真理"更是荒谬，谎言对骗子来说是有用的，但是它绝不是真理。

师：还有补充吗？

生：不同阶级都有它自己的伟人、圣人，他们的话都代表着本阶级的利益。地主、资产阶级的伟人、圣人的话，因为代表其阶级利益，受到阶级的局限，一般地说，不可能符合实际和社会发展规律；即使是无产阶级的革命领袖，尽管他们所代表的无产阶级的利益和社会发展规律是一致的，但是他们的话也不可能句句是真理。

师：以上列举了四种，其实还可以列举很多："有权就有理"，四人帮不是鼓吹"强权即真理"吗？这就是所谓的"权力标准"。还有"公说公有理，婆说婆有理"，这就是说，应该以"公""婆"说的话为标准喽！这实际上是以"我的意见"为标准，每个人都以"我的意见"为标准，就等于没标准！种种标准，说法不一，却有一个共同的特点！大家想一想，它们的共同特点是什么？

生：他们都是从人的主观认识范围内找检验真理的标准，都是些主观标准。

师：是的。然而，真理是客观的，它不依赖于任何人、任何阶级的主观意志。那么，检验真理的标准也应当是客观的。究竟什么是检验真理的客观标准呢？在马克思主义诞生以前，世界上没有一个人能正确解决这个问题。只有马克思、恩格斯创立了辩证唯物主义才真正科学地解决了检验真理的标准问题，指出：社会实践是检验真理的唯一标准。

在上面的教学片段中，王南勋老师运用比较和鉴别的方法，把古往今来人们对检验真理的标准问题的各种设想，比如将"圣人、伟人的话""多数人的意见""是否对人们有用"等作为检验真理的标准，引导学生思考以上这些能否充当检验真理的标准及原因。学生通过思考、辨析得出结论：以上观点都不能作为检验真理的标准。然后，教师提出了现实生活当中"公说公有

[①] 该教学片段选自王南勋老师的"实践是检验真理的唯一标准"。参见吴铎. 中国著名特级教师教学思想录·中学政治卷[M]. 南京：江苏教育出版社，1996：54-55.

理，婆说婆有理"的俗语和历史上"强权就是真理"等反面的真理标准，从正反两个方面的主观性评判标准，启示学生通过比较它们之间的相同点和不同点思考这些真理检验标准的共同特点。此外，王老师"于无疑处生疑"，即能够引导学生从人们习以为常的客观观点中，从过去已经有的、现成的结论中，发现问题，提出问题，思考问题，并在你问我答的形式中获得真知。这种思辨的方法与苏格拉底的产婆术有异曲同工之妙。在意义建构的教学过程中，采用逆向思维的教学方法，使学生对司空见惯的、似乎已成定论的事物或观点反过来加以思考，引导学生从问题的相反方面深入探索，使其敢于反其道而思之，对于培养学生的创新意识和理性精神具有重要的现实意义。

教学应该找到知识的生长点，符合知识自身的逻辑顺序，遵循学生的认识顺序和心理发展顺序，建立在学生可理解接受的范围内，这才有可能实现知识的意义建构。就化学学科来看，促进学生从实验中建构化学知识、从化学史的角度对化学知识进行意义建构、从系统的角度对化学知识进行意义建构、从社会生活中对化学知识进行意义建构等，都有助于学生的化学知识的建构和生长。下面是一个从社会生活中对"高分子的性质"化学知识进行建构的教学片段。

【典型案例6.16】[①]

师：（取出一枚鸡蛋，将蛋壳在烧杯边缘轻轻磕开，并使蛋清缓缓流入盛有水的烧杯之中）从以上的实验中，我们观察到哪些实验现象？

生：蛋清是浅黄色的、透明的、粘稠的液体；因为蛋清沉入水底，所以其密度比水重。（学生忠实地表述了对实验现象的观察，至此可以得出对蛋白质的颜色、密度等物理性质的判断）

师：（以往我们的教学一般也就仅止于此，粘度与微观结构的关系被我们忽略了。可引导学生结合生活经验，从宏观的角度理解分子的行为）你是否经历过分别将一碗米粒和一碗面条分为两份的情形？

生：米粒很容易地伴随倾倒动作的停止而顺利地分为两份，但当筷子夹住面条将其分至两个碗中时，由于面条之间的拖带作用，使得面条在两个碗之间的转移总有彼此牵扯的现象。

师：将水从烧杯中倾倒入试管，当人们做出停止的动作时，水流也会戛然而止，从而得到适当体积的水。然而如果将蛋清从烧杯中转入试管，当人们做出停止的动作时，蛋清往往会因为粘性而不能适时终止流动，使取用的蛋清体积比预想的要多。以此类推，可以想象水是颗粒状的小分子，而蛋清是长链状的大分子。

这是以物质宏观性质的认识为基础，通过想象，引导学生们建立起微观结构与宏观性质之

[①] 该教学片段选自江敏老师执教的"高分子的性质"。

间的联系。微观结构决定物质的宏观性质,结构与功能相适应,这是化学教学过程中学生应建立的化学观念,但以往的教学往往停留于字面的讲授或是列举远离日常生活的例子,例如"碱金属元素最外层有一个电子容易失去,因此金属性强""苯是非极性分子,因此不容易溶于极性分子水"。但上述教学片段在讨论微观结构决定物质宏观性质时,列举了日常生活中最易接触的实例。鸡蛋清的主要成分是天然有机高分子化合物蛋白质,水是由小分子 H_2O 组成的,从日常生活经验可知,鸡蛋清不容易一分为二,而水很容易一分为二,这是物质的宏观性质,类比面条不容易一分为二而米饭容易一分为二。学生很自然地联想到蛋白质分子是大分子而水分子是小分子,从深层次上理解物质结构决定物质的性质。同时教师利用这种教学方法,使看不见的微观粒子看得见了,这是从宏观到微观联系的具体实例。由于化学学科的特殊性,化学与日常生活的联系极为紧密,因此化学教学结合生活中具体的实例,易于帮助学生找到知识的生长点,实现化学知识的生长教学,建立稳固的化学知识体系。

在具体教学过程中,让学生产生思维的冲突,学生可以体会到分析思考的乐趣,也可以体会到新旧知识之间的关联,同时在倾听他人意见的过程中,真切感受合作与交流的需要,并紧紧抓住学科知识的核心,不断构建出个人的知识框架(认知结构)。

就意义建构的具体方式而言,可以有个人意义建构与合作意义建构等具体方式。在某种意义上说,个人意义建构为合作意义建构提供了基础,而合作意义建构为个人意义建构的进一步发展与完善提供了可能。

合作讨论教学是一种以问题为纽带,以学生独立思考为基础,通过生生、师生讨论共探,帮助学生突破疑难问题,深入理解和把握教材的主要观点,培养问题意识、创新思维和社交技能,提高思想认识和发展问题解决能力的运作模式。[①]首先,教师在组织课堂讨论时应根据教学内容精心设计好讨论的题目,要想办法设计高层次的问题以激发学生思维的碰撞;其次,学生根据讨论问题事先钻研教材,寻找资料,然后在讨论中提出自己的见解,在讨论过程中,教师要认真组织,正确引导,恰到好处地启发和鼓励学生,使讨论向预定方向发展;最后,教师要做好点评,把学生的思想引导到正确的方向上。我们来看一个高中生物"生殖健康"的教学片段(此时,课程已经进行到大约四分之三时,学生已经基本掌握本节课的教学内容,包括生殖健康的概念和辅助生殖技术,教师以教材提供的三则资料及三个问题让同学们进行小组讨论)。

【典型案例 6.17】[②]

(由于时间关系,在讨论前,教师合理安排不同小组的任务,1、2组讨论第一题,3、4组讨论第二题,5、6、7组讨论第三题,同时说明小组内由组长组织讨论,并选出一名记录者、一名发言汇报者,明确讨论的目的及交流方式。讨论开始后,教师在教室内随

---

① 邢方方. 生本·设计·反思——观摩"人的认识从何而来"一课有感[J]. 中学政治教学参考,2016(10):33-34.
② 该教学片段选自刘俊琴老师执教的"生殖健康"。

机走动，认真观察小组讨论情况，对有困难或不确定的问题及时引导，并注意观察小组讨论进度便于把握时间，走动时尽量照顾到全体学生）

师：（在视察完各小组情况后，询问全班讨论情况，再次提醒小组内负责记录的同学把小组成员的主要观点记录下来，肯定同学们的讨论情况）大家的讨论非常认真、热烈，看来大家对这个话题还是非常感兴趣的，因为它是关系到我们每一个人、每一个家庭的一个很重要的问题。我们一起来看看第一个问题，资料1中的想法科学吗？（简要概括资料1内容）用名人的精子和美女的卵子结合，希望得到一个又聪明又漂亮的后代。请1、2组派发言人到前面来跟大家交流你们小组的讨论结果。

生1：我们小组认为事物应该一分为二，这个技术既有优点又有缺点。先说优点，它确实可以提供一些优良的基因，也可以给不孕不育的夫妇提供他们所认为的更好的精子和卵子，但是……

师：他们小组讨论得很全面，发言人也总结得很好，你们小组有什么要补充的吗？有什么和他们不同的观点吗？

生2：我们组没有什么和他们不同的观点，但是我听完同学的发言，觉得他的发言特别到位，想给他做一个点评。

师：好的，欢迎。（鼓掌）

生2：他们小组一开始就从事物的两个方面辩证地看待这个问题，而且他们的讨论也不局限于生物这一门学科，还涉及了刚才说的商业化的问题，以及人伦的角度和其他的社会科学。……

师：（鼓掌）我觉得这个小组的点评和第1小组的发言同样精彩，通过他的点评，我们能够看出来他刚才是在认真倾听前面小组的发言，非常好。那下面我们来看看第二个问题，列举资料3中的做法。资料3是关于找代孕母亲的问题，这一做法可能带来的伦理道德问题，有的女性担心生育过程对自身有不良影响，想找别人做代孕母亲，你认同这样的想法吗？说说你的理由。哪个小组先来发言呢？

生3：这里提到了我们社会上非常热门又备受争议的一个话题，那就是代孕这项生殖技术所引发的伦理道德问题。社会上的人士对这个话题展开了非常激烈的讨论，我们小组也是分成了两派，大多数人是持反对的态度，提出了以下四条质疑：……

"生殖健康"是人教版高中生物选修2的内容，作为生物科学与人体健康息息相关的一节，举例说明了人工授精、试管婴儿等生殖技术。开展性教育展览，开展有关性道德的讨论，讨论生殖技术的伦理问题等，这些内容在中国社会中难以启齿，在学校教育中也较为敏感，但又与我们每一个人特别是青春期好奇心很强的高中生的生活有很大的联系。我们国家虽然近些年来也在提倡将性科学、性教育带入学校课堂，但由于保守的社会大环境背景，与外国在性教育方面比较起来，这方面的教育仍然较为缺失。作为与此相关的生物科学，适当涉及必要的知识，也是十分重要的。本节课教师落落大方的讲述，有益于引导学生积极正确地看待该问题。

在上面的教学片段中，教师以小组讨论的方式，借教材中的"资料分析"一栏，让学生在本节课的知识基础上进行深层次的探讨，对于这些开放性问题，无疑，教师需要在备课时作预判，应该达到哪个层次，如何进行启发、引导。但是，一千个读者就有一千个哈姆雷特，学生的想法汇集到一起，可能并不会与教师预设的完全一样。在第一个学生进行了较为完善的发言后，教师完全可以自己进行简短点评，但另一学生却表达了他对此的评价，此时教师细心认真地观察，留意同学的反映，积极保护学生的主动性与创造性，不仅将课堂气氛调动起来了，而且也更好地检测了学生对于本节课知识的掌握和理解情况，使其在别人发言时认真聆听，积极思考，能及时对照自身的观点，分析有哪些不足，有哪些优势。

教师在组织讨论这一教学活动时，应将该活动的目的、开展方式、每人的任务、考察方式明确告知学生，避免造成课堂气氛热烈却不知所云的现象。在学生讨论过程中，在全班巡视，了解情况，也可加入学生的讨论，给学生以启发、鼓励。当小组代表发言时，教师应做好相关记录，以便及时对学生的发言内容作出中肯评价，对其正面优点予以肯定，保护其积极态度，对不全面的地方及时补充，有错误的地方及时指出。对学生在此过程中的生成性内容，大力发扬。在高中教学中，教师对于课上时间的把控也是十分重要的。根据前面教学时间的分配是否合理，灵活处理讨论活动的进行，如果时间充裕，则可每一小组都讨论3个问题，若时间紧张，则合理分配任务，保证教学进度的进行。当全班同学都讨论得差不多时，及时将学生的注意力集中，在前面同学发言后合理把握采用何种评价方式，若学生热情高涨，但时间不允许每个人都分享，教师要注意引导，可让学生课后继续讨论，不要挫伤其积极性和自尊心。最后学生都发言完成，教师对整个过程作出评价，并注意对学生情感态度价值观的塑造，升华本节课的内容，恰当呼应本节课的主题。

作为一节课最后10分钟的一个总结性的讨论活动，学生在已学习了相关知识的前提下，能最大化地理解、运用本节课的知识，并充分发展发散性思维，联系已学过或课后了解到的相关内容，教师应做出必要指导，在讨论活动中发展学生独立思考、合作倾听、清晰表达、辩证思维、接受他人观点的合理之处等重要能力。

传统教学以讲授法为主，实际教学往往受课时少、内容多、教学任务重、学生学习积极性不高等因素的影响，在课堂上很难做到内容上精、准、新、深、熟，方法上也难以做到有启发性、求变、引趣、有艺术风格，多为重"教"轻"学"的满堂灌"填鸭式"教学。随着新课程改革的逐步推广与实施，课堂讨论作为合作学习的一种方式而受到广大教师的普遍重视。在教学中创设情境，提出需要解决的问题，给学生一定的数据和资料，模拟科学研究的思维推理过程，让学生成为科学研究的主体，对数据资料进行分析讨论得出结论，对于培养学生的科学思维能力、掌握科学研究方法，构建学科理论和知识体系，培养科学精神，有着特别重要的意义。

课堂讨论学习是以问题为核心的，教师给出的问题应能激发学生的讨论欲望并且问题本身是学生尚不清楚的；问题的答案应该有很大的包容性，尽可能有多种解决途径；问题的讨论应该可以暴露出学生已有知识和课本新知识之间的矛盾，引起学生思考的兴趣。并且，问题的设置要围绕教学的重点和难点，要有启发性和探讨性，让学生有探讨的价值。这一问题需要学生进行更深层次的思考，是对学生现有知识深层次的挖掘和拔高，能够使学生能力得以提升，思维得以激发，能够碰撞出思维的火花，使学生产生满足感和成就感，以达到解决问题，获得新知的目的。

在这次课堂讨论过程中，教师加入到学生的讨论中去，一方面可以促进学生更加积极认真地讨论，另一方面也可以最清晰地了解学生的情况。在听取到有价值的讨论结果而其他小组进展不佳时，可将该小组的成果及时与全班同学分享，给学生一些启发。对于较为内向的学生，当其有想法时教师应主动亲切询问，鼓励其勇敢表达自己的观点。当学生的思维较为局限时，教师应适时抓住可以诱发新思考的火苗并及时与之分享，引导学生进行发散性思考，打开课堂的新局面。

四、问题解决的学习指导

学习任何一门科学知识，其最终目的都是要解决生活中的实际问题，所以问题解决教学一直是教学研究的重点，也是认知结构理论关注的一个重要方面。教师应深入挖掘学生解题时大脑的信息加工过程是怎样的，在教学时利用认知结构理论帮助学生高效地建立解决问题的根本方法，引导学生运用所学知识解决实际问题，在强化所学内容的同时培养学生的知识应用的技巧与本领。下面，我们来看一则语文教学片段：《孔乙己》中学生对手部描写的创造。

【典型案例6.18】[①]

师：下面，我们也和鲁迅先生一起来塑造孔乙己。你自己找一找小说里哪个地方还可以写手？要求：找一处，写一句，表现孔乙己的性格特点，契合当时的环境。

生：教伙计写字时。他的长长的指甲在空中一划，但是，看到小伙计一脸不屑，又僵在了空中，然后无力地垂了下来。

师：嗯，你想表现他什么个性？

生：热心，卖弄。

师：对。有没有在人物第一次出场时写手的？

生2：别人笑他时，他涨红了脸，手指在桌上胡乱地拨弄来拨弄去。

师：他的手指为什么要拨弄来拨弄去呢？

生2：为了掩饰心中的不安。因为窃书，别人都嘲笑他。

师：不错。还有呢？

[①] 该教学片段选自黄厚江老师执教的"孔乙己"。

生3：我补写的是最后一次到店喝酒时，他脸上黑而且瘦，两手使劲地撑在地上。

师：为什么要撑呢？

生3：他饿得有气无力，又死要面子，所以用手撑着地。

师：对！科举制度迫害了他的身体，还迫害了他的心，都这个时候了还硬撑着。还有——

生4：我也是补写的最后一次喝酒。他两只满是污泥的手紧紧地抱着那只酒坛子。

师：他的手为什么抱的是酒坛子？

生4：为了表现他好酒如命。

鲁迅先生通过外貌、动作、语言、神态等一系列描写向读者展现了一个深受封建制度毒害的可悲之人。在进行本节课的教学时，教师首先引导学生理解把握孔乙己的人物性格，在获得一定的感知理解之后，教师邀请学生同鲁迅先生一同来塑造孔乙己。"下面，我们也和鲁迅先生一起来塑造孔乙己。你自己找一找小说里哪个地方还可以写手？要求：找一处，写一句。"让学生将自己的理解写出来，运用已有的知识解决人物塑造的问题。有的学生写孔乙己抱住酒坛子的手，有的学生写用力撑地的手。这些都是学生将自己的理解运用到刻画孔乙己形象上的结果，对于理解孔乙己形象和提升学生学习品质都至关重要。

我们再看一个"设计一个测定膜层厚度的实验方案"的物理习题教学片段。

【典型案例6.19】①

如图1所示，一根表面均匀的镀有很薄的发热电阻膜的长陶瓷管，其长度 L 为 50 cm 左右，直径 D 为 10 cm 左右，镀膜材料的电阻率 ρ 已知，管的两端有导电箍 MN。现给米尺、电压表 V、电流表 A、电源 E、滑动变阻器 R、电键 S 和若干导线，请设计一个测定膜层厚度的实验方案。

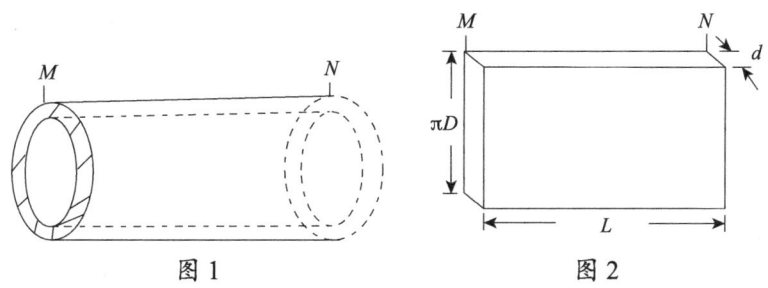

图1　　　　图2

（1）实验中你要测定的物理量是_____。

（2）计算膜层厚度的公式是_____。

---

① 该教学片段选自陈连余老师执教的"恒定电流"。

教师给出的原始解答：因为电阻膜层太薄，用游标卡尺无法测量，所以只能进行间接测量。运用伏安法可以测出电阻膜的电阻 $R = \dfrac{U}{I}$。由电阻定律 $R = \rho \dfrac{L}{S}$，可以计算得出电阻膜层导电时的横截面积 S，如图 1 中阴影面积所示。若将膜层沿着管长 MN 方向剖开后展开，即可得到如图 2 所示，得长方体的横截面积 $S = \pi D d$。在 M、N 间接入电路时，图 1 和图 2 等效，所以图 1 中得导电面积 $S = \pi D d$。① 由此得出膜层厚度 $d = \dfrac{\rho L I}{\pi D U}$。

生：老师，您是怎么想到这样去求解的呢？

师：……

有研究发现，专家和新手之间问题解决能力存在差异的根本原因，在于新手遇到一道物理问题时，关注点往往是问题要求的是什么，然后再根据所求的物理量逆推得到求解的过程，而专家则擅长通过分析一道题目各方面的特征来判断它属于哪一类特定型的题目，然后用特定方法求解，效率更高。在上面的教学片段中，教师给出的解法显然就属于专家型解法，一开始就辨认出了这道题目的类型，是在伏安法的基础上加上了一点数学几何知识求导电部分的横截面积，由面积求得导电膜层的厚度，于是解题的过程流畅自然，一气呵成。但是，换成学生，如果他们不曾遇见过这种题型，显然不会一开始就具有这样的思考过程，而教师如果只是把这样的解答过程讲给学生听，那很有可能学生只是抄写了一遍标准答案而已。真正符合学生认知发展的教学应该要更多地关注学生遇到这样一道题时思考的过程是怎样的，他会有什么样的解题思路，而教师需要做的就是肯定学生解题思路中正确的部分，纠正错误的环节，并在适当的训练中促进他们形成专家型解题思路。

完整的物理问题通常都有表面特征和深层结构这两方面。表面特征亦即问题提供的一些信息，比如物理量的大小，过程的特点等，深层结构则是问题中物理量之间的联系，体现的规律和原理等。首先，在一开始学习某类题型的解法时，可以提供表面、结构都相似的两个题目进行演示解答教学，帮助学生形成一个笼统的解题方法；其次，提供表面不相似、结构相似的问题让学生自己探究解决，进一步巩固学生脑海中对此类问题的认知结构；最后，提供表面相似、结构不相似或表面不相似、结构也不相似的问题让学生解答，检验该认知结构是否已经是完善、有效的。

为了提高学生的问题解决能力，从元认知视角寻求突破也是一条非常有效的思路。大量研究表明，适度紧张和高兴喜悦的情感体验，有助于学生比较充分地意识到自己如何从不知到知

---

① 也可以按照下述方法计算得出电阻膜层导电时的横截面积 S。设膜层内、外环半径分别为 R 和 r，则电阻膜层的横截面积 $S = \pi R^2 - \pi r^2 = \pi(R+r)(R-r) = \pi(R+r)d$。因为膜层比较薄，$R$ 和 r 非常接近，即 $r \approx R$，所以 $S \approx 2\pi R d = \pi D d$。特此说明。

的,在该过程中自己存在的问题是什么,问题的难点在哪里,是什么方法使问题得以顺利解决。在教学过程中,可以让学生不断反思:"我为什么要学""我从哪里来""我在做什么""我下一步要去做什么",等等。这样不但可以激发学生的内在学习动机和学习主动性,提高学生掌握、理解知识的程度,而且还可以极大地丰富自己的学习经验,并在这种体验中自觉不自觉地掌握更多的学习方法和策略。本人在多年前就对此进行了相关实验(准实验),并取得了理想的教学效果与经验。基于对问题解决思维程序上的共同规律和问题解决心理活动所存在的共同特征的认识,我得出总结,可以通过教会学生熟练应用"物理问题解决思维策略自我提示卡"这一具体途径,提高他们的问题解决元认知水平,进而最终促进学生独立发展解决物理问题的能力。

要解决问题,首先要识别问题,就是对问题信息的发现、辨认、转译的过程,它是主体的一种有目的、有计划的知觉活动,并伴有思维的积极参与;其次要制定解题计划,亦即寻找物理问题的解决思路;再次是计划的具体实施,亦即展开解题思路、构思解题步骤、实施数学运算的过程,是对原来问题解决方案是否切实可行的检验、修正、补充、完善或重新制定新方案的过程;最后是回顾与反思环节。当然,规范化解题特别重要,它不仅仅停留在为学生考试争得分数、取得好的成绩这一极端功利性的目标上,也体现了对内容和形式相互关系的正确把握。下述问题清单(物理问题解决思维策略自我提示卡)有助于学生对问题解决全过程的把握。

【典型案例 6.20】[①]

(以下是为学生提供的"物理问题解决思维策略自我提示卡"。在开始阶段学生对照提示卡监控自己的思维活动,直至养成不用对照的自我问题解决监控的习惯)

1. 物理问题解决前的自我提问单

1.1 已知什么、要求什么——已知的是具体数据(是否国际单位制),还是字母已知量?隐含的条件是什么?是否有信息多余?

1.2 研究对象如何选取——是选取一个物体、一个微元,还是选取一个系统(整体)作为研究对象?

1.3 物理过程怎样确定——是选取一个过程,还是几个过程?是全过程,还是一个微元过程?

1.4 以前的解题经验有无利用价值——过去解决过这类问题吗?是否见过相同的问题而形式稍有不同?是否知道一个与眼前问题类似的但更简单、更熟悉的问题?

1.5 能否构造出待求问题的物理情境——能画出一张图来说明问题或表征问题吗?例如:物体受力图、受力分解图、物体运动过程示意图、气体状态变化过程图、电路图、光路图、实验设计流程图等。能否引入(假设)适当的符号例如物体的质量 m、斜面的倾角 θ 等来帮助自己分析?能否选择出相关的物理概念、规律、方法及同类型

[①] 何善亮. 问题解决思维策略自我提示卡及其在物理教学中的应用[J]. 物理教师,2004(4):1—4.

问题的解决经验来解决问题？

2. 物理问题解决中的自我提问单

2.1 是否充分利用了已知条件——在问题解决中是否充分利用了题目给出的已知条件？是否深刻挖掘出问题隐含的其他条件？是否大胆地虚设一些最后结果不必要但中间过程必须的物理量？

2.2 选择和启用合适问题图式——应用联想搜索策略解决问题实质上是利用原有的问题解决经验、选择和启用合适的（相应或相近）问题图式以解决较为常规、较为熟悉的问题，它基于问题的相似性，其应用是以一定数量的问题结构图式为前提，它需要解决问题经验的长期积累（天生的智力不能代替知识的积累，经验是没有任何东西可以替代的）。

2.3 灵活且坚毅地进行双向推理——逻辑推理的应用实质上是在已有知识和未知知识之间建立关联。实际问题解决中最好采用双向推理：利用顺向思维推理能知道更多的供选择使用的已知条件；使用逆向思维推理能更加明确思维的方向；而双向推理则结合了两方面的优势，它是起始状态和目标状态的相互逼近。

2.4 学会克服思维定式障碍——当某些知识结构较之其他知识更容易为人想起时，就会发生定式效应。这些知识如果是问题解决的步骤或是问题解决所必须的，它就会促进问题的解决；如果不是必须的，就会阻碍问题的解决。因此，在实施问题解决中必须学会放弃不合适的想法，并努力尝试其他新方法。

2.5 思考问题解决的每一步——我已经做了什么？我正在做什么？我将要做什么？我能否清楚地看出每一步骤的正确性？我能否清楚地证明每一步骤的正确性？

3. 物理问题解决后的自我提问单

3.1 回忆自己问题解决的结果和过程，找出错处，明确正确的解题思路和方法——自己在哪些地方走了弯路？什么地方是思维的关键？这种关键在什么条件下可以运用于其他什么类型的问题？力图概括出条件化和策略化的问题解决思路。

3.2 分析解题过程中出现错误的原因，提出改进措施，防止以后类似问题再次发生——对问题中所涉及的专业知识是否理解？问题解决的依据是科学原理、直觉经验还是胡乱猜测？是否缺乏一定数量的问题结构图式以识别问题？在问题的表征方面是否还不够具体化等。

3.3 思考还有没有更简、更佳的问题解决办法，或思考变换问题条件将如何影响问题的解决——在问题解决中自己的思路是否混乱？在实施问题解决计划过程中是否能灵活放弃无效的思路？是否能坚持虽不太明确但却是正确的思路？在与他人比较和讨论中，能否确定最佳，也是最简单的问题解决方法？

3.4 反思自己是否通过问题解决学到了什么新的东西，与问题有关的认知结构是否得到了改善——能否把这结果或方法用于其他的问题？知识的条件化组织程度如何？问题解决方法的策略化水平如何？是否别人一说就明白、就是自己想不到？等等。这是反思总结过程的最为核心内容,也是应用反思总结策略的终极目标。

4. 物理问题解决书写的自我提问单

4.1 我指明研究对象、研究状态和研究过程了吗?(如取××为研究对象,或对××物体、在 A 点、从 A 到 B 有)

4.2 我明确物理根据或解题方法了吗?(如根据物体的平衡条件 $F_{x合}=0$ 有,根据法拉第电磁感应定律 $E=BLv$ 有)

4.3 我合乎规范地画出图示了吗?(是否按比例、虚实等规定进行画图,是否标字母,是否有角标,是否与文字说明相一致)

4.4 我规定了正方向(对矢量规律、力矩)、选取了参考点或参考平面(例如标量电势、势能等)吗?

4.5 我的主要方程式标号(并对齐)、主要的运算过程例如联立①②③式等说明了吗?是否合乎规范地进行代数运算(字母、代入、结果三步)了?

4.6 我的计算结果合理吗?计算结果有实际意义吗?有效位数和科学计数法规范吗?结果有单位吗?

4.7 对某些解的取舍理由充足吗?指明结果中出现的正、负号(表示大小还是方向)的意义了吗?

4.8 最后的结论明确告诉别人了吗?是否需要对各种情况加以讨论和总结?

物理问题解决在思维程序上的共同规律性和物理问题解决心理活动所具有的共同特征,为我们教会学生应用"问题解决思维策略自我提示卡"提供了坚实的理论基础,而要使学生真正学会应用"问题解决思维策略自我提示卡"来反思问题解决,并将这一认知策略从外在逐步内化,进而达到自动化的水平[1],还需要学生进行适度的物理问题解决练习,并在具体的教学活动中给学生以适当的帮助和指导。物理习题课上教师应用"问题解决思维策略自我提示卡"对学生的提问和学生的回答,其实这些问题完全可以(或者更应该)由学生自我提示、自己发问、自己回答、自己反思。这样的"问题解决思维策略自我提示卡"只要稍加改动,就可以应用到其他学科的问题解决过程中去。

知识链接

学会学习是知识经济时代对于每一个人终身发展的基本要求,这一时代命题也决定了教师在教学实践中关注学生学习指导的独特意义。学生天天在校学习,一批智力相似、基础相近、同样努力的学生,有的学生学习效果很好,有的学习效果就差一些,这是什么原因造成的呢?

---

[1] 张建伟. 基于问题解决的知识建构[J]. 教育研究,2000(10):58-62.

一种可能的解释是，学生是否学会了自主学习，是否学会了同伴互助，是否知道自己的学习习惯、学习风格、行为模式以及思维倾向，是否拥有成长性思维。毕竟，在一个创新主导社会发展的知识经济时代，学会学习比学会知识更为重要。

（一）学习指导的教育价值

1972年，联合国教科文组织出版了一部富有世界性影响的教育报告《学会生存——教育世界的今天和明天》，向全世界教育机构发出警告：明天的文盲将不是目不识丁的人，而是不知道如何学习的人。1986年，联合国教科文组织又提出了教育的四大支柱，也可以说是教育的四大目标，即：学会求知（Learning to know）、学会做事（Learning to do）、学会合作（Learning to co-operate）、学会生存与发展（Learning to be）。这就十分清楚地告诉我们，教育不仅仅教学生"学会"知识，更重要的是要教他们"会学"知识——学会求知。而"学会求知"这一观念的提出是知识观和教育观的根本转变。长期以来，我们在对"知识"和"教育"的认识上发生了严重的偏差，学校教育长期以来所执行的任务似乎就是教学生学会知识。这种定位用今天的观点来看应该说有很大的问题，学生所接受的知识往往是过去的，或者相对来说是比较陈旧的，而人类社会的知识在不断地丰富，不断地更新，仅仅接受原有的知识是远远不能适应未来社会的需要的。因此，学校教育的任务如果仅仅局限于教学生学会知识是不能适应时代的需要的。人类现有的知识财富需要继承，更需要发展。这就是学会学习的重要价值，也是学习指导的教育价值。

学习是一种并不轻松的劳动，需要投入大量的时间与精力才能完成。如果学习时不注重技巧和方法，只是一天到晚埋头死啃书本，那么只会成为一个死记硬背的学生，而不是一个优秀的学生。相反，如果学习自己感兴趣的东西，往往会感觉更轻松一些，与此同时还会有加宽、加深知识面的欲望。而当产生这种欲望的时候，兴趣也就再次萌发了，于是便在不知不觉中学到了这些知识。这样一来，学会就转变成了会学。我国著名的学者于光远就曾经说过这样的一句话：学聪明，聪明学，学学聪明学；论方法，方法论，论论方法论。这就是说，只有掌握了好的学习方法，才会越来越聪明，学业成绩也会越来越好。事实上，从现实的观点来看，学会学习（会学）与学习结果（是否学会）存在着紧密的联系。有研究者就学习能力与学业成绩的关系深入研究，发现其相关系数为0.535。[①] 这一研究结果再次说明了学会学习（会学）对于学习结果（学会）的积极关系，也说明了学习指导对于当下学生学业成绩的积极影响。

（二）学习指导的教育途径

学习指导是一个逐渐发展而成的概念。在研究早期，学习指导被称为学法指导，主要指教给学生学习方法。这与20世纪80年代初所倡导的"培养能力，开发智力"的思想相适应。20世纪80年代中期，出现了学生厌学的情况，人们开始意识到仅仅谈学法指导是不够的，还必须调动学生的积极性。后来，在1992年呼和浩特市举办的一次教法指导与教育改革会议上，大家讨论后一致认为应采用"学习指导"这一概念，此后，"学习指导"这一概念便开始流行起来。

学习指导的目标有三个层次：懂学习（知道→明白→辨别）、会学习（知道→模仿→熟练→

---

① 吴钢.现代教育评价教程[M].北京：北京大学出版社，2008：228–241.

使用）、爱学习（被动→主动→爱好）。① 与此相应，学习指导的内容也非常丰富，总体上包括以下四个方面。

其一，有效学习的情意激发策略指导。学生的情意因素不仅对认知活动起着动力、强化和调节的重要作用，而且其自身的发展也是有效教学的重要追求。为此，我们需要培养和激发学生的学习动机，培养和激发学生学习的自我效能感，磨练学生的学习意志并激发学生的情绪力量等。

其二，有效学习的认知策略指导。包括培养和训练学生的信息选择策略，加强记忆策略的指导，加强组织策略的指导等。特别是组织策略：系统结构图、列提纲、一览表、模式或模型图、网络关系图；精细加工策略：位置记忆法、缩减和编歌诀、谐音联想法、关键词法、视觉想象、充分利用背景知识、联系实际生活；复述策略：利用随意识记和有意识记、排除互相干扰、多种感官参与、整体识记和分段识记、过度学习、及时复习；SQ3R：一种有效的阅读方法，意思是浏览（Survey）、发问（Question）、阅读（Read）、复述（Recall）、复习（Review）等具体学习策略的使用条件与方法。

其三，有效学习的元认知策略指导。包括丰富学生的元认知知识，增强学生的元认知体验，加强元认知操作指导，提高元认知监控能力。

其四，有效学习的资源管理策略指导。包括加强学生时间管理策略指导，加强学生环境管理和信息资源利用策略的指导，科学用脑，提高学习效率等。

为了实现上述学习指导的教学目标，在具体操作层面可以应用直接指导、学科渗透指导和自悟指导等三种学习指导模式。直接指导模式是指通过专门的学习指导和策略训练，循序渐进地向学生传授各种学习策略和方法，从而使学生理解不同学习策略和方法的使用价值、范围和条件，并在实践中灵活选择和有效运用各种学习策略进行学习。这一模式包括课程式、讲座式、规程式、交流式、诊治式等。学科渗透指导模式是指教师在传授学科知识的同时渗透具体的学习方法，把学科知识的传授与学习策略的指导有机结合起来，把学法指导渗透到学生学习过程的各个环节之中。这一模型包括归纳式、点拨式、联结式等。自悟指导模式是指导学生自己找到适合自身的学习方法，因此，学习策略指导贵在启发学生自己去领悟、去习得、去掌握。这一类型主要包括自我反思和计划指导两种形式。对于各个学科老师，学科渗透指导模式是值得学习、研究和实践的重要课题。

（三）学习指导需要注意的问题

从目前的学习指导实践及理论研究来看，未来学习指导除了关注学习策略指导和学科学习指导之外，将更加关注以下两个方面。

1. 学生学习动机的指导

帮助学生了解和评价自我，帮助学生了解并控制自己的思维，通过控制和调整自己的思维，以便产生积极的情绪；帮助学生评价自我和自我学习，也就是帮助学生将个人目标与学习目标、兴趣相结合，指导学生制定自己的目标，这样的目标需要符合"ABCD"的原则，即学习

---

① 钟祖荣. 学习指导的理论与实践[M]. 北京：教育科学出版社，2001：65-66.

目标是 A—achievable（可到达的）、B—believable（可相信的）、C—conceivable（可想象的）、D—desirable（可向往的），并通过教师自己在某一专业所表现出的兴趣与热情来指导学生合理地评价自己。

2. 基于学生学习风格的分类学习指导

采用相关的测量工具（如邓恩夫妇的《学习风格测量表》），以发现和测试学生的学习风格，在了解相关风格的学生学习特点（以三种知觉偏好为例）的基础上，指导学生选择和应用与自身学习风格相匹配或者有意失配的学习策略。例如，视觉学习者、听觉学习者、动觉/触觉学习者，他们有不同的学习特点和喜好的信息加工方式，因而需要有与自身学习风格相匹配或者有意失配的学习策略。参见下表。

与三种知觉偏爱相应的匹配策略或有意失配策略[①]

知觉偏好	匹配策略	有意失配策略
视觉型学习	阅读；放电影电视；实验演示；榜样示范；做笔记和利用笔记；画各种图表、脑图；多利用一些卡片、带颜色的粘贴纸帮助记忆；突出重点和关键词，利用各种颜色的笔做记号；学习数学时多作图。	把学习内容录在相关设备上反复播放。
听觉型学习	讲授；组织讨论；谈话；制作录音磁带学习；大声朗读教材；采用学习小组和合作学习；给别人讲述所学习的内容。	鼓励阅读，做笔记，观察。
动觉型学习	做笔记、抄写，录入电脑或者进行网上学习，电脑绘图；制作学具，利用学具学习数学和科学；做实验；做游戏帮助学习课本；角色扮演；多采用直观教学和活动式教学；利用地球仪和地图学习地理；做拼字和填字游戏；利用手势语学习；让学生自己编练习题、考试题。	阅读；听讲；观察。

此外，从国际比较来看，加强学生的研究性学习、批判性思考能力、写作表达能力和沟通互动能力等方面的学习指导，也是今后在教育教学实践中需要给予重点关注的领域。

---

① 钟祖荣.学习指导的理论与实践[M].北京：教育科学出版社，2001：241.

结 语

对于特级教师课堂教学的描述与剖析，让我们看到了特级教师在理解和处理教学问题、教学细节时的教学思想、教学智慧和教学艺术，更让我们发现了可以汲取的教师专业成长的丰富营养。的确，特级教师的教学艺术为我们树立了一根发展的标杆，他们的课堂导入艺术、情境创设艺术、课堂提问艺术、学习指导艺术等也为我们提供了实践的参照，但我们更需要的是坚定追求教学艺术的专业成长信念，在教育教学实践中体悟职业生涯的美好，并通过刻意练习成长为教学艺术的行家里手。

一、在坚定信念中追求教学艺术的专业成长

"信念"是一个使用频率很高的词汇，例如坚定信念、必胜信念等，虽然它听起来有一点抽象，可是大家并不感觉陌生。那么，信念到底是什么呢？信念应该是以乐观和自信的心态，相信自己对未来的判断，相信自己被他人所需要，相信自己能够处理遇到的困难，相信能够实现自己的想法和愿望，相信事物变化的客观规律，相信世界永远向好的方向发展演变。不需要任何理由和证据，只是去相信，这就是信念。

接着的问题是"信念的力量"究竟有多大？这也是难以准确描绘的问题。有这样一个故事，或许能够帮助我们更直观地了解"信念的力量"究竟有多大。

据说有一年，一支探险队在一片茫茫无垠的沙漠上负重跋涉。阳光很强烈，干燥的风沙漫天飞扬，而口渴如焚的探险队员们却没有水了。水是队员们穿越沙漠的信心和源泉，甚至是苦苦搜寻的求生目标。这时候，探险队队长从腰间拿出一只水壶说："这

里还有一壶水,但穿越沙漠之前,谁也不能喝。"那水壶便从探险队员手里依次传递开来,大家感觉水壶沉沉的,一种充满生机的幸福和喜悦在每个队员濒临绝望的脸上弥漫开来。终于,队员们一步步挣脱了死亡线,顽强地穿越了茫茫沙漠。当他们喜极而泣的时候,突然想起了给他们以精神支撑的水。拧开壶盖,汩汩流出的不是干净清澈的水,而是满满一壶的沙子。

　　信念的力量是惊人的,有时甚至可以创造奇迹,可以左右一个人的成败、得失、健康,甚至是生与死。拥有了坚定的信念,你将不会再那么害怕困难。生活中,将不再有那么多恐惧,在面对事情、面对困难、面对未来的时候,能够更加从容,也能够更多地享受生活,而不是被生活推着走。相反,没有坚定的信念,纵然你有再好的想法、再高的理想、再好的能力、再能说会道……你可能会在最需要坚持的时候放弃,遇到困难时退缩,遇事时怕事,生活在恐惧中,不能把握你所意识到的很多机会,成为不了你自己,永远在模仿或跟随别人。心理学家曾经做了下面的一个实验(我们先不考虑他们做这个实验是否合乎人道),它或从反面为我们论证了信念的力量。实验是这样的。

　　他们让死刑犯躺在床上,把他的眼睛蒙起来,然后告诉他说:"我们把你的手腕血管切开,你的血一滴一滴地流出来,当血流光的时候,你就死了。"说完之后就假装用一个东西在死刑犯手上划一下(其实根本就没有划破皮),接着心理学家又用和体温差不多的水一滴滴地滴在他的手上,让他感觉真的有温温的血液在流动,又用一个铁桶子在下面盛接温水,让他听到滴滴答答的声音,又告诉他说:"你的血一滴滴地流出来,再流不久就流完了,现在只剩几分钟,时间就到了。"时间一到,这犯人就真的吓死了。其实,他连一滴血也没有流出来,一点皮也没有划破,纯粹是被语言与幻象所欺骗,活活吓死了。

　　人们常说"一个人最大的敌人就是他自己","其实谁也没法把你打倒,能打倒你的只有你自己",所以每个人无论在什么情况下,即使身处绝境也千万不要说自己不行,要相信自己,只有相信自己才能超越自己。这就是信念的力量,信念的威力。对于教师专业成长而言,每一位老师也都需要拥有这样的坚定信念:我们能够成长,我们能够变得更好,更加优秀,更加胜任,更有魅力,更加自足,我们也将变得更好,更像自己,更像一个自我实现的人,……
　　拥有这样的坚定信念,拥有追求教学艺术的专业成长的坚定信念,加之我们对于教育事业的热爱,对于教师专业成长规律的科学把握和持之以恒的不懈努力,对教学科学与教学艺术的内在统一的坚持,每一位教师都终将会遇见更好的自己。这绝不是某种理论的空洞说教,而是大量优秀教师专业成长经验的结晶。大量特级教师专业成长的个人经验描述,以及研究者对于特级教师专业成长的内容分析,无不证明了信念及坚持对于教师专业成长的巨大力量。当然,我们也可以从浙江省特级教师吴加澍老师所倡导的物理教师的三项修炼中[①]，间接体会教师对专业成长的追求以及信念的价值：

> 物理教师的专业成长之路要跨越三个台阶，即：教学技能—教学模式—教学境界。
> 首先是攀登第一个台阶，就是要练好教学基本功，熟习物理教学常规，使自己具备较扎实的教学技能，能够站稳三尺讲台。接着，要深入探索教学规律，不断积累教学经验，进而彰显教学个性，凝练教学风格，构建具有自己印记（而不是照搬照抄）的教学模式，从而跨上第二个台阶。
> 教学从"无模"到"有模"固然是个进步，但我们应清醒地认识到，任何一种教学模式，哪怕当时看起来尽善尽美，也都不可避免地带有自己的局限性，一旦面对复杂多变的教学情况，它又会出现新的不适应。因此，正确的态度不是抱残守缺，而是放弃原有的模式，将其打破、重构。这样一来，我们似乎又从"有模"回到了"无模"，但这并非倒退，而是一种进步。因为教学模式的发展逻辑就是如此：先从"无模"到"有模"，再从"有模"到"无模"，又从"无模"到"有模"……如此交替变化、循环不止，这也正是辩证法的"否定之否定"规律的生动体现。
> 怎样的教学模式才是最好的呢？我想，最好的模式大概并不存在，然而对此的最好回答倒是有的，那就是：无模之模，乃为至模。这也意味着教学模式并非是教师专业发展的最高阶段，超越于教学模式之上的，还有更高的目标值得我们去追求。作为一名有抱负的物理教师，理应学习前辈那种高远的眼光、博大的气度，去追求物理教学应有的境界，使自己的教学理念和行为更加逼近物理教学的本质，从而跨越教师成长历程中的第三个台阶。
> 具体而言，理想的物理教学应该达到这样三重境界：一是"求真"，即科学境界，通过科学教育，使学生形成科学的世界观；二是"向善"，即人文境界，体现人文关怀，使学生树立正确的价值观；三是"臻美"，即艺术境界，注重审美熏陶，使学生养成积极的人生观。这三重教学境界的目的，就是为了培养学生，使他们学会做事求真、做人求善、人生求美，最终步入一个真善美的人生境界。
> 物理教学的三重境界犹如三棱塔的三个侧面。当我们还处在底部时，科学、人文、艺术似乎相去甚远，但随着高度的不断提升，三者之间的距离就会越来越近，如若到了塔顶，它们也就完美地融为一体了——这正是理想的教学境界之所在。

的确如此。引导学生养成积极的人生观，使学生学会做事求真、做人求善、人生求美，最终步入一个真善美的人生境界，这不仅是物理教学的信念与追求，也是各个学科教学的信念与追求。它又何尝不是我们教师本身专业成长的信念与追求呢！

[①] 吴加澍. 从优秀走向卓越——物理教师的三项修炼探微[J]. 中学物理教学参考，2011（6）：2-5.

二、在行动学习中体悟教学实践的美好

在坚定追求教学艺术的教师专业成长信念确立之后,人们自然要思考:教师专业成长究竟要成长什么、发展什么?坚定教学艺术追求最关键的问题是什么?教师专业成长的基本方式又是什么?为了回答这些问题,我们不得不思考教师的专业态度、专业知识、专业能力等专业素养问题,以及实现教师专业发展的行动学习问题。

我们自古就有"学高为师"的说法。自近现代以来,学问就分化得比较细了,或文史哲,或理化生,或音体美,这里的学问就有了专业划分,它指的是教师所学所教的学科专业。正是这一学科专业的要求,为教师教学提供了本体性知识的保证。

与学科专业知识量的增加这一教师专业发展维度不同,教师职业专业发展则以胜任教师职业为目标,并构成了教师专业发展的又一维度。譬如,我国曾经的中等师范教育,就堪称中国师范教育史上的一座里程碑,它培养的小学教师,虽然学科专业只相当于高中水平,但教师专业却很突出,他们中的绝大多数在小学的实践岗位上教书育人,比高中生甚至大学生都有明显优势。自20世纪60年代以来,发达国家的中小学教师规格陆续发生了新的变化,变化的标志就是并列地重视学科专业与教师专业。

首先,教师专业知识结构最为基础的层面是有关当代科学和人文两方面的基本知识,以及工具性学科的扎实基础和熟练应用的技能、技巧,这是教师所必须掌握的,也是教师随着时代和科学的发展而不断学习、不断自我完善和发展的基本条件。其次,具备一两门学科的专门知识和技能是教师专业知识结构的第二个层面,这是教师胜任自己教学工作的基础性知识的专业素养要求。最后,教师承担的工作和教师角色的丰富性决定了教师专业知识结构的第三层面——教育学科知识,它突出表现在教师对教育对象的认识、教育哲理的形成、教育教学活动的设计方法、现代教育教学技术手段的应用技巧、教育研究能力等方面。教师专业知识结构的多层复合性,除了体现在以上三个层面的知识,还体现在教师的"个人实践知识"的相互支撑、渗透与有机整合上。这或许正是教学艺术追求的现实生长点。

教师的知识构成是多元的,除了具体学科知识之外,还有课程知识、教学法知识以及关于学生的知识等。这些知识并非截然割裂,而是相互关联的,它们的交集就构成了一种教师所特有的知识,即学科教学知识(Pedagogical Content Knowledge,简称 PCK)。PCK 是教师专业知识中最核心的知识,因此,发展教师的学科教学知识也便成为教师专业成长的关键问题。

PCK 这一术语最早出现于1986年,著名教育学家舒尔曼(Lee Shulman)教授在美国教育研究协会会刊《教育研究者》上发表的一份研究报告中首次提出学科教学知识(即 PCK)概念,并将其定义为教师个人教学经验、教师学科内容知识和教育学的特殊整合。20世纪80年代,舒尔曼和他的同事们在斯坦福大学启动了一个被命名为"教师知识发展"的研究计划,并且在1987年提出了构成教学的知识基础的七类知识:学科内容知识,即教师作为一个专业性的职业所必须储备的特定学科的知识;一般教学法知识,即在学科内容本身以外的有关于课堂程序的

安排、组织和管理的知识方法和策略；课程知识；学科教学知识，指学科内容知识与教育专业知识教学法知识的融合物，交叉产生的知识；关于学生及其特性的知识；教育情境知识；教育目标与价值的知识。在由这七种知识结合构成的教师教育知识理论的框架中，舒尔曼强调了 PCK 对于教师教育的重要影响。

舒尔曼认为，传统的教师知识结构系统只是单方面地重视专业学科知识或者一般的教学法知识，更多的还是忽视了这两者之间的内在关系，从而也割裂了教师学科知识与教学法知识之间的联系，他称这种现象叫做"迷失的范式"（Missing Paradigm）。针对这种长久以来教学中的"迷失"现象，舒尔曼强调的是教师在教学过程中所应用的自成一个框架体系的学科教学知识（PCK）。PCK 是综合了学科知识、教学知识和课程知识而形成的知识，是教师特有的知识，定位于"学科知识"与"一般教育知识"之间的交叉融合之处。国内外对于 PCK 的研究层出不穷，这些研究涵盖了 PCK 的内涵、成分结构、形成过程、在实际教学过程中的体现等。专家和学者们在研究中所表达的观点也是仁者见仁智者见智，舒尔曼所说的这种"转化"（transformation），其他学者分别把它说成是"呈现"（representation），"翻译"（translation），"专业化"（professionalizing），而杜威把它称为"心理学化"（psychologizing）。虽然大家对其理解的视角有所偏差，但其核心内涵都是一样的，都是源自舒尔曼的理解初衷，就是将 PCK 看作是将学科知识转化为学生可学可理解的知识形式。这种知识具有现实的教学意义，并且适用于具有不同需求和理解能力的学生。

美国学者 P.L. 格罗斯曼将学科教学知识的内涵解析为四个部分，即：① 学科的知识。指学科中最核心、最基本的知识；学科的思想、方法、精神和态度；对学生今后学习和发展最有价值的知识。② 课程的知识。知道某一知识在整个学科体系中的地位和作用；上位知识与下位知识的联系；新旧知识间的联系；所学知识与儿童生活、经验的联系。③ 学生的知识。了解不同学生的认知基础、认识方式及差异；知道哪些知识学生容易理解，哪些问题容易混淆；学生常见的错误是什么，如何辨析和纠正。④ 教学的知识。指为了达到教学目标的要求，根据学生的心理发展水平，而采取合适表征内容的教学手段和策略的知识。需指出的是，如上采用了还原解析的方法研究 PCK 的基本要素，但并不等于说，PCK 就是这几种知识简单叠加的结果。实际上，各种要素之间是相互嵌套、融为一体的，PCK 正是在它们基础上重组、整合而成的一种新的知识形态。

实践表明，教师的学科教学知识（PCK）的发展是一个不断建构的过程，在很大程度上是教师个人在自己所任学科的特定范围内，不断将诸方面知识综合、创新的探究过程中得出的。对于一线教师来说，PCK 的建构必须坚持实践取向，即强化实践意识、关注现实问题、注重个人经验。而这与当下人们所倡导的行动学习模型十分契合，因为行动学习以解决工作中的问题为目的，每个人都带着工作中的问题来参加学习，整个学习都围绕问题的研究和解决来逐步展开；行动学习以团队工作为主要方式，每个人都要加入小组之中，行动学习是一种合作式的集体学习，充分集中集体智慧是其重要出发点；行动学习是突出实践性的持续推进过程，在实践中检验成效，发现新问题，产生新思路，再继续学习、改进；行动学习的一个重要特点是尝试，对实践环节的充分重视，有效实现了工作者"学中干、干中学"的目标；行动学习的过程强调反思，强调通过各种方式促进学员对自己和他人的经历、实践进行反思，在此基础上寻找改进方案并指导实践。① 行动学习最终要实现个人和组织的共同成长，一方面行动学习使个人丰富了知识和经验，提高了分析问题解决问题的能力，另一方面，通过不断发现和解决组织发展中遇到的难题，帮助组织不断迎接挑战，使组织具有了自我思考、自我更新的能力。

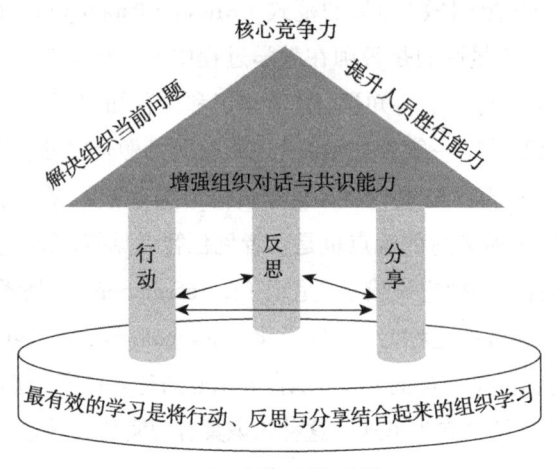

行动学习模型图

就教师专业发展的行动学习实践而言，教师的学科教学知识（PCK）的发展形式也是多种多样的，它或者是对典型课例的 PCK 解析，亦即结合教学中的案例，以 PCK 的视角和框架进行深入的剖析与反思，形成一个个鲜活的"话题 PCK"，通过不断积累形成并充实教师的 PCK 资源库；或者教师不断反思和总结自身的 PCK，"悟"出自己的行动理论，形成自己的教学主张，使个人的实践"理论化"，这是建构具有个性特色的学科教学知识的关键所在。这一过程，实质上还是行动学习的"反思与行动"的过程，亦即"人行而知，然后知而行"的过程，② 而这一学科教学知识（PCK）发展的教师专业成长过程本身，实质上也是一种肯定他人、欣赏他人，同时也是肯定自我、欣赏自我的欣赏型探究过程，同时也构成了教师在教学实践中体悟美好、实践美好，进而创新教学实践、升华教学艺术的心路历程。当然，每一位教师在实践中也需要结合自己所教学科来感受、思考和体会具体学科的教学艺术特色，例如语文学科教学的人文性与工具性的兼顾，数学学科教学的逻辑与严谨，物理、化学、生物等学科的大概念教学及实验特色，历史学科教学的史料与论证等，更需要具有超越具体学科的教学意识，感受、思考和体会教师在培养学生批判性思维、合作能力、学习能力等学生核心素养方面的教学艺术。

---

① 汪韬. 行动学习是什么[N]. 学习时报，2013-08-01.
② [英]雷格·瑞文斯. 行动学习的本质[M]. 郝军帅，等译. 北京：机械工业出版社，2016：73.

三、通过刻意练习成长为教学艺术行家

方式和方法的艺术,是一种专门化的熟练技能,是一种灵巧的、富有创造性的解决问题的方式和方法。如果一种方式方法比另一种方式方法更加省时省力,或者更加富有成效,能让人感受到美的享受,这种方式方法就达到了艺术的高度和境界。从有意识控制的思维、做事、问题解决的方式方法,到一种自动化的、专门化的熟练技能和灵巧的解决问题方式,再到机智的、创造性的思维、做事、解决问题的方式方法,进而感受到、欣赏到和创造出思维、做事、解决问题的方式方法之美,构成了人类追求艺术境界的一般道路。思维艺术的追求如此,教学艺术的追求也当如是。基于这一理性的把握,我们不难发现教师专业成长的理想路径,那就是:基于教育教学实践发现自己的优势与不足,坚持专业发展自主,通过持之以恒的刻意练习,逐渐成长为教学艺术的行家里手。

首先,教师的专业发展更多是在教师的教育教学实践中实现的。一方面,学校中实践性问题的存在反映了教师专业发展的需要;另一方面,实践性问题的解决则是教师专业水平发展的标志。教师专业发展的主体是实践着的教师,教师首先关注的主题是自己置身于其中的教育情境的改善和教育教学实际问题的解决,并以解决实践性问题为最终价值。"为了实践—关于实践—在实践中"构成了教师专业发展的一条主线。

教学实践在教师专业发展中有重要作用,还可以从知识论的视角加以分析。一般而言,教师知识可以分为两类:理论性知识和实践性知识。理论性知识包括教师的本体性知识(所教学科的内容)、条件性知识(教育学、心理学以及学科教学法的基本原理)、一般文化知识(如文史哲、社会科学和自然科学的一般原理)。理论性知识通常呈外显状态,停留在教师的头脑里和口头上,是教师根据某些外在标准认为"应该如此的理论"(信奉理论)。实践性知识则包括教师在教育教学实践中实际使用和(或)表现出来的、显性的或隐性的知识。除了学术界常说的"行业知识""情境知识""案例知识""策略知识"等以外,还包括教师对理论性知识的理解、解释和应用。它通常处于内隐状态,但却是教师内心真正信奉的、在实际工作中"实际运用的理论"(使用理论),支配着教师的思想和行为,体现在教师的教育教学行动中。[①] 这里的实践性知识是源于实践、服务于实践并体现于实践的。

我们知道,相较于理论而言,实践更具有它的优先性,这也能在一定程度上解释教育教学实践对于教师专业发展的特别价值。理论和实践是社会科学研究中的一对基本范畴,两者之间的关系一直颇受争议。由于理论话语在人类话语中占强势地位,使得实践话语一直受到贬抑。但事实上,实践更具有第一性或者说是优先性,实践的完整性并不依赖于理论,教育实践是第一位的,而理论只是反思实践所产生的结果。事实也正是如此,理论自身并不能控制实践,教育的任何科学理论总是在实践中发展出来的。理论只是在实践完结时才有了自己的空间。也正是在这一层意义上说,教育教学实践对于教师专业发展具有原初的价值。

---

① 陈向明,等.搭建实践与理论之桥——教师实践性知识研究[M].北京:教育科学出版社,2011:2.

其次，明确专业发展自主是专业人员的必然要求。许多学者认为，自主（autonomy）是专业的最基本特征之一；专业发展自主是专业人员的必然要求。对于教学专业，教师专业自主也是教学专业的一个基本特征；教师专业发展自主意味着教师对自己的专业发展负责，是教师专业特征的具体体现。

教师个人专业自主不仅包含传统意义上的教师依其专业技能来从事教学工作时的自由做决定、不受他人干扰控制的内容，而且包括教师专业发展自主——教师能够独立于外在的压力订立适合自己的专业发展目标、计划，选择自己需要的学习内容，而且有意愿和能力将所订目标和计划付诸实施。在此过程中，教师表现出了一种较为强烈的自主意识，并明确意识到教师应当成为自身专业发展的主人。

教师的专业发展自主意识，按照时间维度划分为三方面内容：对自己过去专业发展过程的意识，对自己现在专业发展状态和水平的意识，对自己未来专业发展的规划意识。教师的专业发展自主意识是教师真正实现自主专业发展的基础和前提，它既能将教师过去的发展过程、目前的发展状态和以后可能达到的发展水平结合起来，使得"已有的发展水平影响今后的发展方向和程度"，"未来发展目标支配今日的行为[①]"，又能增强教师对自己专业发展的责任感，从而确保教师专业发展的"自我更新"取向。

教师专业发展自主能力是在教学专业活动中形成并得以发展的，它需要教师一定时间的专业生活的积累，也是教师进一步专业发展自主的现实基础。在教师的专业发展过程中，教师的专业活动尽管有多种形式，例如与学校领导的互动交流、同事之间的相互合作、与学生家长的接触等，但从总体上看，教室才是教师在学校的基本活动场所，课堂教学才是教师的最基本的专业活动形式，因此，对教师专业发展机制的探寻也应该根基于教师课堂上的专业生活。

最后，相较于实践的情境和专业自主的意识，我们更强调刻意练习之于教师专业成长的力量。我们之所以强调刻意练习，是因为刻意练习破除了我们对天生才华的迷信。杰出人物通过年复一年的刻意练习，在漫长而艰苦的过程中一步一步改进，终于练就了他们杰出的能力，其间没有任何捷径可走。根据许多传记，莫扎特具有完美音高，6岁时开始作曲，8岁时写出第一步交响曲；帕格尼尼能够用单弦演奏，都是长期而细致的练习的结果。人们停止了进步的脚步，并不是因为他们达到了某种天生的极限，而是因为他们停止了训练，或者不论出于什么原因从来没有开始过刻意训练。没有证据表明，一个正常的人，生来就注定不具备唱歌、解数学题或其他才能。从长远来看，占上风的是那些练习更勤奋的人，而不是那些一开始在智商或者其他才华方面稍有优势的人。练习是决定某人在某个特定领域或行业中最终成就的唯一最重要因素，如果基因在其中发挥作用，它们的作用也会慢慢消失。

研究发现，刻意练习是有目的的练习，具有定义明确的特定目标；刻意练习是专注的练习，它把注意力集中在你的任务上；刻意练习是有反馈的练习，它可以让我们辨别努力做的事情哪

[①] 叶澜. 教育概论[M]. 北京：人民教育出版社，1991：218.

些方面还有不足，以及怎么会存在这些不足，以便相应练习来提高自己；刻意练习是需要个体走出舒适区的练习，它要练习者持续不断地尝试那些刚好超出当前个人能力范围的事情，因此需要人们付出近乎最大限度的努力。刻意练习的主要目的是创建有效的心理表征，并找出规律、解释信息、组织信息、制订计划和高效学习以此铸就杰出表现。[①] 刻意练习既可以产生有效的心理表征，又依靠有效的心理表征。刻意练习着重关注过去获取的技能的某些特定方面，致力于有针对性地提高那些方面，并且几乎总是包括构建或修改那些过去已经获取的技能。随着时间的推移，这种逐步的改进最终将造就卓越的表现。

刻意练习还涉及我们对于知识和技能的理解及其重视程度。换言之，知识和技能之间的区别，正是发展专业技能的传统路径与刻意练习方法之间的核心差别。传统的方法一直是找出关于正确信息的方法，然后让学生运用那些知识。刻意练习则只聚焦于绩效和表现，以及怎样提高绩效和表现。在专业的或商业的背景中涉及提高绩效和表现时，正确的问题是"我们怎样改进相关的技能"，而不是或者说仅仅是"我们怎样传授相关的知识"。

为了更好地借助于刻意练习促进自身的专业成长，实践中不论什么时候，要尽可能找一位优秀的教练或导师帮你创建科学的心理表征，以便你能监测和纠正你自己的表现。如果找不到优秀的教练或导师，我们只有努力去模仿杰出人物（例如研究特级教师教学视频、教案等），自己创造学习的机会，反复地去做一件事情，目的是找出自己在哪些方面存在不足，并且聚焦于在哪些方面取得进步，试着采用不同的方法来提高，直到最终找到适合自己的方法。或者也可以将技能分解成一些组成部分，以便反复地练习，并且有效地分析、确定自己的不足之处，然后想出各种办法来解决它们，从而掌握教学艺术的真谛，使我们的教学生涯充满智慧、艺术、创造和美感。

---

① ［美］安德斯·艾利克森，罗伯特·普尔. 刻意练习：如何从新手到大师［M］. 王正林，译. 北京：机械工业出版社，2016：11.

主要参考文献

[1] [丹]克努兹·伊列雷斯. 我们如何学习:全视角学习理论[M]. 孙玫璐,译. 北京:教育科学出版社,2010.

[2] [法]S. 拉塞克,G. 维迪努,等. 从现在到2000年教育内容发展的全球展望[M]. 马胜利,译. 北京:教育科学出版社,1996.

[3] [美]B.R. 赫根汉,马修·H. 奥尔森. 学习理论导论[M]. 郭本禹,等译. 上海:上海教育出版社,2011.

[4] [美]Cecil D. Mercer, Ann R. Mercer. 学习问题学生的教学[M]. 胡晓毅,谭明华,译. 北京:中国轻工业出版社,2005.

[5] [美]G.R. 安德森. 认知心理学[M]. 杨清,等译. 长春:吉林教育出版社,1989.

[6] [美]Peg A. Ertmer, Tim J. Newby, 马兰,盛群力. 专家型学习者:策略、自我调节和反思[J]. 远程教育杂志,2004(1).

[7] [美]R.M. 加涅. 学习的条件和教学论[M]. 皮连生,等译. 上海:华东师范大学出版社,1999.

[8] [美]R. 基思·索耶. 剑桥学习科学手册[M]. 徐晓东,等译. 北京:教育科学出版社,2010.

[9] [美]Shapiro, L. The Embodied Cognition Research Programme[J]. Philosophy Compass, 2007, 2(2).

[10] [美]约翰·D. 布兰思福特,安·L. 布朗,罗德尼·R. 科金,等. 人是如何学习的——大脑、心理、经验及学校[M]. 程可拉,等译. 上海:华东师范大学出版社,2002.

[11] [日]佐藤正夫. 教学原理[M]. 钟启泉,译. 北京:教育科学出版社,2001.

[12] [英]迈克尔·波兰尼. 个人知识——迈向后批判哲学[M]. 许泽民,译. 贵阳:贵州人民出版社,2000.

[13] 爱因斯坦,L. 英费尔德. 物理学的进化[M]. 周肇威,译. 上海:上海科技出版社,1962.

[14] L. W. 安德森,等. 学习、教学和评估的分类学——布卢姆教育目标分类学(修订版)[M]. 皮连生,译. 上海:华东师范大学出版社,2008.

[15] 白益民. 教师的自我更新:背景、机制与建议[J]. 华东师范大学学报(教育科学版),2002(4).

[16] 蔡铁权,姜旭英. 我国科学教师专业发展中的科学史哲素养[J]. 全球教育展望,2008(8).

[17] 曹才翰,章建跃. 数学教育心理学[M]. 第2版. 北京:北京师范大学出版社,2006.

[18] 陈柏华. 从认知到情境认知:课程教学观的重要转向[J]. 教育发展研究,2011(20).

[19] 陈向明,等. 搭建实践与理论之桥:教师实践性知识研究[M]. 北京:教育科学出版社,2011.

[20] 崔鸿,文静. 如何对科学态度、情感与价值观进行评价——基于新加坡《交互作用的科学》的思考[J]. 课程·教材·教法,2007(3).

[21] 邓友超. 教师实践智慧及其养成[M]. 北京:教育科学出版社,2007.

［22］丁肇中.论科学研究的原动力——好奇心是科学研究的原动力［J］.上海交通大学学报（哲学社会科学版），2002（4）.

［23］高文.现代教学的模式化研究［M］.济南：山东教育出版社，2000.

［24］高文.一般的问题解决模式［J］.全球教育展望，1999（6）.

［25］郭晓明.知识与教化：课程知识观的重建［J］.华东师范大学学报（教育科学版），2003，21（2）.

［26］郭元祥.教师的课程意识及其生成［J］.教育研究，2003（6）.

［27］郝明义.想象力、知识和飞行［N］.南方周末，2011-02-10，B13.

［28］何善亮.教育的至善：让学生享有"自尊"——"自尊"的教育价值、生成机制与顺畅实现［J］.教育理论与实践，2007（1）.

［29］黄荣怀，郑兰琴.隐性知识论［M］.长沙：湖南师范大学出版社，2007.

［30］金岳霖.形式逻辑［M］.北京：人民出版社，1979.

［31］雷永生，王至元，杜丽燕，等.皮亚杰发生认识论述评［M］.北京：人民出版社，1987.

［32］李白鹤.默会维度上认识理想的重建：波兰尼默会认识论研究［M］.北京：中国社会科学出版社，2009.

［33］李秉德.教学论［M］.北京：人民教育出版社，1991.

［34］李丽.生存学习论［M］.上海：华东师范大学出版社，2009.

［35］李莉.内隐知识［M］.北京：科学出版社，2013.

［36］李如密.教学艺术的内涵及四个"一点"追求［J］.上海教育科研，2011（7）.

［37］李文光，何克抗.以知识建构与能力生成为导向的教学设计理论中认知目标分类框架的研究［J］.电化教育研究，2004（7）.

［38］李晓文，王莹.教学策略［M］.北京：高等教育出版社，2000.

［39］梁平.用广义知识观重建智育理论——知识分类与目标导向教学理论评述［J］.教育研究与实验，1999（2）：3-5.

［40］刘电芝.学习策略研究［M］.北京：人民教育出版社，1999.

［41］刘儒德.基于问题的学习在中小学的应用［J］.华东师范大学学报（教育科学版），2002（1）.

［42］卢家楣.学习心理与教学：理论和实践［M］.上海：上海教育出版社，2009.

［43］庞维国.论学习方式［J］.课程·教材·教法，2010（5）.

［44］皮连生，等.现代认知学习心理学：打开有效学习之门的钥匙［M］.北京：警官教育出版社，1998.

［45］皮连生.智育概论——一种新的智育理论的探索［J］.华东师范大学学报（教育科学版），1994（4）.

［46］乔际平，邢红军.物理教育心理学［M］.南宁：广西教育出版社，2002.

［47］盛群力，褚献华.重在认知过程的理解与创造——布卢姆认知目标分类学修订的特色［J］.全球教育展望，2004，33（11）.

［48］施良方，崔允漷.教学理论：课堂教学的原理、策略与研究［M］.上海：华东师范大学出版社，1999.

［49］石中英.波兰尼的知识理论及其教育意义［J］.华东师范大学学报（教育科学版），2001（2）.

［50］石中英.缄默知识与教学改革［J］.北京师范大学学报（人文社会科学版），2001（3）.

[51] 石中英. 教育哲学导论[M]. 北京：北京师范大学出版社，2004.

[52] 石中英. 知识转型与教育改革[M]. 北京：教育科学出版社，2001.

[53] 田宝宏，魏宏聚. 浅析教师实践性知识研究中的几个问题[N]. 光明日报，2005-12-28.

[54] 吴国盛. 科学的历程[M]. 北京：北京大学出版社，2002.

[55] 吴红耘，皮连生. 试论与课程目标分类相匹配的学习理论[J]. 课程·教材·教法，2005（6）.

[56] 吴庆麟. 教育心理学[M]. 北京：人民教育出版社，1999.

[57] 夏正江. 论知识的性质与教学[J]. 华东师范大学学报（教育科学版），2000（2）.

[58] 熊川武. 论理解性教学[J]. 课程·教材·教法，2002（2）.

[59] 姚本先. 论学生问题意识的培养[J]. 教育研究，1995（10）.

[60] 叶浩生. 具身认知：认知心理学的新取向[J]. 心理科学进展，2010，18（5）.

[61] 叶澜. 教育概论[M]. 北京：人民教育出版社，1991.

[62] 叶澜. 让课堂焕发出生命活力——论中小学教学改革的深化[J]. 教育研究，1997（9）.

[63] 叶奕乾，何存道，梁宁建. 普通心理学[M]. 上海：华东师范大学出版社，1997.

[64] 俞国良. 社会心理学[M]. 北京：北京师范大学出版社，2006.

[65] 郁振华. 人类知识的默会维度[M]. 北京：北京大学出版社，2012.

[66] 袁振国. 教育新理念[M]. 北京：教育科学出版社，2002.

[67] 张楚廷. 课程与教学哲学[M]. 北京：人民教育出版社，2003.

[68] 张贵新. 欧洲教师教育的现状与改革方向[J]. 教育研究，2001（1）.

[69] 张建伟，陈琦. 简论建构性学习和教学[J]. 教育研究，1999（5）.

[70] 张建伟. 基于问题解决的知识建构[J]. 教育研究，2000（10）.

[71] 张天宝. 试论活动是个体发展的决定性因素[J]. 教育科学，1999（2）.

[72] 张新平. 义务教育优质学校办学标准研究[M]. 北京：科学出版社，2015.

[73] 郑文樾，М.И.马赫穆托夫. 问题教学[J]. 华东师范大学学报（教育科学版），1989（2）.

[74] 钟启泉，崔允漷，张华.《基础教育课程改革纲要（试行）》解读[M]. 上海：华东师范大学出版社，2001.

[75] 钟启泉，高文，赵中建. 多维视角下的教育理论与思潮[M]. 北京：教育科学出版社，2004.

后 记

当在电脑里合成《特级教师课堂教学艺术·高中卷》整本书稿的时候，内心有一种如释重负的轻松感觉，同时有一种难以抑制的表达愿望，想为本书写几句内心的感受。

首先，衷心感谢南京师范大学教育科学学院李如密教授！感谢李如密教授的信任和提议，使我能够研究、实践并撰著《特级教师课堂教学艺术·高中卷》，从而才有了今天这样一本著作。

其次，真诚感谢为本书提供具体课堂教学案例的特级教师们。没有特级教师们的教学智慧和实践创新，本书的理论感悟与研究实践就将是无源之水、无本之木。

同时感谢在本研究过程中给予帮助的南京师范大学吴亮奎博士、黄伟教授，感谢常州市横山桥高级中学的黄汶老师和南京外国语学校仙林分校张荣老师提供的研究资料。

有几点需要在这里加以说明。其一，关于研究的取材地域问题，《特级教师课堂教学艺术·高中卷》当然是关注全国范围的高中特级教师课堂教学，但实际上可能会对部分地域特级教师的教学关注稍多；其次，关于研究的学科选择问题，《特级教师课堂教学艺术·高中卷》从高中教学的特点出发，精选语文、英语、数学、物理、化学、生物、历史等主要学科案例，期望在今后修订时增加音乐、美术、体育等学科视角；其三，关于本书的内容组织问题，限于研究案例的获取难易，同时基于逻辑与学理的考虑，本书重在精选反映教学艺术的课堂实录教学片段，并根据本书所总结的教学艺术指向进行相应的教学评析，因此有关评述内容的研判，应是智者见智、仁者见仁。无论如何，有这么多鲜活的教学案例呈现在此，本身就是一种存在的价值。

特别感谢南京师范大学教师教育学院、教育科学学院的同学们。他们对具体学科课堂教学（特级教师教学现场以及网络上教学视频等）提供了观察、转录与分析基础。在此，特别提及南京师范大学教师教育学院吴喆、陆亚雯、眭萍萍、陈贝、周彩峰、冯宇斌、朱萍、陆雪娇、沈书瑜、陈科宏、徐梦雅、孙倩、刘颖、姚雪霏、朱蕾、钱晓蕾、赵俊丹、解朋云、糜静雯、刘毓濛、陶樱樱、叶珊珊、张文洁、桑妍蓉、王蓉、刘清雅、吕志兰、梁园园、樊郁兰、何晨芯、张家琪等研究生同学,以及南京师范大学教育科学学院王奥轩、孙玲玲、翁璐瑶、王国红、汪银、金鑫等研究生同学,他们为本书的完成做出了积极的贡献。由此本人才有可能在原来整体架构的基础上,进行整本书稿的设计、选择、丰富和完善,最终完成这样一个跨越多个学科、涉及众多学科内容的课堂教学艺术研究与实践任务。

感谢南京师范大学出版社张春老师、柯琳责任编辑及其他编审老师,是他们对于本书编辑的认真负责与编辑智慧,使得本书更加便于阅读。也感谢您选择了这本书来阅读,并欢迎您对本书中的错误与不足提出批评意见,以便在今后的再版中加以修改。

最后,愿我们的基础教育更适合孩子们的成长!也愿我们的教师们在坚持教学艺术的追求中遇见更好的自己。

何善亮

2017 年 10 月 12 日于南京

2018 年 5 月 30 日修改于南京